혁명과 국제정치

세계정치 39

혁명과 국제정치

발행인 서울대학교 국제문제연구소
주소 서울시 관악구 관악로 1(220동 504호)
전화 02-880-6311
팩스 02-872-4115
전자우편 ciscis@snu.ac.kr

2025년 10월 23일 초판 1쇄 찍음
2025년 10월 31일 초판 1쇄 펴냄

지은이 안두환, 김성엽, 김민철, 이용일, 노서경, 노경덕
기획 서울대학교 국제문제연구소
책임편집 안두환

편집 김천희
디자인 김진운
마케팅 유명원
펴낸곳 (주)사회평론아카데미
펴낸이 윤철호
등록번호 2013-000247(2013년 8월 23일)
전화 02-326-1545 팩스 02-326-1626
주소 서울시 마포구 월드컵북로6길 56
이메일 academy@sapyoung.com 홈페이지 www.sapyoung.com

ISBN 979-11-6707-133-0 94340

세계정치 39

혁명과 국제정치

서울대학교 국제문제연구소 편
안두환 책임편집

사회평론아카데미

* 이 저서는 2022년도 국제문제연구소 미래기초학문분야 기반조성 사업 및 국제문제연구소 출판지원금에 의해서 수행된 연구 결과물임.

차례

세부 차례

서론

혁명과 국제정치: 연구사

이번 호에서는 혁명과 국제정치라는 주제하에 17세기부터 20세기까지 미국과 러시아를 포함한 유럽의 주요 국가에서 일어난 혁명을 차례로 살펴본다. 지금까지 『세계정치』에서 다뤄진 대다수 주제에 비춰보면 다소 뜬금없다고 할 수 있는 주제를 고른 이유를 문헌 검토의 형태로 명기하기에 앞서 이 시기 유럽 국제관계사가 낯선 독자를 위해 각 장의 핵심 내용을 나름대로 연결지어서 안내하기로 한다.

I

영국의 사례를 다루는 첫 번째 논문에서 이번 호의 기획과 편집을 맡기도 한 필자 안두환은 영국사학계 밖에서는 아직도 명예 혁명(Glorious Revolution)이라는 중립적이지 않은 용어로 불리고 있는 1688년 혁명을 재조명한다. 안두환은 흔히 의회 민주주의와 자본주의 경제를 평화적으로 안착시킨 전범으로 소개되고 소비되고 있는 1688년 혁명이 실상은 그 원인이나 과정 그리고 결과 모두에 있어 다분히 국제적인 사건이라는 점을 1688년 혁명의 학술사

(history of scholarship)에 대한 면밀한 조사를 통해 밝힌다. 단적으로, 네덜란드 공화국의 총독(Stadhouder)으로 부인 메리 2세(Mary II)와 함께 작은외숙부이자 장인인 제임스 2세(James II)를 내쫓고 윌리엄 3세(William III)로 영국의 왕위에 오른 오라녜 가문의 빌럼 헨드릭(Willem Hendrik van Oranje)은—『권리 장전(*Bill of Rights*)』(1689)으로 명문화될—의회의 권한 증대에 대한 동의의 대가로 영국이 프랑스에 맞선 동맹에 적극적으로 가담할 것을 주문했다. 육군과 해군 정예 병력 수만 명을 이끌고 영국 해협을 건너기 직전 빌럼은 신성로마제국의 황제 레오폴트 1세(Leopold I)와 함께 프랑스의 루이 14세(Louis XIV)를 통제하기로 결의했다. 재상 쥘 마자랭(Jules Mazarin)과 모친 앤(Anne)의 사망 후 실권을 잡은 루이 14세는 공격적인 외교 정책으로 1648년 베스트팔렌 조약(Treaty of Westphalia) 이래 유지되어온 유럽의 세력균형 질서를 위협하고 있었다. 반세기 뒤 스코틀랜드의 철학자이자 역사가 데이비드 흄(David Hume)의 분석도 이와 다르지 않았다. 흄은 제임스 2세가 쫓겨난 합당한 이유 중 하나로 즉위 때 했던 약속과 반대로 프랑스에 편승해 유럽의 안정을 심각하게 저해한 것을 꼽았다. 의회의 전폭적인 지지와 협조 약속하에 시작된 윌리엄 3세의 대동맹(Grand Alliance)과 프랑스와의 전쟁은 1697년까지 10년 가까이 지속되었으며, 모두의 예상과 다르게, 변방의 섬나라 영국을 유럽에서 가장 뛰어난 재정-군사 국가(fiscal-military state)로 탈바꿈시키며 새로운 세상을 예고했다. 반세기 뒤 7년 전쟁(1756-1763)에서 영국이 프랑스에게서 거둔 놀라운 승리의 바탕에는 이때 이뤄진 금융 혁명(Financial Revolution)이 있었다. 안두환은 이에 더해 영국과 네

덜란드 공화국의 정치사를 각각 내전(1642-1651)과 프랑스-네덜란드 전쟁(1672-1678)에서부터 개괄하여 1688년 혁명에 대한 역사적인 조망을 제공한다.

다음으로 실린 김성엽의 논문은 미국으로 눈을 돌린다. 1775년 보스턴 외곽 마을 렉싱턴과 콩코드에서의 전투로 개시된 미국 독립혁명 역시 그 원인과 과정 그리고 결과를 온전하게 파악하려면 당시 국제관계에 대한 이해가 필수적이라는 것은 주지의 사실이다. '대표 없이 과세 없다(No taxation without representation)'라는 미국 독립혁명의 유명한 기치는 7년 전쟁에서의 엄청난 승리에도 불구하고 막대한 전쟁 부채에 시달렸던 영국의 고육지책에 대한 원칙적인 반발이었다. 건국의 아버지(Founding Fathers) 또한 국제정치의 중요성을 명확하게 인지하고 있었다. 혁명에 뛰어든 식민지 지도층의 목표는 프랑스를 비롯한 유럽 열강의 도움을 받아 영국으로부터 독립하는 것에 머물지 않았다. 유럽의 많은 계몽 지식인과 정치인이 내심 기대했던 것처럼, 미국은 영국의 독점적인 상업 제국을 격파하는 데 멈추지 않고 전 세계 질서를 완전히 재편하는 데 앞장설 터였다. 토머스 페인(Thomas Paine)이 미국 독립혁명은 전 인류를 위한 것이라고 부르짖었을 때 그는 분명 혼자가 아니었다. 하지만 미국은 그에 앞서 국제사회의 어엿한 일원이 되어야 했고 또 되고자 했다. 김성엽은 미국사 분야의 두 최신 연구 경향인 국제법과 제국의 관계와 정착민 식민주의(settler colonialism)에 대한 정밀한 독해에 기초해 원주민과 정착민에 대한 폭력적인 통제를 유럽 국가로부터 동등한 주권국가로 인정받고자 한 노력의 일환으로 풀이한다. 즉, 원주민과 정착민을 상대로 강력한 중앙집권 국가를 건설하려는 시도와 유럽 국가가 보기에 믿고 조약을 맺을 만한(treaty-worthy) 국제사회의 문명국가(civilised state)로 승인받으려는 시도는 별개의 두 작업이 아니라 서로 긴밀하게 연결된 하나의 작업이었던 것이다. 「독립 선언(Declaration of Independence)」(1776)에서 독립의 첫 목적으로 설정된 "자유롭고 주권을 가진 독립된 국가(Free, Sovereign, and Independent States)"로 식민지가 거듭나기 위해서는 이중적으로 험난한 여정을 밟아야 했다.

이어서 세 번째 김민철의 논문은 프랑스의 경우를 다룬다. 1789년 프랑스를 대표하는 세 신분인 성직자와 귀족 그리고 평민으로 구성된 전국신분회(États généraux)의 소집으로 촉발된 프랑스혁명만큼 국제정치와 밀접하게 관련되어 있으면서도 분리되어 다뤄진 혁명도 없다. 프랑스혁명 역시 그 시작에는 7년 전쟁을 기점을 천문학적으로 치솟은 전쟁 비용이 있었다. 루이 14세가 구축한 절대 왕정의 조세 및 재정 구조로는 이를 도저히 감당할 수가 없었다. 기득권을 지키고 다음 전쟁을 대비하기 위해서라도 전면적인 개혁을 해야 했으나, 그러지 않자, 마지막 신분의 억눌렸던 분노가 터졌다. 근래 서양사학계에서 전복의 전형으로 자주 회자되는 설탕과 커피 재배로 상당한 수익을 가져다주었던 생도맹그의 흑인 노예의 처지는 말할 나위도 없었다.

세 차례에 걸친 폴란드 분할(1772, 1793, 1795)의 충격으로 주의가 분산되기는 했지만, 지난 한 세기 넘게 유럽 대륙을 호령하던 프랑스가 갑자기 좌초되자 모두가 긴장했다. 유럽 각국 정부는 서둘러 경우의 수를 따졌다. 프랑스혁명의 경과 역시 대외 상황 또는 그에 대한 인식에 의해 적잖이 결정되었다. 1798년 국민개병제(Lévee en masse) 법안은 일례에 불과하다. 그러나 프랑스혁명의 광범위한 정치적 그리고 사상적 영향으로 인해 프랑스혁명의 대외적인 측면은 종종 무시되거나 간과되어 왔다. 프랑스 밖은 수세대에 걸친 혼인과 상속으로 얽히고설킨 왕가와 귀족 계급이 도사리고 있는 그지없이 위험한 곳으로 묘사되기 일쑤였다. 이들은 자신들이 수세기 동안 누려온 권력을 근본적으로 의문시하고 심지어 박탈하려고 하는 프랑스혁명을 어떻게든 좌초시키기 위해 작당 모의를 한 것으로 단순하게 그려졌다. 1815년 빈 조약(Treaty of Vienna)에 따른 부르봉 왕정의 복고와 러시아, 프로이센, 오스트리아가 기독교 정신에 입각해 결성한 신성 동맹(Heilige Allianz) 그리고 이후 회의 체제(Congress system)의 가동을 통해 유럽 전역에 걸쳐 자행한 반동적인 개입은 당시 국제정치 상황이나 구조에 대한 부정적인 인식을 더욱 강화시켰다. 한편, 최근 들어 국제관계사 분야를 중심으로 유럽 협조 체제(Concert of Europe)에 대한 재평가가 눈에 띄게 이뤄지고 있다. 혁명은 곧 전쟁이기에 전쟁을 막으려면 혁명을 막아야 한다는 빈 체제(Vienna system)의 원칙이 프랑스혁명의 자유, 평등, 우애의 원칙 못지않게 계몽의 시대를 계승한 것이라는 수정주의 해석이 등장한 것이다. 유럽 협조 체제의 평형적인 세력균형은 폴란드 분할의 약탈적인 세력균형과는 질적으로 다른 것으로 해설되었다. 또한, 혁명 전쟁(1792-1802)과 나폴레옹 전쟁(1803-1815)으로 수렴되지 않는 프랑스혁명의 급진적인 반제국주의, 반식민주의 국제정치 사상에 대한 연구도 새롭게 진행되고 있다.

김민철의 논문은 프랑스혁명과 어찌 되었든 그로 인해 유발된 전 유럽을 상대로 한 두 차례의 전쟁 이후 프랑스 내 주류 정치 담론을 분석한다. 김민철에 따르면, 사회주의, 실증주의, 자유주의로 대별되는 19세기 프랑스 정치사상을 특징짓는 민주주의에 대한 끝없는 공포도 프랑스혁명과 혁명 전쟁 그리고 나폴레옹 전쟁의 경험으로부터 일차적으로 기인했다. 프랑스 외부적으로나 내부적으로나 평화와 안정을 위해서는 무엇보다 무지몽매하고 변덕스러운 대중의 여론 정치를 확실히 제어해야 한다는 생각이 본격적인 산업화와 도시화에 따른 새로운 형태의 혼란이 모습을 드러내기 이전부터 견고하게 자리를 잡고 있었던 것이다.

네 번째 이용일의 논문과 다섯 번째 노서경의 논문은 민족들의 봄(Völkerfrühling)이라고 일컬어지기도 하는 1848년 전 유럽을 뒤흔든 연쇄 혁명을 직간접적인 배경으로 한다. 혁명과 전쟁의 난폭한 소용돌이에서 가까스로 탈출하는 데 성공한 클레멘스 폰 메테르니히(Klemens von Metternich)와 같은 유럽 협조 체제의 주역에게 국내적으로나 국제적으로나 질서의 수립만큼 긴급하고 중대한 일은 없었다. 하지만 이는 결코 쉬운 일이 아니었다. 우선, 1792년 이래 중단된 지난 세기 계몽주의의 개혁의 목소리가 프랑스혁명의 과감한 정치 실험을 자양분으로 삼아 증폭되어 표출되었다. 특히 나폴레옹 보나파르트(Napoléon Bonaparte)가 프랑스혁명군의 장군으로 일찌감치 점령해 자매 공화국(république soeur)을 하나둘씩 세워나갔던 이탈리아 지역이 그러했다. 오스트리아의 재개된 통치에 대한 불만은 1820년대 접어들며 더딘 경제 회복과 연이은 흉작으로 인해 더욱 거세게 제기되었고, 결국 오스트리아는 트로파우, 라이바흐, 베로나 회의(Congresses of Troppau, Laibach, Verona)를 통해 신성 동맹의 다른 두 국가와 합의한 대로 무력으로 이를 진압했다. 영국, 러시아, 프랑스가 오스트리아의 우려에도 손을 들어준 혁명 그리스만이 오스만 제국의 족쇄를 벗어던질 수 있었다. 그러나 불씨는 얼마 지나지 않아 더 뜨겁게 타올랐다. 1830년 폴란드와 이탈리아의 봉기는 각기 러시아군과 오스트리아군에 무참하게 짓밟혔지만, 프랑스와 벨기에에서의 봉기는 삽시간에 혁명으로 치달았다. 두 곳 모두에서 국왕은 교체되었고, 정통주의(legitimacy)가 폐기되고 입헌 군주정이 들어섰다. 적지 않은 개혁 조치가 취해졌지만, 한 세대 뒤 불길은 다시 유럽 전역에서 치솟았다. 1848년 1월 이탈리아에서 시작된 혁명은 2월이 되자 프랑스로 그리고 3월에는 독일로 확산되었다. 독일 남부와 서부 국가가 먼저 들썩였고, 얼마 뒤에는 프로이센과 오스트리아까지 흔들렸다. 그 주변에 위치한 덴마크와 폴란드 그리고 헝가리의 상황도 별반 다르지 않았다.

프랑스혁명에 비하면 거의 알려져 있지 않다고 할 수 있겠지만, 적어도 1848년 혁명의 국제적인 여파는 그에 못지않았다. 가장 큰 이유는 당시 프랑스와 같이 국민 국가의 형태로 완연하게 자리 잡은 국가가 유럽에도 몇 안 되었기 때문이다. 제3차 동맹 전쟁(1805-1806) 직후 나폴레옹에 의해 치욕적으로 해체된 신성로마제국을 계승한 독일 연방(Deutscher Bund)이 그 대표적인 예다. 프랑스의 부활에 대비해야 한다는 전략적인 고려에 따라 이전에 비해 명확하고 규모 있게 구획되어졌지만, 오스트리아가 주도하고 프로이센이 보좌하는 38개의 크고 작은 국가로 구성된 독일 연방은 기본 구조나 작동 방식에 있어서 봉건적인 정치 체제에 가까웠다. 나폴레옹을 내쫓기 위한 해방 전쟁(1813-1814)을 치루며 급속도로 강화된 독일 민족에 대한 생각에도 불구하고, 독일 연방의 내부 경계는 말할 것도 없고 외부 경계의 기준도 민족이 아니었다. 헝가리를 위시한 오스트리아의 동부 영토는 모두 독일 연방 밖에 위치했다. 오스트리아보다는 덜했지만, 이용일의 논문이 다루는 포젠과 같은 폴란드와 접한 프로이센의 동부 영토도 이와 비슷했다. 이탈리아의 경우도, 빈 회의의 결과에 따라, 반도 남부는 양 시칠리아 왕국이, 반도 중앙은 교황령이, 반도 북서부는 사르데냐-피에몬테 왕국과 파르마, 모데나, 토스카나 세 공국이, 반도 북동부는 롬바르디아-베네치아 왕국이 다스렸으며, 사르데냐 왕국을 제외한 모든 지역이 오스트리아의 관리와 간섭을 받았다. 문제는 이전과 다르게 1848년 이들 지역에서 정치적인 자유의 추구가 민족적인 독립 또는 통일의 추구로 발전된 데 있었다. 이탈리아가 자유롭기 위해서는 독립이 되어야 하며, 독일이 자유롭기 위해서는 통일이 되어야 한다는 주세페 마치니(Giuseppe Mazzini)와 하인리히 폰 가게른(Heinrich von Gagern) 등의 애국주의적이면서도 민족주의적인 주장이 빠르게 설득력을 얻어갔다.

하지만 이는 역으로 유럽 협조 체제의 지정학적 중핵이라 할 수 있는, 오스트리아를 주축으로 한 중부 유럽 질서의 붕괴를 뜻했다. 오스트리아가 지휘하는 제국적인 통일 방안인 대독일주의(Großdeutsche Lösung)는 별다른 호응을 얻지 못했다. 현상 유지는 불가능했다. 독일 연방의 패권이 프로이센으로 넘어간 보오 전쟁(1864)은 1848년 혁명의 여진이라 할 수 있는 덴마크와의 제2차

슐레스비히-홀슈타인 전쟁(1864)의 확장된 귀결이었다. 이탈리아에서도 독일에서와 같이 1848년 혁명의 최후의 승자를 결정지은 것은, 오토 폰 비스마르크(Otto von Bismarck)가 정확하게 포착했듯이, "철과 피(Eisen und Blut)"였다. 마치니 등이 호기롭게 세운 로마 공화국은 똑같이 1848년 혁명을 통해 권력을 잡은 루이 나폴레옹(Charles-Louis Napoléon Bonaparte)의 프랑스 군대의 총칼 앞에 무너져 내렸다. 이탈리아 통일은 1848년 혁명에 따른 개혁과 반동의 이데올로기적 분열이 깊게 반영된 크림 전쟁(1853-1856)을 거치며 프랑스의 외교적, 군사적 도움 약속만 아니라 영국의 묵인까지 얻어낸 사르데냐-피에몬테 왕국에 의해 무력으로 성취되었다. 양 시칠리아 왕국은 마치니와 함께 로마 공화국을 수립하기도 했던 주세페 가리발디(Giuseppe Garibaldi)에 의해 정복, 헌납되었고, 롬바르디아-베네치아 왕국은 보오 전쟁을 통해 획득되었고, 교황령은 보불 전쟁(1870-1871) 와중에 흡수되었다. 이탈리아 반도의 실질적인 주인으로 등극한 것은 이탈리아 민족이 아닌 사르데냐-피에몬테 왕국이었다.

이러한 점에서, 당대 혁명과 국제정치의 문제에 대한 칼 마르크스(Karl Marx)의 예언은 반만 맞은 셈이었다. 크림 전쟁의 상황을 전하는 한 신문 기고에서 마르크스는 앞으로 유럽의 미래가 유럽 협조 체제를 이끌어온 영국, 러시아, 오스트리아, 프로이센, 프랑스 다섯 열강이 아니라 "여섯 번째 열강"인 혁명에 의해 좌우될 것이라고 단언했다. 그러나 유럽의 세력균형 질서가 다섯 열강 간의 반목과 갈등에 의해 점화될 혁명으로 송두리째 와해될 것이라는 마르크스의 예견과 달리, 일련의 혁명의 결과는 오히려 강권 정치의 심화였다. 이용일이 폴란드 사례를 통해 보여주듯, 자유로운 민족 간의 국제적인 연대는 허상에 불과했다. 이어지는 노서경의 논문은 1848년 혁명의 해방과 화합의 꿈이 깨진 이후 어떻게든 다시 희망을 일구고자 했던 프랑스 사회주의 활동가 브누아 말롱(Benoît Malon)의 삶을 뒤쫓는다. 말롱은 보불 전쟁의 패배 속에서 잠시 피어났던 파리 코뮌(Paris Commune)의 정치적인 이상만 아니라 제1인터내셔널(First International)이라는 이름으로 더 익숙한 국제노동자협회(International Workingmen's Association)의 국제적인 연대를 체화했다. 파리에서 가까스로 탈출한 말롱은 스위스와 이탈리아를 거쳐 벨기에에서 망명 생활을 이어나가며 위압적인 국민 국가의 그늘 아래에서 현실적인 탈주를 도모했다.

끝으로, 노경덕의 논문은 1917년 10월 혁명 직후 볼셰비키 정권이 주창한 새로운 국제 질서의 원칙과 그것이 변질되는 과정을 세밀하게 추적한다. 일반적으로 국제정치학 분야에서 제1차 세계대전(1914-1918)에 대한 논의의 초점은 동맹 체제에 맞춰져 있지만, 제1차 세계대전도 혁명을 떼놓고 그 원인과 과정 그리고 결과를 제대로 설명할 수 없다. 사라예보 사건의 배후로 지목되는 세르비아의 범슬라브주의는 당연하거니와 그에 대한 오스트리아의 대응을 이해하려면 1848년 혁명과 그 의도치 않은 결과로서 강권 정치의 구조적인 압력을 알아야 한다. 오스트리아가 발칸 반도에 집착하게 된 것은 독일과 이탈리아의 통일로 인해 중부 유럽에서 밀려났기 때문이며, 오스트리아가 황태자 부부의 암살이라는 초유의 사태에 신속하게 대처하지 못한 주된 까닭은 보오 전쟁 패배 직후 헝가리와의 대타협(Augsleich)을 통해 택한 이중 제국 체제 때문이다. 이중 제국 체제로 완성된 것은 프란츠 카프카(Franz Kafka)가 『성(*Das Schloss*)』(1926)에서 절묘하게 서술한 전 방위적인 난맥이었다. 위태위태했던 발칸 반도의 상황을 더욱 악화시킨 것 역시 혁명이었다. 세르비아와 러시아를 자극한 1908년 10월 연달아 이뤄진 불가리아의 독립과 오스트리아-헝가리 이중 제국의 보스니아-헤르체고비나 합병은 7월 청년 튀르크 당(Jön Türk)에 의한 혁명으로 오스만 제국이 극심한 내분에 빠진 틈을 타 감행되었다.

제1차 세계대전은 또한 그 과정에서 혁명을 초래했다. 발칸 반도의 패권을 둘러싼 싸움은 7월 위기(July Crisis)를 거치며 유럽 대륙의, 더 나아가 전 세계의 패권을 둘러싼 싸움으로 번졌다. 설상가상, 제1차 세계대전은 서부 전선에서의 뜻하지 않은 교착 상태로 인해 장기전, 총력전이 되었다. 독일의 슐리펜 계획(Schlieffen Plan)만 아니라 각국이 수년에 걸쳐 정교하게 다듬은 작전 계획이 모두 어긋났다. 적의 섬멸에서 적의 소모로 전략 목표가 변경되자 가장 약한 고리가 먼저 끊어졌다. 2월 혁명으로 수세기에 걸친 로마노프 왕조가 무너졌고, 이어 들어선 러시아 공화국도 항전을 계속하다 10월 혁명을 맞이했다. 미국의 참전을 야기한 독일의 무제한 잠수함 작전과 멕시코와의 비밀 교섭도 동일한 압박에서 추진된 것이었다.

미국의 개입 목적을 천명한 우드로 윌슨(Woodrow Wilson) 미국 대통령의 「14개조 평화 원칙(Fourteen Points)」(1918)에 묻혀 잊힌 블라디미르 레닌(Vladimir Lenin)의 「평화 포고(Dekret o Mire)」(1917)의 역사적 의의와 한계를 되짚는 노경덕의 논문은 혁명이 해당 국가만 아니라 국가 간 관계 전반에 대한 변혁을 촉구한다는 점을 명료하게 지적한다. 앞서 보았듯이, 그리고 상식적으로도, 혁명이 진정으로 성공하기 위해서는 국가 안과 밖이 모두 바뀌어야 한다. 윌슨과 민주적 통제를 위한 연합(Union of Democratic Control)과 같은 초당적인 단체에 참여했던 영국의 여러 지식인, 정치인과 마찬가지로, 레닌도 제1차 세계대전을 계기로 동맹과 비밀 외교에 의존하는 구체제(ancien régime)의 구외교(Old Diplomacy)가 영원히 종결되길 희구했다. 각자가 상정한 바람직한 정치 및 경제 체제는 달랐지만, 모두 올바르게 교육되어 이성적이고 합리적인 여론을 따르는 협력과 공개 외교의 신외교(New Diplomacy)를 갈구했다. 원론적으로, 국제연맹(League of Nations)의 창설과 민족자결주의 원칙의 적용은 당연한 수순이었다. 하지만 '승리 없는 평화(Peace without Victory)'는 말처럼 쉽지 않았다. 1919년 베르사유 조약(Treaty of Versailles)은, 존 메이너드 케인즈(John Maynard Keynes)의 표현을 빌리자면, 서두를 장식한 국제연맹 규약(Covenant of the League of Nations)에도 불구하고 "카르타고식 평화(Carthaginian Peace)"였다. 노경덕은 독일의 노동자 계급이 선두에 서는 유럽 혁명과 그에 따른 즉각적인 종전을 호소했던 레닌과 소비에트 러시아 지도부도 1918년 브레스트-리토프스크 조약(Treaty of Brest-Litovsk)을 통해 전통적인 국제관계의 틀로 복귀하게 되었다는 사실을 알려준다. 같은 시기 이뤄진 연합국 측의 러시아 내전(1917-1922) 개입은 사태를 최악으로 몰아갔다. 전 지구적 냉전의 씨앗을 뿌린 것도 혁명이었다.

II

역사 속에서 혁명과 국제정치, 특히 전쟁은 이렇듯 대충 살펴봐도 분리 불가능하게 뒤얽혀 있지만, 두 주제를 밀도 있게 체계적으로 엮어낸 연구는—한나 아렌트(Hannah Arendt)와 같은 정치철학자도 고민의 출발점으로 잡을 수밖에 없도록 만든—두 현상이 근대 세계의 형성에서 각기 또 함께 갖는 어마어마한 무게를 고려하면 매우 빈약한 실정이다. 이에는 여러 이유가 있지만, 그 중에서도 국내정치와 국제정치의 이분법과 혁명에 결부된 이데올로기적 편견이 가장 중요한 두 가지 이유라 사료된다. 학문의 전문화와 냉전의 체제 경쟁을 거슬러 혁명과 국제정치 연구에 천착하는 것은 어려운 일이었고, 이러한 학계 내외의 분위기는 기존 연구에 여실히 반영되어 있다.

개별 혁명이 아닌, 혁명과 국제정치에 대한 일반론적 차원의 연구는 미국 하버드 대학교 역사사회학 전공자와 영국 런던 정치경제 대학교(LSE) 국제정치학 전공자에 의해 주로 이뤄져 왔으며, 양측 모두 학파라고 불러도 될 정도로 독특한 문제의식과 접근 방식을 계승한다. 『혁명의 해부(*The Anatomy of Revolution*)』(1938)의 저자 크레인 브린톤(Crane Brinton)을 시초로 하는 하버드 역사사회학 학파의 경우, 혁명과 국제정치의 역동적인 상호 관계를 규명하는 것보다 혁명을 이론적으로 유형화하는 데 중점을 둔다. 볼셰비키 혁명과 파시스트 혁명을 목도한 브린톤은 근대 국가 탄생 과정에서 발생한 네 성공적인 혁명, 이제는 '영국 내전(English Civil War)'이라는 명칭으로 정착된 1640년대 영국(청교도)혁명, 미국 독립혁명, 프랑스혁명, 그리고 러시아혁명에 대한 비교를 통해 국가 전복이라는 극단적인 사회 변동의 공통된 원인과 과정 그리고 결과를 추출하고자 했다. 혁명의 원인을 정부 재정 위기에서 비롯된 정치적, 경제적 불만 폭증과 이의 제도적인 해소 실패로 규정한 브린톤은 질병학에서 암시를 얻어 혁명의 과정을 "열병(fever)"에 비유해 설명했다. 열병이 오르고 내리는 것처럼, 권력을 장악한 혁명 세력의 주도권은 온건파에서 급진파로 점차 이동하며, 공포 정치(reign of terror)를 거쳐 테르미도르의 반동(Thermidorian reaction)으로 끝이 나는 일정한 주기를 갖는다는 것이었다. 브린톤은 급진파의 득세와 권력의 집중과 관련해 전쟁과 같은 외적 요인의 역할을 거론하기는 했으나 기본적으로 혁명을 완수하려는 이데올로기적 강박 등 내적 동학을 중시했다.

러시아 망명자 출신 피티림 소로킨(Pitirim A. Sorokin)과 함께 하버드 대학교에서 제1세대 혁명 연구를 이끌었던 브린톤에 이어서 제2세대와 제3세대 혁명 연구로 가는 길을 닦은 이는 예일 대학교에서 건너온 베링턴 무어(Barrington Moore Jr.)였다. 찰스 틸리(Charles Tilly)와 테다 스카치폴(Theda Skocpol)이 혁명의 국제정치적 측면에 착안한 것은 무어의 지도하에서였다. 무어는 『독재와 민주주의의 사회적 기원: 근대 세계의 형성에서 지주와 농민(*Social Origins of Dictatorship and Democracy: Lord and Peasant in the Making of the Modern World*)』(1966)에서 근대 세계로의 이행에서 나타난 주요한 세 가지 경로를 혁명의 유무와 성격 그리고 그 원인을 잣대로 분석했다. 영국, 미국, 프랑스가 밟은 첫 번째 경로는 폭력을 수반한 부르주아 혁명을 통해 자본주의와 의회 민주주의를 정착시킨 경우이고, 독일과 일본이 밟은 두 번째 경로는 보수적인 위로부터의 혁명을 통해 자본주의로의 전환에는 성공했으나 전체주의로 나아가며 파멸한 경우이고, 마지막은 중국과 러시아와 같이 공산주의 혁명이 일어난 농업 중심 사회다. 무어는 부르주아 계급이 없다면 민주주의도 없다고 결론을 내리며 마르크스주의 입장을 따랐으나, 책의 부제에 명시되어 있듯이, 핵심은 지주와 농민의 관계였다. 바꿔 말해, 무어에게 국제정치는 중요한 고려 대상이 아니었다.

국제정치적 맥락을 혁명 연구의 전면에 내세운 이는 제3세대 스카치폴이었다. 제2세대 틸리는 근대 국가 발달 과정에서 전쟁이 기여한 바에 대한 줄기찬 강조에도 불구하고 『동원에서 혁명으로(*From Mobilization to Revolution*)』(1978)에서부터 『유럽에서의 혁명, 1492-1992(*European Revolutions, 1492-1992*)』(1993)에 이르기까지 혁명을 집단 행위(collective action)의 하나로 이해했다. 반면, 스카치폴은 『국가와 사회 혁명: 프랑스, 러시아, 중국 비교 연구(*States and Social Revolutions: A Comparative Analysis of France, Russia, and China*)』(1979)에서 혁명의 원인과 과정 그리고 결과가 모두 불균등한 자본주의 세계 경제 발전과 전 지구적 국민 국가 형성이라는 두 가지 초국가적 관계의 영향을 지대하게 받았다고 설파했다. 혁명으로 정부 구조만 아니라 계급 구조까지 뒤집혀진 프랑스, 러시아, 중국 모두 불평등하고 경쟁적인 초국가적 관계에 발빠르게 적응하지 못한 나라였다. 이러한 관점에서, 스카치폴은 부르봉 왕조, 로마노프 왕조, 청 왕조의 무능력을 입증하는 증거로 혁명의 도화선이 된 것은 공히 전쟁에서의 패배이고, 혁명이 끝난 뒤에 세 나라에 들어선 것은 불평등하고 경쟁적인 초국가적 관계를 돌파할 수 있는 저력을 가진 강력한 중앙집권 국가라는 점을 강조했다.

그러나 스카치폴의 분석에서 국제정치는 대단히 일면적이었다. 국제정치는 전쟁에서의 패배로 혁명으로 가는 위기를 낳은 배경 정도로 축소되었다. 혁명으로 인한 지역 또는 전체 국제정치 상황이나 구조 변화는 거론조차 되지 않았다. 이 문제를 심도 있게 다룬 이는 신현실주의(neo-Realism) 국제정치이론의 태두 케네스 왈츠(Kenneth Waltz)의 제자였던 스티븐 왈트(Stephen M. Walt)였다. 1987년 『동맹의 기원(*The Origins of Alliances*)』을 통해 세력균형 개념을 창의적으로 보완한 "위협균형(balance of threat)" 개념을 선보인 왈트는 1992년 「혁명과 전쟁(War and Revolution)」이라는 제목의 논문에서 이를 프랑스혁명과 러시아혁명 그리고 멕시코, 중국, 쿠바, 이란, 니카라과 혁명에 적용했다. 1997년 똑같은 제목의 책으로 확대되어 제시된 왈트의 요지는 혁명이 해당 국가와 상대 국가에서 모두 위협 인식을 증가시키며, 이에 전쟁의 가능성이 높아진다는 것이었다. 구체적으로, 혁명은 혁명이 발생한 국가의 능력과 성향만 아니라 외부 상황에 대한 인식에 획기적인 변화를 수반하며, 이로 인해 해당 국가에 대한 잘못된 정보가 급증하게 된다. 반대로, 이웃한 국가나 상대 국가에게 혁명에 따른 혼란은 자국의 이익을 극대화할 수 있는 절호의 기회로 여겨진다. 혹은 혁명으로 인해 새로운 갈등의 영역이 생성되기도 한다. 극도로 불확실한 상황, 서로 간에 의심의 소용돌이가 몰아치면서 파국으로 치닫는다. 간단히 말해서, 혁명은 전쟁의 필요조건은 아니지만 충분조건인 것이다.

혁명이 국가 간 관계에 미친 영향에 대한 왈트의 정리는 명쾌했다. 하지만 왈트에게 전쟁을 동반했던 일련의 혁명은 자신의 이론을 뒷받침하기 위한 최적의 사례에 지나지 않았다. 혁명과 국제정치의 복잡한 상호 관계가 근대 세계의 형성에서 어떠한 역할을 했는지 등과 같은 거시적이고 장기적인 주제는 왈트의 관심 밖이었다. 흥미롭게도, 혁명과 국제정치의 문제에 대한 총체적인 고찰을 꾸준하게 시도한 이는 왈트가 인용은커녕 언급조차 하지 않은 일군의 LSE 소속 또는 출신 마르크스주의 국제정치학자였다. 노동자 계급에 의한 국제 혁명을 통해 자본주의에서 공산주의로 이행하는 역사 발전의 도식을 염두에 두고 있는 마르크스주의자가 혁명과 국제정치 연구에 몰두한 것은 놀라운 일이 전혀 아니지만, LSE 국제관계학과가 혁명과 국제정치에 대한 마르크스주의 연구의 본원이 될 수 있었던 것은 전적으로 2010년 타계한 프레드 할리데이(Fred Halliday) 덕분이다. 아일랜드 태생으로 1964년 옥스퍼드 대학교 철학·정치학·경제학(PPE) 과정에 입학한 할리데이는 당시 미국과 서유럽 대학의 수많은 학생이 그러했듯 베트남 전쟁(1955-1975) 등을 통해 극적으로 표면화된 제3세계(Third World) 문제에 분노하며 신좌파(New Left) 운동에 뛰어들었다. 관심을 가졌던 중동 문제를 공부하고자 런던 대학교 동양·아프리카학 대학(SOAS) 석사 과정에 진학한 뒤에도 할리데이는 창간된 지 몇 년 되지 않은 신좌파 잡지 『뉴 레프트 리뷰(*New Left Review*)』의 편집진의 일원으로 바쁘게 활동했다. 이 시기 할리데이는 『뉴 레프트 리뷰』의 편집장 페리 엔더슨(Perry Anderson)의 부탁으로—볼셰비키 혁명가 레온 트로츠키(Leon Trotsky) 전기로 잘 알려진—폴란드 출신 유대계 마르크스주의자 아이작 도이처(Isaac Deutscher)의 국제 문제에 대한 유고를 편집하면서 혁명과 국제정치의 관계에 대해 진지하게 고민하기 시작했다. 이후 할리데이는 네덜란드 암스테르담 소재 비정부 기구로 제3세계 해방 운동을 돕던 초국적 연구소(Transnational Institute)에서 선임 연구원으로 일하면서 LSE 박사 과정에 등록했다. 할리데이의 박사 논문 주제는 아라비아 반도 전체를 동요시켰던 1962년 예멘 혁명이었다. 할리데이는 박사 논문이 채 완성되기도 전인 1985년 수잔 스트레인지(Susan Strange) 등의 적극적인 추천으로 LSE 국제관계학 교수로 채용되었다. 지원 자격과 급진적인 정치적 견해를 두고 적잖이 논란이 있었으나, 할리데이는 이미 1974년 에티오피아 혁명과 1979년 이란 혁명에 대한 두 권의 논쟁적인 저서를 출간한 국제적으로 주목받는 중동 문제 전문가였다.

LSE 국제관계학과에 정착한 할리데이는 마르크스주의 역사 유물론과 국제정치학의 생산적인 대화를 모색했고, 그 실마리를 도이처를 통해 접한 트로츠키의 "불균등 결합 발전(uneven and combined development)" 이론에서 찾았다. 마르크스주의 관점에서 예멘, 에티오피아, 이란과 같은 저개발된 제3세계 국가에서 일어난 혁명의 성격과 의미를 밝히고자 애써왔던 할리데이에게 트로츠키가 『러시아 혁명사(*Istoriya russkoy revolyutsii*)』(1930)의 첫 장에서 집약해 내놓은 이 주장은 자본주의 경제 체제와 근대 국가 체제를 역사적으로 또 비판적으로 함께 조망할 수 있는 최적의 틀이었다. 트로츠키는 영국이나 프랑스 또는 독일이 아니라, 모든 면에서 낙후된 러시아에서 공산주의 혁명이 먼저 발생한 까닭을 설명하면서 "불균등 발전"이야말로 인류 역사를 관통하는 가장 보편적인 법칙이라고 확언했다. "결합 발전"은 불균등 발전으로부터 파생된 제2법칙으로 국가 간 위계에 따른 안보 불안을 타개하기 위해, 즉 생존과 자주를 위해 뒤처진 국가는 앞선 국가의 정치, 경제, 군사 제도 등을 필요에 따라 무작위로 모방할 수밖에 없다는 것이었다. 그리고 혁명은 안팎의 모순이 고도로 중첩되는 추격하는 국가에서 터지기 마련이었다. 연속 혁명(permanent revolution)이라는 실천적 과제를 이로부터 도출한 트로츠키는 이오시프 스탈린(Joseph Stalin)의 일국 사회주의(socialism in one country)를 얼토당토않은 이야기로 간주했다. 레닌이 일찍이 부르짖었듯이, "세계 계급, 세계 정당, 세계 혁명(Weltklasse, Weltpartei, Weltrevolution)"만이 있을 뿐이었다. 정리하면, 할리데이는 트로츠키의 불균등 결합 발전 이론을 통해 혁명이 자본주의 경제 체제와 근대 국가 체제의 복합적인 모순을 응축하고 있는 본질적으로 세계적인 현상이라는 점을 더욱 확신하게 되었다. 혁명은 근대 세계로의 이행에서 나타난 비정상적인 일탈이 아니라 그 본질적인 일부였다.

할리데이가 주저 『혁명과 세계정치: 여섯 번째 열강의 흥망(*Revolution and World Politics: The Rise and Fall of the Sixth Great Power*)』(1999)에서 내건 연구 의제는 대략 다음의 두 가지로 요약된다. 제일 먼저, 혁명은 그것이 궁극적으로 계급 갈등의 문제일지라도 국가 간 관계 속에서 이해되어야만 한다는 것이었다. 프랑스 혁명을 거치며 정립된, 역사의 진보를 믿는 대중에 의한 변혁 시도로서 혁명은 그 원인과 과정 그리고 결과 모든 측면에서 고립되거나 단절되어 있지 않았다. 약간의 과장을 보태면, 직접적으로든 간접적으로든, 전쟁은 혁명을 낳았고, 혁명은 전쟁을 낳았다. 이를 뒤집어 말하면, 혁명에는 국가 간 관계의 속성이 깊숙하게 녹아들어가 있었다. 할리데이는 18세기 유럽 국가에서 20세기 제3세계 국가로의 혁명의 시공간적 이동을 눈여겨볼 것을 조언했는데, 왜냐하면, 트로츠키와 도이처의 지적대로, 자본주의 경제 체제와 근대 국가 체제에 내재된 억압과 항쟁의 동력이 다양한 층위에서 분절되어 있다는 사실을 이로부터 유추할 수 있다고 판단했기 때문이다. 둘째는 혁명이 제기한 윤리의 문제가 주권의 제약을 초월한다는 것이었다. 혁명은 불평등한 착취 구조의 철폐를 외치며 국가와 국민을 다시 정의할 것을 요구했으며, 이는 필연적으로 국가 간 관계 전반에 대한 재고로 나아갔다. 주권국가가 아닌 계급과 민족과 같은 지극히 유동적인 사회 운동에 의해 추동된 혁명은 대안적인 국제 질서에 대한 자유로운 상상을 자극했다. 중심부와 주변부를 가리지 않고 덮쳤던 수차례의 혁명에도 불구하고 국제정치의 무정부적 구조는 지금도 건재하지만, 모든 혁명은 안보에 대한 기존 생각에 크고 작은 균열을 내었고, 주변 국가와 국제사회의 반응도 그에 따라 변화했다. 그리고 혁명과 반혁명(counter-revolution)의 경험과 기억은 축적, 전파되었고, 새로운 상황과 지형에 맞게 변형되어 활용되었다. 부차적으로, 할리데이는 혁명을 이렇게 국제적이고 역사적인 현상으로 정치, 경제, 사회, 문화의 모든 차원에서 종합적으로 고찰하기 위해서는 국내정치와 국제정치의 이분법만 아니라 행위와 구조의 동학과 물질적 요인과 관념적 요인의 통합과 같은 국제정치학 분야의 이론적 난제에 더해 정의와 현실의 간극이나 개입과 비개입(non-intervention)의 선택과 같은 정책적 난제까지도 정면으로 마주할 수밖에 없다고 덧붙였다.

따라서 할리데이가 LSE 국제관계학과를 대표하는 또 다른 유파인 영국학파(English School of International Relations)에 대해 양가적인 태도를 보였던 것은 충분히 예상 가능하다. 한 편으로, 할리데이는 마틴 와이트(Martin Wight)가 현실주의(Realism), 합리주의(Rationalism)와 함께 국제관계를 보는 세 가지 주요 관점 중 하나로 "혁명주의(Revolutionism)"를 제시한 것을 높게 평가했다. 교과서적으로 사용되는 이상주의(Idealism) 또는 이상향주의(Utopianism)라는 표현이 정적이고, 현실과 동떨어진 사고라는 선입견을 전제로 한다면, 혁명주의는 동적이고, 현실을 적극적으로 개선하고자 하는 의지가 내포된 표현이었다. 와이트는 혁명주의를 국제사회가 도덕적으로 통일되어 있어야 한다고 굳게 믿고 행동하는 이의 사고방식으로, 현실주의나 합리주의와 달리, 역사의 연속이 아니라 역사의 단절에 주안점을 둔다고 정의했다. 와이트는 자코뱅파(Jacobins), 마치니, 레닌 등을 혁명주의를 대표하는 인물로 들었지만, 실제 혁명과는 거리가 먼 윌슨을 혁명주의자로 분류했을 뿐만 아니라 혁명주의 전통의 사상적 토대를 이마누엘 칸트(Immanuel Kant)의 정치철학 저작에서 찾았다.

할리데이가 볼 때, 영국학파의 더 큰 문제는 국가 중심주의(state centrism)였다. 헤들리 불(Hedley Bull)의 제자 데이비드 암스트롱(David Armstrong)은 『혁명과 세계 질서: 국제사회 내의 혁명 국가(*War and World Order: The Revolutionary State in*

International Society)』(1993)에서 1648년 베스트팔렌 조약에 각인된, 주권국가가 주인공인 국제사회의 규범적, 제도적 틀을 혁파하는 데 성공한 혁명은 여태껏 한 번도 없었다고 열변했다. 혁명이 성공한 이후 미국, 프랑스, 러시아, 그리고 제3세계 국가 모두 사회화 과정을 밟았고, 종국에는 국제사회의 핵심 질서를 준수하는, 심지어 몇몇 국가의 경우에는 이를 나서서 강제하는 열성적인 구성원이 되었다. 혁명은 국제사회의 변혁이 아니라 진화를 촉진했던 것이다. 암스트롱은 이에 이들 국가에서의 혁명이 아니었다면, 현재 국가 간 관계는 인권, 민주주의, 민족자결, 주권 평등, 남북문제(Global North and Global South Problem), 국제 협력과 같은 사회적인 요소가 결여된 채로 약육강식의 논리를 따르고 있을 수도 있다고 부연했다.

근대 주권국가 체제를 기정사실로 가정하기에 영국학파의 한계는 자명했다. 그러나 영국학파는 이 즈음 미국 국제정치학계를 지배하게 된 신현실주의와는 대조적으로 국제정치가 역사적으로 구성되는 일종의 사회라는 입장을 견지했고, 그러한 점에서, 할리데이가 선도한 트로츠키주의 혁명 연구와 교차하며 LSE 국제관계학과 특유의 학풍을 조성했다. 둘의 교집합은 역사사회학이었다. 불에 이어 아담 로버츠(Adam Roberts)와 베리 부잔(Barry Buzan)이 국제사회의 팽창(expansion of international society)에 대한 탐구로 영국학파의 역사사회학을 선개해 나섰다면, 할리데이의 화두를 이어받은 것은 저스틴 로젠버그(Justin Rosenberg)와 조지 로슨(George Lawson)의 연구다. 우선, 로젠버그는 국제정치학, 특히 신현실주의 이론의 두 중추 개념인 주권과 무정부를 마르크스주의 역사유물론의 관점에서 공략했다. 로젠버그는 주권과 무정부 개념에 대한 신현실주의 이론의 집착을 물신숭배(fetishism)라고 혹독하게 비판하며, 국제 체제에 대한 역사적이고 사회학적인 접근 방식의 단초를 마르크스의 자본주의 분석에서 구했다. 근대적인 국가 간 관계가 특이한 것은 자본주의 세계 경제 때문이었다. 주권국가는 로젠버그가 "시민 사회의 제국(empire of civil society)"이라 명명한 자본주의 세계 경제의 정치적 발현이었고, 국제관계사는 불균등 결합 발전의 지정학의 역사였다. 이전에는 찾아볼 수 없는, 고도로 추상화된 신현실주의의 주권과 무정부 개념은 자본주의 세계 경제의 성립으로 정치와 경제의 종속 관계가 역전되면서 들어선 시각적인 환영에 다름 아니었다.

로슨은 로젠버그가 국제정치학 분야에서 기도한 트로츠키주의적, 역사사회학적 전회를 혁명 연구에서 일으키고자 했다. 할리데이의 지도로 작성된 로슨의 박사 학위 논문은 1989년 체코 공산정권 몰락, 1990년 칠레 아우구스토 피노체트(Augusto Pinochet Ugarte) 군사 독재 종식, 1991년 남아프리카 공화국 아파르트헤이트(Apartheid) 철폐에 대한 비교 연구였다. 로슨의 목표는 1992년 프랜시스 후쿠야마(Francis Fukuyama)의 "역사의 종언(End of History)" 선포가 상징한 탈냉전의 승리주의(triumphalism)의 거대한 물결 속에 잠긴 혁명을 구출하는 것이었다. 로슨이 보기에, 혁명은 학문적으로나 실천적으로나 여전히 유용한 개념이었다. 로슨은 냉전과 탈냉전 시기 여러 사례에 대한 다각적인 해석에 만족하지 않고 혁명 연구의 방법론적 쇄신을 역설했다. 로젠버그와 마찬가지로, 로슨도 할리데이가 소개한 트로츠키의 불균등 결합 발전

이론을 발판으로 삼았으나, 로슨이 마르크스주의 역사유물론을 고집하지 않은 것은 이에서 연유한다.

"글로벌 역사사회학적 혁명 연구(global historical sociology of revolution)"로 응집되는 로슨의 방법론적 성찰은 크게 세 단계로 이뤄졌다. 우선, 로슨은 1990년대 이래 영국과 미국 역사학계를 휩쓴 지구사 또는 글로벌 히스토리(global history)의 서구, 국가, 민족, 계급 중심의 전통적인 서사에 대한 탈근대적인(post-modern) 비판과 그에 이어 2000년대 접어들며 전 학문 분야에 걸쳐 가속화한 학제 간 연구(interdisciplinary research)의 유행을 적극 수용해 트로츠키의 불균등 결합 발전 이론을 정교하고 세련되게 다듬었다.

다음으로, 로슨은 영국학파의 차세대 주자 부잔과의 협업을 통해 국제정치학 분야에서의 역사사회학적 전회의 방향을 근대적인 국제 질서가 전 지구적으로 확립되는 19세기에 맞추고자 노력했다. 국제정치학 분야의 이론적, 실천적 혁신을 위해서는 19세기 정치, 경제, 사회, 군사 등 모든 방면에 걸쳐 일어난 전 지구적 전환의 내용과 함의에 대한 치열한 숙고가 필히 선행되어야 한다는 것이 로슨의 믿음이었다.

최종적으로, 로슨은 이와 같은 문제의식에서 존 포란(John Foran)과 잭 골드스톤(Jack Goldstone) 등으로 대표되는 미국 역사사회학계의 제4세대 혁명 연구를 뛰어넘고자 했다. 제3세대까지의 연구가 혁명은 왜 일어났는가라는 질문에 답하고자 했다면, 포란과 골드스톤 등은 혁명의 전제 조건이라 할 수 있는 국가의 권위에 대한 치명적인 도전이 가능해지는 위기 국면의 파악에 집중했다. 예를 들어, 골드스톤은 국가를 불안정하게 만드는 요인으로 정부 재정 압박, 사회 지도층 분열, 대중의 분노를 자극하는 국가 운영상 잘못, 저항 이데올로기 확산, 혁명에 우호적인 국제 여론, 다섯 가지를 꼽은 뒤에, 혁명의 구조적인 원인으로 인구 변화, 국제 정세, 경제 종속, 특정 집단 배제 및 차별, 정부 수반 개인 문제를 별도로 지목했다. 혁명은 이와 같은 요소가 우연적이고 일시적인 사건에 의해 폭발적으로 결합되면서 터지는 것이었다. 포란도 『권력을 쟁취하기: 제3세계 혁명의 기원(*Taking Power: The Origins of Third World Revolutions*)』(2005)에서 골드스톤과 비슷한 분석을 내놓았다. 그러나 로슨은 제4세대 혁명 연구가 변수와 사례의 추가에 만족하는 경향이 농후하며, 이에 이론적인 고민이 없다시피 하다고 꼬집었다. 구조와 행위의 관계 문제에 있어서도, 제4세대 혁명 연구는 기존 이분법적 구도를 답습하고 있었다. 혁명과 국제정치의 관계에 대한 논의 또한 제3세대 혁명 연구와 다를 바 없이 단순했다.

글로벌 역사사회학적 혁명 연구를 주창하며 로슨이 제안한 것은 "간사회적 접근(intersocial approach)"이었다. 로슨은 국제정치학에서만 아니라 역사사회학에서도 확인되는 국가 중심적인 시각 또는 방법론적 국민주의(methodological nationalism)에서 탈피하는 것이 무엇보다 시급하다고 생각했다. 정부의 전복이 혁명의 절정이라 할지라도, 혁명의 원인과 과정 그리고 결과를 구성하는 주요 핵심 요소는 대부분 정부 안에서가 아니라 밖에서, 즉 사회에서 찾아졌다. 또한 혁명의 전 과정은 국경을 자유롭게 넘나들었다. 따라서 단발적인 현상이 아니라 근대 세계를 주조한 연속적인 현상의 하나로 혁명의 다층적인 여파와 역사적인 함의는 물론이거니와 혁명의 원인과 과정 그리고 결과를 포괄적으로 살피기 위해서는 국가 간 관계도 정부 간 관계가 아니라 사회 간 관계로 넓혀서 봐야 하는 것이다. 혁명의 원인과 과정 그리고 결과를 결정하는 구조와 행위의 역동적인 상호작용 역시 국가 아닌 사회의 관점에서 볼 때 더 생동감 있게 관찰될 수 있었다.

로슨은 이로써 LSE와 하버드 대학교의 상이한 문제의식과 연구 방법을 융합하며 혁명 연구의 새로운 지평을 열었다. 로슨이 브린톤에서 유래하는 후자의 유형 도출과 인과 관계 파악을 염두에 둔 공시적인 역사사회학적 분석과 할리데이에서 유래하는 전자의 현실 비판과 실천적 운동을 목표로 한 통시적인 역사유물론적 분석을 집대성한 자신의 최근 저서의 제목을 『혁명의 해부들(*Anatomies of Revolution*)』(2019)이라고 붙인 것은 이러한 이유에서다.

* * * * *

혁명과 국제정치의 관계는 몹시 어렵고 무거운 주제다. 하지만 현실이 그렇다면 당당히 마주하고 천착하는 것이 학문의 사명이라 본다. 그러나 이를 만족할 만한 수준에서 논하기에 국내 학계의 상황이 좋지 않다. 우선, 국제정치학 분야에서 혁명과 국제정치의 관계에 대해 역사적인 사례를 들어 분석할 능력을 가진 필자를 찾을 수가 없었다. 질적 연구 방법을 사용하는 이가 꾸준하게 감소하고 있는 것도 하나의 사유겠지만, 그보다는 정책과 지역에 매몰

되지 않고 학술적인 시야를 넓게 펼친 이가 없다는 것이 가장 주된 이유다. 이번 호의 필진이 모두 역사학자인 까닭이 여기에 있다. 그렇다고 역사학 분야에 문제가 없는 것은 아니다. 무엇보다, 혁명과 국제정치의 관계를 다루기 위해 필요한 정치사와 외교사에 관심을 지닌 이가 많지 않았다. 역사학 분야의 경우, 여전히 거의 모든 것이 국가 단위로 쪼개져 있으면서도 연구 대상으로서 국가의 일에 대한 반감이 매우 크다. 셋째, 국제정치학과 역사학 두 분야의 교류의 문제가 있다. 국제정치와 국내정치의 이분법만큼이나 사회과학과 인문학의 이분법이 두 분야를 가르고 있다. 이를 극복하려는 시도가 간간히 있어 왔지만 모두 실패했다. 두 분야 모두 서로의 문화를 배우고자 하는 노력을 전혀 기울이지 않았다. 선전만 거창하게 했을 뿐이다. 대화를 하기 위해서는 공통된 이야깃거리를 구하기에 앞서 서로의 언어를 공을 들여 익혀야 한다. 참을성 있게 서로의 글을 읽고 말에 귀를 기울이지 않으면서 하루아침에 원활하게 소통을 할 수 있을 것이라 기대하는 것은 과한 욕심이거나 공언이다. 장문의 서론의 후반부는 이를 에둘러 지적하기 위한 나름대로의 노력이다. 다음으로, 단발적인 현상이 아니기에, 혁명과 국제정치의 관계의 의미는 전체적인 비교와 유기적인 연결을 통해서만 포착될 수 있다. 국제정치학 분야는 말할 것도 없고 역사학 분야에서도, 이러한 문제의식을 공유하고 논의를 함께 진행시킬 최소한의 능력과 의지 그리고 여유를 보유한 이는 정말로 극소수다. 이에 장문의 서론의 전반부를 작성하게 되었다. 다섯째이자 마지막으로, 이러한 형태의 편집서와 관련된 연구 업적 평가와 원고료 지급 기준 및 관례가 있다. 국제정치학 분야든 역사학 분야든, 이와 같은 현실적인 제약을 무시하기가 쉽지 않다. 그렇기에 이번 호도 공인된 학술지에 이미 출판된 논문을 중심으로 억지로 꿰맞춰 엮을 수밖에 없었다. 장문의 서론은 이에 대한 사과의 표시이기도 하다.

안두환

제1장

1688년 혁명

— 역사와 역사학

The Revolution of 1688: History and Historiography

안두환 | 서울대학교 정치외교학부

본 논문은 영미 역사학계의 연구 성과에 기초해 명예혁명으로 흔히 지칭되는 1688년 혁명의 경과와 의의를 새롭게 안내한다. 본 논문은 의회 민주주의와 자본주의 경제를 평화적으로 안착시킨 전범으로 소비되고 있는 1688년 혁명이 실상은 그 원인이나 과정 그리고 결과 모두에서 다분히 국제적인 사건이라는 점을 1688년 혁명의 학술사에 대한 조사와 개괄을 통해 밝히고자 한다. 본 논문은 크게 두 부분으로 구성된다. 본론의 첫 부분과 결론에서는 1688년 혁명에 대한 해석의 초점이 의회 민주주의와 자본주의 경제의 수립에서 근대적인 중앙집권 국가의 형성으로 바뀌는 과정을 살펴본다. 본론의 두 번째 부분에서는 1688년 혁명을 스튜어트 군주정의 위기로 인해 영국 안에서 일어난 국교회 혁명과 네덜란드 공화국의 위기로 영국 밖에서 일어난 윌리엄 혁명의 우연한 결합으로 설명한다. 전자가 영국에서 완전한 통일 국가를 건설하는 문제였다면, 후자는 루이 14세의 프랑스로부터 유럽의 세력 균형을 지키는 국제 안보의 문제였다.

This article reexamines the Revolution of 1688 – commonly known as the Glorious Revolution – in light of recent Anglo-American historical scholarship. It argues that the Revolution, often portrayed as a classic example of the peaceful transition toward parliamentary democracy and a capitalist economy, was in fact an international event with complex causes, processes, and consequences. The article is divided into two parts. The first section, together with the conclusion, traces a shift in interpretations of the Revolution: from an emphasis on parliamentary democracy and capitalism to a focus on the emergence of the modern centralised state. The second part presents the Revolution as an unexpected convergence of the Anglican and Williamite Revolutions, each driven by crises within the Stuart monarchy and the Dutch Republic. Whereas the Anglican Revolution represented a failed response to the Stuart monarchy's efforts to forge a unified state across the British Isles, the Williamite Revolution arose from the threat posed by Louis XIV of France to the European balance of power.

KEYWORDS 명예혁명 The Glorious Revolution, 1688년 혁명 The Revolution of 1688, 국교회 혁명 The Anglican Revolution, 윌리엄 혁명 The Williamite Revolution, 제임스 2세 James II, 윌리엄 3세 William III, 루이 14세 Louis XIV

I 들어가며

본 논문은 영미 역사학계의 최근까지 연구 성과에 기초해 '명예혁명(Glorious Revolution)'으로 흔히 지칭되는 '1688년 혁명(Revolution of 1688)'의 경과와 의의를 정리하는 것을 목적으로 한다. 1688년 혁명과 이의 해석을 둘러싼 해외 학계의 논쟁에 대한 안내가 국내 학계에 없는 것은 아니나, 전통적인 '휘그 (현재주의, 목적론적) 해석(Whig interpretation)'과 이에 대한 도전을 수박 겉핥기 식으로 소개하는 수준이라 사건의 전반적인 배경과 내용에 대한 이해 도모는커녕 심층적인 함의에 대한 고민을 이끌어내기에 너무나도 부족하다(이태숙 2006; 김대륜 2019). 단적으로, 이미 반세기 전 일련의 케임브리지 대학교 역사학부 출신 및 소속 지성사가에 의해 터무니없이 부풀려진 것으로 판명이 난 존 로크(John Locke)의 사회계약론을 1688년 혁명을 추동한 핵심 이데올로기로 다루는 견해가 여전히 정치학계에서만 아니라 역사학계에서도 정설인 양 버젓이 통용되고 있는 실정이다(문지영 2011; 나종일·송규범 2009, 481-482).

본 논문의 본론은 두 부분으로 구성된다. 첫 부분에서는 1688년 혁명에 대한 해석의 변천 과정을 살펴본다. 스튜어트 왕조의 폭압 통치에 맞서 고대로부터 내려온 헌정을 지켜낸 개혁과도 같은 혁명으로 정치적으로는 의회 민주주의를, 경제적으로는 자본주의 경제를 확립한 영국은 성장의 가도를 달리며 근대 세계로의 인류사적 이행을 선도했다는 대중적인 휘그 해석은 1960년대 이래 전문적인 역사 연구가 축적되면서 많은 수정과 보완을 거쳤다. 1688

년 혁명 300주년을 기념해 1988년 직후 발간된 여러 논문집은 혼잡해 보여도 20여 년에 걸친 치열한 학문적 노력의 산물로 1688년 혁명 연구의 중요한 이정표다. 두 번째 부분에서는 1688년 혁명을 17세기 말 영국 안팎에서 닥친 두 별개의 위기가 우연찮게 겹쳐지며 터진 것으로 보는 1980년대 들어서며 정착된 접근에 따라 실제 과정을 간추려 기술해 보고자 한다. 여기서 내부적인 위기는 '국교회 혁명(Anglican Revolution)'을 자극한 스튜어트 군주정의 위기이며, 외부적인 위기는 '윌리엄 혁명(Williamite Revolution)'을 유발한 네덜란드 공화국의 위기이다. 결론에서는 본론에서 다뤄진 내용에 대한 요약 및 정리 대신 가장 최근 1688년 혁명 연구를 야심차게 집대성하고자 시도한 팀 해리스(Tim Harris)의 『왕정복고: 찰스 2세와 그의 왕국, 1660-1685』(2006)과 『혁명: 영국 군주정의 대위기, 1685-1720』(2007) 그리고 스티븐 핀커스(Steve Pincus)의 『1688: 첫 근대 혁명』(2009)에 대한 간략한 서평을 통해 1688년 혁명의 의의를 짧게나마 되새겨 보기로 한다(Harris 2006, 2007; Pincus 2009).

II 휘그 및 마르크스주의 해석

오래전 고유명사로 자리를 잡은 명예혁명이란 용어가 말해주듯, 1688년 혁명에 대한 후대의 일반적인 평가는 여타의 혁명과 본질적으로 다르다는 점을 기본 전제로 이뤄져왔다. 한 세기 뒤 『프랑스 혁명에 대한 성찰』(1790)에서 에드먼드 버크(Edmund Burke)

가 유려하게 제시한 익숙해진 설명대로, 1688년 혁명은 급진적이지도 폭력적이지도 않은 방식으로 – 제도화된 관습인 보통법(common law)의 진수로서 '고대 헌정(ancient constitution)'을 지켜냄으로써 – 계몽 시대로의 전환을 이끈 혁명 아닌 혁명이었다(Burke 1987, 12–31). 혁명은 일어나지 않았고, 예방되었기에, '무혈 혁명(bloodless revolution)'이었다. 선대 토머스 배빙턴 맥콜리(Thomas Babington Macaulay)의 대작 『제임스 2세 계승 이래 잉글랜드사』(1848)에 이어 휘그 해석을 대표하는 단편 『잉글랜드 혁명, 1688–1689』(1938)에서 조지 맥콜리 트리벨리언(George Macaulay Trevelyan) 역시 이를 계기로 머나먼 과거로부터 면면히 이어져 내려온 헌정을 변화하는 현실에 맞춰 보완해나가는 합리적인 지혜가 국가적 차원에서 확실히 안착하게 되었다고 경축했다.[1] "그것은 중용의 승리였다. 휘그나 토리의 열정이 아니라, 트리머 핼리팩스(Halifax the Trimmer)의 정신과 사고의 승리였다"(Trevelyan 1965, 129). 트리벨리언은 이에 "현명한 혁명(Sensible Revolution)"이 여러모로 더 적합한 명칭일 것이라고 단언했다(Trevelyan 1965, 3). 프랑스 혁명을 목도한 버크에게나 전체주의를 목도한 트리벨리언에게나, 1688년 혁명의 가장 위대한 성과이자 교훈은 "정치에서나 종교에서나 광신을 제압한 데 있었다"(Trevelyan 1965, 129). 빅토리아 시대 영국이 만끽한 자유와 풍요는 이로 인해 가능했고, 바로

1 영국(Britain)과 잉글랜드(England)는 명확하게 구분되어야 하나, 본 논문에서는 편의상 혼용하기로 한다. 1707년 병합되는 스코틀랜드와 1691년 정복되는 아일랜드와 관계된 경우는 구분하여 잉글랜드로 표기하고, 프랑스나 유럽 국가와 관계된 경우에는 영국으로 표기하기로 한다. 서적의 제목은 원제목을 따른다.

이것이 영국의 국민적 정체성이자 역사적 숙명이었다.

역으로, 영국사에서 혁명은 대개 '1640년 혁명(Revolution of 1640)'으로 찰스 1세(Charles I)의 처형 후 올리버 크롬웰(Oliver Cromwell)이 이끄는 의회파가 잉글랜드 연방(Commonwealth of England)을 수립하게 되는 내전을 뜻했다. 휴 트레버-로퍼(Hugh Trevor-Roper)가 "일반 위기(General Crisis)"라 이름 붙인 극심한 혼돈의 끝 무렵 지난 천년 동안 중세 사회를 지탱해 왔던 봉건제가 영국에서도 무너져 내리기 시작했다(Trevor-Roper 1959; Aston ed. 1967). 트리벨리언과 같은 시기, 사회주의 경제사가 R. H. 타우니(Tawney)는 내전의 궁극적인 원인이 자본주의 경제로의 도약의 발판을 마련한 젠트리 계층의 부상에 있다고 설파했다(Tawney 1941). 권력의 균형은 재산의 균형에 따라 결정된다는 제임스 해링턴(James Harrington)의 동시대 분석을 앞세운 타우니의 1640년 혁명 해석은 젠트리 계층의 범주와 역할에 대한 논쟁을 불러일으켰다(Tawney 1941; Trevor-Roper 1953). 타우니가 1640년 혁명의 하부 구조를 파헤쳤다면, 1640년 혁명의 상부 구조에 대한 해부는 마르크스주의 역사가 크리스토퍼 힐(Christopher Hill)의 차지였다(Hill 1958). 독실한 국교회 신자이기도 했던 타우니의 조언을 따라 막스 베버(Max Weber)의 『프로테스탄트 윤리와 자본주의 정신』(1904)에서 영감을 얻은 힐은 당대 청교도 사상에서 프랑스 혁명과 러시아 혁명의 지적이고 계급적인 뿌리를 찾아냈다(Tawney 1926; Hill 1961; 1972). 반면, 타우니와 힐에게 1688년 혁명의 의의는, 칼 마르크스(Karl Marx)가 일찍이 논한 대로, "봉건 귀족 계급에 맞서 자본가 계급이 거둔 첫 번째 결정적인 승리"에 있었다(Marx

1853; Hill 1961). 1640년 혁명의 와중에 잠시나마 등장했던 노동자 계급은 먼 훗날을 기약해야 했다. 에릭 홉스봄(Eric Hobsbawm)의 이제는 진부해진 표현을 빌리자면, '혁명의 세기'가 종료되고 '자본의 세기'가 개시된 것이었다.

흥미로운 점은, 어떠한 혁명이 역사적으로 더 의미 있는 혁명인가에 대한 좁힐 수 없는 의견 차이에도 불구하고, 두 진영 모두 로크를 1688년 혁명의 숨은 주인공으로 여겼다는 사실이다(Pocock 1980). 휘그 역사가에게도 마르크스주의 역사가에게도, 1688년 혁명의 정치적인 결실로서 '혁명 결말(Revolution Settlement)'은 로크가 차분한 목소리로 변론한 사유재산과 종교관용의 원칙에 의거한 것이었다. 그도 그럴 것이, 로크는 제임스 2세(James II)의 압제를 피해 자신이 모시던 의회파 휘그 지도자 제1대 샤프츠베리 백작, 앤서니 애슐리 쿠퍼(Anthony Ashley Cooper, 1st Earl of Shaftesbury)를 따라 네덜란드 공화국으로 망명을 떠났다가 1688년 혁명의 성공과 함께 귀국했다. 게다가 로크의 『정부론』(1689)도 이듬해 겨울 『권리장전』(Bill of Rights)의 선포에 때 맞춰 출간되었다. 로버트 필머(Sir Robert Filmer)가 '왕권신수설(divine right of kings)'로 보호막을 쳤던 스튜어트 왕조의 절대 왕정은 이로써 종말을 고했다. 요컨대, 로크가 체화한 1688년 혁명의 체제에서 휘그 역사가는 자유주의를 향한 역사의 진정한 완성을, 마르크스주의 역사가는 사회주의를 향한 역사의 진정한 시작을 보았던 것이다.

III 1960년대 이래 연구 경향

1688년 혁명에 대한 학술적인 연구는 1960년대 들어서야 본격적으로 이뤄졌다. 독일에서 전파된 지 반세기 만에 영미 역사학계를 장악한 실증주의 역사학 앞에 성역은 없었다. 제일 먼저 공격을 받은 것은 혁명 결말을 기점으로 진보적인 휘그당과 보수적인 토리당이 이끄는 이상적인 양당제 의회 민주주의가 입헌 군주 통치 하에 정착하게 되었다는 휘그 해석의 신념이었다. 1930년대부터 하원에 대한 방대하고도 치밀한 '인물 연구(prosopography)'를 통해 18세기 영국 정치를 지배했던 과두정을 폭로한 루이스 네이미어(Lewis Namier)의 공세는 제2차 세계대전이 끝난 뒤 더욱 거세졌다(Namier 1929, 1951, 1964). 네이미어 학파의 판단에 중요한 것은 정치적인 입장이 아니었다. 18세기 영국 정치를 움직인 것은 개인적인 관계였고 출세를 향한 욕망이었다. 하버드 대학교 역사학부 출신의 로버트 월콧(Robert Walcott)은 『18세기 초 잉글랜드 정치』(1956)에서 이것이 네이미어가 샅샅이 들춘 18세기 중후반만 아니라 1688년 혁명 직후에도 해당된다는 것을 입증하고자 시도했다(Walcott 1956). 격동의 스튜어트 왕조 시대에 마침표를 찍은 1688년 혁명 이후 영국 정치가 빠르게 안정을 찾을 수 있었던 것은 의회 주권이 확립되었기 때문이 아니라 '휘그 과두정(Whig supremacy)'이 확고하게 들어섰기 때문이었다.

1. 불안정에서 안정으로

1688년 혁명 연구의 학술적인 초석을 마련한 이는 영국의 첫 번째 수상 로버트 워폴(Robert Walpole)의 전기로 유명한 케임브리지 대학교의 J. H. 플럼(Plumb)이었다(Pocock 1980, 3-20). 트리벨리언을 사사한 플럼은 『정치적 안정의 증진: 잉글랜드, 1675-1725』(1967)에서 월콧과 같은 네이미어 학파의 관찰이 18세기 중반 이후에만 합당하다고 꼬집으며, 음모와 반란, 반역과 공모로 점철된 17세기가 순식간에 종식된 까닭을 명쾌히 밝히기 위해서는 1688년 혁명 전후에 대한 전면적인 재검토가 필요하다고 피력했다(Plumb 1967, xiii-xviii). 1688년 혁명의 놀라운 성공만이 문제가 아니었다. 곧이어 터진 프랑스와의 이른바 '제2차 백년 전쟁(Second Hundred Years War)'은 차치하더라도, 자신의 작은 외숙부이자 장인이기도 한 제임스 2세를 내쫓고 윌리엄 3세(William III)로 부인 메리 2세(Mary II)와 함께 왕위에 오른 네덜란드 공화국의 총독(Stadhouder) 오라녜 공 빌럼 헨드릭(Willem Hendrik van Oranje)은 자녀가 없었고, 따라서 제임스 2세의 차녀이자 메리 2세의 동생인 앤(Anne)이 1702년 윌리엄 3세 사후 왕위를 물려받았다.[2] 화불단행, 앤과 남편 덴마크 왕자 조지(George)도 1700년 갓 10살이 넘은 글로체스터 공작 윌리엄(William, Duke of Gloucester)을 먼저 떠나보낸 이래 수차례 유산만 거듭했다. 1714년 앤이 사망하자 영국의 왕위는 가톨릭교도를 배제한 1701년 왕

2 1688년 혁명이 성공하기 전까지는 빌럼 3세로 적어야 하나, 혹시 모를 혼동을 방지하기 위해 앞으로는 모두 윌리엄 3세로 적기로 한다.

위계승법(Act of Settlement)에 따라 서열 순위가 한참 뒤에 있던 독일 하노버 공국의 선제후이자 브런즈윅-뤼네부르크 공작(Duke of Brunswick-Lüneburg)이었던 조지 1세(George I)에게로 넘어갔다. 영국은 어떻게 이처럼 극도로 불안한 상황을 단시간 내에 타개하며 유럽을 넘어 세계의 패권을 거머쥘 수 있었던 것일까? 플럼은 단일 정당 정부와 행정부에 의해 통제되는 입법부 그리고 정치, 경제, 사회 권력을 장악한 세력을 한데 묶어준 정체성, 이 세 가지를 핵심 요인으로 열거했다(Plumb 1967, xviii). 트리벨리언의 제자답게 플럼은 네이미어가 배격한 세 번째 관념의 측면을 무엇보다 주의 깊게 살펴야 한다고 독려했다(McKendrik et al. 1974).

2. 고대 헌징과 신-해링턴주의

플럼이 네이미어 학파의 지나치게 과도한 실증주의 해석만 아니라 스승의 휘그 해석에 맞서 "분노한 정당(rage of party)"의 시기로 규정한 윌리엄 3세와 앤 재위 기간 휘그당과 토리당의 대결과 분열에 관심을 촉구했다면(Plumb 1967, 129-158), 이의 내용에 대한 탐구를 촉발한 이는 같은 케임브리지 대학교의 허버트 버터필드(Herbert Butterfield)였다. 네이미어와 마찬가지로, 버터필드도 휘그 해석에 대한 비판에서 출발했다. 『휘그 역사 해석』(1931)에서 과거를 현재의 도덕적, 정치적 기준에 따라 평가하고 새난하는 행태의 만연을 개탄한 버터필드는 『잉글랜드인과 그의 역사』(1944)에서 초점을 영국의 역사 서술 전통에 맞췄다. 제2차 세계대전의 포화 속에서 영국민의 자긍심을 고취시킬 목적으로 집필되기는 했으나, 버터필드의 『영국인과 그의 역사』는 휘그 해석의 중추라 할 수 있는 고대 헌정 개념을 영국 정치사 및 정치사상사 연구의 중심에 올려놓았다(Butterfield 1944, v–vii, 69–82). 십수 년 뒤 케임브리지 학파를 이룰 J. G. A. 포칵(Pocock)과 퀜틴 스키너(Quentin Skinner)는 버터필드의 영향 아래 으레 역사적일 것이라고 간주되던 고대 헌정에 대한 생각이 오히려 사실에 근거한 근대적인 역사 인식으로의 진화를 저해한 요소로 작동한 과정을 추적했다(Pocock 1951; Skinner 1965). 특히 포칵은 『고대 헌정과 봉건법: 17세기 잉글랜드 역사 사상에 대한 연구』(1957)에서 윌리엄 1세(William I)에 의한 노르만 정복(Norman Conquest)을 강조했다. 자연권이 아니라 과거가 권위의 원천이었던 시절, 고대 헌정의 근간인 앵글로–색슨족의 의회(Witenagemot)의 보존 여부는 정치적으로 중대한 함의를 지닌 문제였다(Pocock 1987, 229–251). 간단히 말해서, 하원의 권리와 권한이 국왕에 의해 주어진 것이라면 하원의 동의 없이도 국왕에 의해 제한될 수 있을 테지만, 아니라면, 하원의 동의 없이는 제한될 수 없기 때문이다. 역사와 정치는 분리 불가능했을 뿐만 아니라 도덕적으로 또는 정치적으로 옳다고 여겨지는 쪽이 언제나 사실에 부합하는 주장을 펼친 것도 아니었다. 고대 헌정은 역사적이지만 역사적이지 않았고, 진실에 가까운 주장을 펼쳤던 것은 의회파 휘그 세력이 아니라 왕당파 토리 세력이었다.

이에 더해, 포칵은 이탈리아에서 생성된 '시민 공화주의(civic republicanism)'의 유입과 확산을 포착했다. 그러나 공위시대(Interregnum) 해링턴에 의해 수입된 니콜로 마키아벨리(Niccolò Machiavelli)의 논의는 독립된 시민의 자유를 노래했지만, 한 세기 전 『로마사 논고: 티투스 리비우스의 처음 10권에 대한 논고』(1531)의 것과는 명확한 차이가 있었다. 17세기 잉글랜드는 16세기 피렌체가 아니었다. 공화국의 가능성을 논하기 위해서는 개인의 덕성(virtù) 이상의 설명이 필요했다(Pocock 1987, 124-147). 해링턴의 『오세아니아 공화국』(1656)은 봉건제의 붕괴를 배경으로 삼았다. 타우니가 젠트리 계층의 부상으로 파악했던 것은 실상 귀족 계급의 몰락이었다. 해링턴은 국왕은 이제 무력으로 평민 계급을 다스릴 수밖에 없게 되었다고 추론했다. 중재 계급이 제 역할을 하지 못하는 상황에서 내전을 피할 방도는 없었다. 포칵에 의하면, 해링턴은 고대 헌정을 믿지 않았지만, 해링턴이 경고한 국왕의 '군사 통치(military rule)'는 1660년 왕정복고(Restoration) 이후 샤프츠베리를 위시해 고대 헌정을 내세우며 스튜어트 왕조에 대항했던 그리고 종국에는 1688년 혁명을 도모하게 될 의회파 휘그 세력에게 매우 유용한 무기가 되어주었다(Pocock 1965). 고대 헌정은 장구한 세월에 더해 아리스토텔레스(Aristotle)와 폴리비우스(Polybius)가 군주정, 귀족정, 민주정의 약점이 서로 상쇄되어 불멸할 수 있을 것이라 내다본 '혼합정체(mixed constitution)'의 전형으로 한층 더 정당화되었지만, 국왕과 의회의 관계에 대한 실질적인 지침을 담고 있지 못했다. 포칵은 해링턴의 언어가 아니었다면 입법부의 독립이 다양한 방식으로 침해받는 낯선 상황을 조직적으로 인식하기 어려웠을 것이라고 논설했다. 후술하듯, 왕정복고 이후 영국도 루이 14세(Louis XIV)의 프랑스와 같이 행정부 중심의 근대적인 국가로 나름 변모하고 있었다. 구체적으로, 플럼의 제자 데니스 루비니(Dennis Rubini)가 꼼꼼하게 살펴본, 1688년 혁명 전후 토리당 대 휘그당의 구조가 궁정파(Court) 대 재야파(Country)의 구조로 재차 변형되는 과정에서 해링턴의 '상비군(standing army)' 개념은 국왕의 군대만 아니라 국왕과 국왕을 보필하는 내각의 의회에 대한 모든 부적절한 영향력 행사를 통칭했다(Rubini 1968). 포칵은 이를 신-해링턴주의(Neo-Harringtonianism)라 불렀다. 입법부를 행정부에 종속시키려는 궁정파의 '부패(corruption)'에 맞서 입법부의 독립을 지켜내기 위해서는 재야파의 덕성이 시급히 요구된다는 사고는 이로부터 배태된 것이었다.

놀랍게도, 로크의 자리는 여기에 없었다. 주지하듯, 로크의 『정부론』은 역사를 논하지도 부패와 덕성을 논하지도 않았다. 로크의 『정부론』은 시대의 조류에서 많이 벗어나 있었다(Pocock 1987, 237). 때마침 케임브리지 대학교의 동료 피터 라슬렛(Peter Laslett)이 로크가 『정부론』을 저술하게 된 직접적인 배경에 대해 강력한 의문을 제기했다. "『정부론』은 혁명 책자가 아니라 배척안(Exclusion Bill) 책자다"(Laslett 1956, 52). 내용만 아니라 정황을 따져볼 때, 로크의 『정부론』은 1688년 혁명이 아니라 10년 전 당시 요크 공작(Duke of York)이었던 제임스 2세의 왕위계승 자격을 두고 일어났던 '배척 위기(Exclusion Crisis)'에 훨씬 어울렸다. 포칵, 스키너와 함께 케임브리지 학파의 창설을 주도한 존 던(John Dunn)은 라슬렛의 문제 제기를 심화했다. 던은 『존 로크의 정치사상: "정부론"의 주장에 대한 역사적 해설』(1969)에서 로크의 『정부론』은 급진적인 소수만이 따르던 칼뱅주의 자연법 전통에 입각한 논저로 사유재산과 종교관용의 원칙에 중점을 둔 기존의 두 세속적인 해석과는 상당한 거리가 있다고 논파했다(Dunn 1969, 203-241). 비슷한 시기, 대서양 건너편의 캐롤린 로빈스(Caroline Robbins)와 버나드 베일린(Bernard Bailyn)도 각각 『18세기 공화주의자』(1959)와 『미국 혁명의 이데올로기적 기원』(1967)을 출판하며 1688년 혁명을 뒤덮었던 로크 신화를 걷어내는 데 힘을 보탰다.

3. 금융 혁명

1967년 옥스퍼드 대학교의 경제사가 P. G. M. 딕슨(Dickson)이 『잉글랜드 금융 혁명: 공적 신용의 발전에 관한 연구, 1688-1756』로 1688년 혁명 연구를 또 다른 차원으로 인도했다. 영국-네덜란드 다국적 기업 유니레버(Unilever)에 대한 연구로 비즈니스 역사학 분야를 개척한 경제사가 찰스 윌슨(Charles Wilson)의 지도하에 17, 18세기 네덜란드 해외 투자를 조사하던 딕슨은 1688년 혁명 직후 영국의 국가 부채(National Debt)의 도입과 이의 폭발적인 증대에 사로잡혔다(Wilson 1941). 딕슨은 액수의 비약적인 증가만 아니라 국가 부채를 효과적으로 관리하기 위한 기구의 발전과 더불어 이 과정에서 야기된 논란까지 세세하게 살폈다(Dickson 1993, 15-35). 딕슨이 본 대로, '금융 혁명(Financial Revolution)'은 가히 혁명적이었다.

우선, 경제적인 측면에서, 딕슨은 사유재산의 완벽한 보호를 기반으로 한 무역과 산업 중심의 자본주의 경제의 틀에서 과감하게 탈피했다. 18세기 영국의 경제 성장을 촉진하고 경제 논의를 지배한 것은 금융이었다. 1694년 영란 은행(Bank of England)의 설립과 국가 부채의 발행은 토지는 물론이거니와 어쨌거나 노동에 기초한 '상업 혁명(Commercial Revolution)'의 경제관마저 송두리째 뒤흔들어 놓았다. 말 그대로, 돈이 돈을 버는 세상이 되어버린 것이다.

이는 필연적으로 정치적인 영역에서 상응하는 변화를 동반했다. 딕슨은 영국이 명실상부 세계 제국으로 등극하는 분기점이 되는 1756년 7년 전쟁 발발까지 영국의 국가 부채 정책에 집중했지만, 함의는 광범위했다. 일단, 상원의 귀족 계급은 말할 것도 없고 하원의 젠트리 계층도－상업에 종사할지라도－절대 다수는 '토지 세력(landed interest)'인 중앙 정치에 '자본 세력(monied interest)'이 처음으로 모습을 드러낸 것이었다. 후자는 전자와 달라도 너무나 달랐다. 애국심은 본래 조상의 영토에 대한 사랑에서 나오는 것인데, 무엇을 믿고 부동산이 아니라 동산이 주된 수익원인 자에게 국사를 맡길 수 있단 말인가(Pocock 1985, 103-123)? 포칵이 관찰한 궁정파와 재야파의 대립은 더욱 격심해졌다. 토지 세력을 대변하는 재야파에게 자본 세력을 대변하는 궁정파와 타협을 한다는 것은 나라를 파는 것에 진배없었다. 반대로, 궁정파에게 재야파는 시대에 뒤쳐진 집단에 지나지 않았다. 주의해야 할 점은 1688년 혁명이 토리당과 휘그당의 합종연횡을 불러왔다는 사실이다. 1688년 혁명 이전 궁정파 토리였던 인사 중 적지 않은 수가 원칙을 고수하며 정권 밖에 머물렀던 재야파 휘그 일부와 의기투합해 새로운 재야파를 이뤘다. 재야파 휘그 중 1688년 혁명을 주도하며 권력을 손에 넣은 인사는 변절하여 궁정파가 되었고, 얼마 전까지 동지였던 '구휘그(Old Whig)'의 날선 비판에 시대가 바뀌었으니 '현대적인 휘그(Modern Whig)', '신휘그(New Whig)'로 한시라도 빨리 거듭나야 마땅하지 않느냐고 항변했다. 가장 중요하게, 금융 혁명을 통한 당시로서는 천문학적인 자금의 안정적인 확보가 없다면, 영국의 안보를 지킬 수가 없었다. 16, 17세기 '군사 혁명(Military Revolution)' 이래 전쟁의 승패는 군대의 용맹이 아니라 정부의 재정에 의해 갈렸고, 18세기 이를 부정하는 현실 정치인은 유럽 어디에도 없었다(Rogers ed. 1995). 전쟁은 말할 것도 없고, 섬나라라는 지리적인 이점을 활용해 상비군을 민병대로 대체한다 할지라도, 해군을 유지하고 위급한 상황에 대비해 추가로 대륙의 국가를 동맹으로 잡아두기 위해서는 엄청난 비용이 들어갔다.

딕슨이 조명한 금융 혁명은 1688년 혁명을 새로운 각도에서 접근하도록 했다. 먼저, 포칵은 생존을 위해서는 수세대에 걸쳐 내려온 정체성을 가차 없이 처분해야 하는 이와 같은 진퇴양난의 상황을 "마키아벨리적 계기(Machiavellian Moment)"라 칭하며 상세하게 논했다(Pocock 2016, 423-505). 바꿔 말해, 포칵이 보기에, '패러다임 전환(paradigm shift)'은 1688년이 아니라 1694년에 발생한 것이며, 로크는 이와 별 상관이 없었다. 정치사상사 분야에서 로크와 더불어 1688년 혁명이 누렸던 지위는 더욱 흔들렸다(Hont 2005).

다음으로, 딕슨은 스튜어트 왕조의 속박에서 벗어난 영국은 정해진 운명대로 '자유방임 야경 국가(laissez-faire police state)'를 건설했다는 뿌리 깊은 선입관을 깨뜨리는 데 지대한 기여를 했다. 딕슨이 방대한 자료에 근거해 재현한 금융 혁명 이후 영국은 – 적어도 재정 운용에 있어서는 – 당대 가장 효율적인 국가였다. 7년 전쟁의 결과는 이미 정해진 것이나 다름없었다. 딕슨은 프랑스와 영국의 운명을 가른 것은 의회의 지속적인 감시와 견제 여부라고 결론내리며 1688년 혁명의 중요성을 강조했으나, 휘그 해석이 정초했던 형태의 헌정사로의 회귀를 옹호한 것은 아니었다(Dickson 1993, 3-14).

또한, 앞선 세기에 대한 연구도 적잖게 바뀐 상태였다. 대표적으로, 제프리 엘턴(Geoffrey Elton)은 네이미어에 이어 독일 실증주의 역사학의 관점을 유포하며 정치사 연구를 헌정사가 아니라 행정사 중심으로 재편했다(Elton 1967, 1991). 엘턴이 헨리 8세(Henry VIII) 재위 기간 정부 형성을 집중적으로 살폈다면(Elton 1953), 후속 연구는 스튜어트 왕조 시기 정부 혁신을 다방면으로 탐색했다(Braddick 1996, 2000). '책임 정부(responsible government)'의 구축으로 완성되는, 중세의 사적 지배에서 근대의 공적 통치로의 이행에 주목하기 시작한 것이다(Roberts 1966). 1640년 혁명을 대하는 태도에도 유사한 변화가 있었다. 타우니와 힐의 마르크스주의 해석은 1960년대 로렌스 스톤(Lawrence Stone)의 사회사적 해석에 의해 대체되었다. 내전은 물질적인 요인만큼 정신적인 요인에 기인한 것이었다(Stone 1972, 26-41). 『귀족 계급의 위기, 1558-1641』(1965)에서 스톤은 해링턴의 논지를 따라 미래를 이끌 젠트리 계층의 자신감이 아니라 과거에 매인 귀족 계급의 상실감을 주의 깊게 고찰했다(Stone 1967, 10). 스톤은 1640년 혁명의 역사적 의의에 대한 타우니와 힐의 평가에 찬동했으나, 분석의 초점을 사회에서 국가로 이동시켰다(Stone 1972, 147). 1970년대 콘라드 러셀(Conrad Russell)의 연구는 이와 같은 경향을 방증한다(Russell

1971, 1979). 러셀은 내전의 원인은 역사의 거대한 흐름이 아니라 여러 정치적인 위기의 우발적인 결합에 있다고 논박하며, 찰스 1세의 재정 정책과 배치되는 종교 정책의 무리한 추진을 뇌관으로 지목했다(Russell 1973, 91-116). 러셀은 이의 연장선상에서 '연합왕국(composite monarchy)'의 한계로서 스코틀랜드 및 아일랜드 문제에 더해 찰스 1세의 외교 정책에 대한 의회의 불만을 충분히 고려할 것을 당부했다(Russell 1973, 1-31).

이렇게 볼 때, 출판 즉시 영미 역사학계 안팎에서 크게 회자되기는 했으나, 『국력의 원천: 전쟁, 돈, 잉글랜드 국가, 1688-1783』(1989)에서 플럼의 제자인 존 브루어(John Brewer)가 1688년 혁명 이후 영국을 '재정-군사 국가(fiscal-military state)'의 모범으로 손꼽은 것은 그리 놀랄 만한 일은 아니었다(Brewer 1989; Stone ed. 1994; Hoffmann and Norberg eds. 1994; Storrs ed. 2009; Graham and Walsh 2016).

끝으로, 딕슨의 금융 혁명 연구는 1688년 혁명 당시 국제정치 환경을 되짚어 볼 것을 주문했다. 금융 혁명은 왜 일어난 것일까? 윌리엄 3세와 의회는 왜 영란 은행의 설립과 국가 부채의 발행을 승낙한 것일까? 이에 대한 답은 루이 14세의 프랑스를 제어하기 위한 협력이 가속화되던 당시 국제관계에 있었다. 국부와 국력이 동일시되던 중상주의 시대이기는 했으나, 『윌리엄 3세와 말버러 시대 전쟁과 경제』(1988)에서 D. W. 존스(Jones)가 증명하듯, 금융 혁명의 일차적인 목표는 식민지 팽창을 비롯한 경제 개발이 아니라 유럽 대륙에서의 전쟁 수행을 위한 긴급한 자금 마련에 있었다. 1694년, 영국은 네덜란드 공화국, 오스트리아, 스페인, 사보이아 공국 등과 함께 대동맹(Grand Alliance)의 일원으로 프랑스에 맞서 싸우고 있었다. 윌리엄 3세가 영국 해협을 건널 채비를 하던 1688년 9월 발발하여 1697년 9월까지 9년 동안 지속될 이 전쟁에 영국은 1689년에야 참여하게 된다. 다시 말해, 윌리엄 3세가 아니었다면, 1688년 혁명이 성공하지 못했다면, 영국은 9년 전쟁에 휘말리지 않았을 것이고, 따라서 1694년 영란 은행을 설립하고 국가 부채를 발행하지 않았을 것이다. 적어도 영국은 네덜란드 공화국이 아니라 프랑스에 우호적인 자세를 취했을 것이다. 참고로 9년 전쟁에서 양측이 내건 주요 목표 중 하나는 윌리엄 3세와 제임스 2세 간의 영국 왕위계승 문제를 최종적으로 해결하는 것이었다.

4. 외교사

1970년대까지 1688년 혁명 연구에서 국제정치 맥락은 간과되기 일쑤였다. 의회 주권을 확정짓는 과정에서 윌리엄 3세의 소임은 '의회 내 국왕(King-in-Parliament)'이 되는 것 말고는 없어야 했다. 입헌 군주로서 윌리엄 3세는 가능한 보이지 않아야 옳았다. 휘그 해석에서 1688년 혁명은 휘그당이 획책하고 토리당이 수용하여 성사된 것으로, 윌리엄 3세는 부인 메리 2세와 더불어 해방자로 칭송될지라도 뚜렷한 역할이나 의지가 없는 조연에 불과했다.

한편, 외교사 분야에서는 제2차 세계대전 직후부터 윌리엄 3세를 다룬 연구가 드물지만 간간이 있어왔다. 1688년 혁명 이후에도 외교관계는 마지막까지 국왕의 대권(royal prerogative)으로 남아 있었기에 국왕의 국제정세 전망과 대응을 모르고서는 외교 정책을 온전히 논할 수 없었다. 17세기 유럽사, 특히 루이 14세의 프랑스와 찰스 2세의 영국을 공부한 옥스퍼드 대학교의 데이비드 오그(David Ogg)가 제임스 2세와 윌리엄 3세의 통치로 연구 범위를 확장하며 1688년 혁명의 국제정치 맥락과 의의를 거칠게나마 짚었다면(Ogg 1955), 샤프츠베리의 전기로 더 잘 알려지게 될 셰필드 대학교의 17세기 네덜란드사가 K. H. D. 헤일리(Haley)는 윌리엄 3세를 주축으로 삼아 영국과 네덜란드 관계를 정밀하게 탐사했다(Haley 1953, 1968, 1986). 헤일리의 관심사는 네덜란드 역사에서 '재앙의 해(Rampjaar)'라 불리는 1672년의 위기를 극복하는 과정에서 윌리엄 3세가 보여준 기대 이상의 활약이었다. 헤일리는 프랑스와 영국의 협공으로 고립무원의 처지에 놓인 네덜란드 공화국의 총독으로 선출된 당시 약관의 나이를 갓 넘긴 윌리엄 3세가 택한 외교 전략에 매료되었다(Haley 1953, 1-29). 1674년 웨스트민스터 조약(Treaty of Westminster)의 체결로 성공리에 완료되는 윌리엄 3세의 방책은 영국 의회 내 반대 세력을 규합해 찰스 2세로 하여금 프랑스와의 동맹 관계를 철회하도록 압박하는 것이었다(Haley 1953, 158-184). 이를 위해 윌리엄 3세는, 헤일리가 중점적으로 살핀 여론전만 아니라, 자신의 가족 관계를 적극 이용했다. 윌리엄 3세의 모친인 메리 앙리에타 스튜어트(Mary Henrietta Stuart)는 찰스 1세의 장녀로 찰스 2세의 여동생이었다. 윌리엄 3세는 3년 뒤인 1677년 큰외숙부인 찰스 2세의 남동생이자 자신의 작은외숙부인 제임스 2세의 장녀로 자신과 사촌지간이기도 한 메리 2세와 혼인을 하면서 영국 왕위계승 서열이 (제임스 2세와 그의 두 딸 메리 2세와 앤 다음) 4순위에서 (부인 메리 2세와 공동왕이 될 경우) 2순위로 뛰어오르게 된다. 프랑스-네덜란드 전쟁은 이듬해 종료되었다. 헤일리는 이에 1688년 혁명을 루이 14세의 프랑스에 맞선 윌리엄 3세의 십여 년에 걸친 끈질긴 저항의 정점으로 읽어냈다(Haley 1953, 219-222).

윌리엄 3세의 시각에서 1688년 혁명을 보려는 일련의 시도도 곧 뒤따랐다. 루실 핑크햄(Lucile Pinkham)이 1688년 혁명을 영국의 왕위를 차지하고자 했던 윌리엄 3세의 개인적인 야망이 드러난 '궁정혁명(palace revolution)'에 지나지 않는다고 과도하게 평가 절하했다면(Pinkham 1954), 모리스 애슐리(Maurice Ashley)는 1678년 6년간에 걸친 프랑스-네덜란드 전쟁의 종결에도 불구하고 위태로운 유럽의 정치 상황 속에서 찰스 2세와 제임스 2세의 계속된 실정과 윌리엄 3세와의 고조되는 갈등을 체계적으로 서술했다(Ashley 1966). 네스카 롭(Nesca A. Robb)이 두 권으로 된 윌리엄 3세의 전기를 처음으로 내놓은 것도 이즈음이었으나(Robb 1962, 1963), 지금까지도 언급되는 귀중한 연구는 스테판 박스터(Stephen B. Baxter)의 『윌리엄 3세와 유럽의 자유를 지키기 위한 결전, 1650-1702』(1966)이다. 플럼의 지도하에 왕정복고 이후부터 1702년 윌리엄 3세 사망까지 혼란한 시기 영국 재무성의 발전 과정을 되짚은 연구로 케임브리지 대학교에서 역사학 박사 학위를 받은 박스터는 윌리엄 3세의 업적을 다음의 두 가지로 압축했다(Baxter 1957). 첫째는 프랑스로부터 네덜란드 공화국을 방어해낸 것이고, 둘째는 영국에 근대적인 정부를 건설한 것이다(Baxter 1966, 398-400). 동맹국 하나 없이 루이 14세의 대군을 맞닥뜨린 절체절명의 위기 속에서 총독에 오른 윌리엄 3세는 30년 만에 네덜란드 공화국을 대동맹을 이끄는 유럽의 외교적, 군사적 중추 국가로 우뚝 세웠다. 많은 한계가 있기는 했지만, 윌리엄 3세의 불굴의 의지가 아니었다면, 네덜란드 공화국은 프랑스의 위성 국가로 전락해 영국과 독일로 향한 교두보가 되었을 터였다. 윌리엄 3세는 네덜란드 공화국의 안보가 '유럽의 자유(Liberties of Europe)'의 초석이라는 점을 내세워 신성로마제국의 제후를 설득했고, 영국을 정복한 뒤 근대적인 재정-군사 국가로 탈바꿈시켜 놓았다. 윌리엄 3세는 제임스 2세보다 매년 네 배 이상의 예산을 사용했지만, 박스터는 전쟁 수행과 자유 도모가 반드시 배치되는 것은 아니라는 사실을 윌리엄 3세가 여실히 입증했다고 힘주어 적었다. 2년 뒤인 1968년에는 리버풀 대학교의 18세기 외교사가 마크 톰슨(Mark A. Thompson) 은퇴 기념 논문집 『윌리엄 3세와 루이 14세』에 이어 존 울프(John B. Wolf)가 두터운 루이 14세 전기를 내놓으며 윌리엄 3세의 외교 전략에 관한 연구를 진전시켰다(Hatton and Bromley eds. 1968; Wolf 1968; Hatton ed. 1976).

1970년대 접어들며 국제정치 맥락에 대한 강조는 더욱 커졌다. 옥스퍼드 대학교 출신으로 여러 고위 관직을 두루 역임한 아마추어 역사가 존 카스웰(John Carswell)이 서식스 대학교 초청 강연을 바탕으로 집필한 『잉글랜드 급습: 1688년 잉글랜드 혁명과 이의 유럽적인 배경에 관한 연구』(1969)는 이러한 분위기를 가장 잘 반영한 연구다. 카스웰은 내부적인 요인보다 외부적인 요인을 더 중시했다(Carswell 1969, 234). 모두 거센 여론의 반발을 사기는 했으나, 제임스 2세의 왕권 강화 정책과 비동맹주의 그리고 종교관용 정책을 1688년 혁명의 직접적인 원인으로 꼽기에는 무리가 있었기 때문이다. 윌리엄 3세가 막강한 병력을 동원해 침공하지 않았다면, 1688년 혁명은 실패했을 것이 분명했다. 음모나 반란은 십중팔구 계속 일어났을 테지만, 모두 어렵지 않게 진압되었을 것이다. 따라서 카스웰은 『잉글랜드 급습』의 전반부를 당시 국제정치 상황을 설명하는 데 안배한 뒤 후반부에서는 윌리엄 3세의 상륙 작전 계획 수립부터 런던 점령까지의 반년 남짓한 과정을 자세하게 기술했다. 카스웰은 자신의 주장을 뒷받침하기 위해 윌리엄 3세가 영국 정복을 위해 지출한 비용을 대략적으로 추산한 자료를 첨부하기도 했는데, 1688년 10월부터 12월까지 3개월 동안 윌리엄 3세가 기병까지 포함된 2만여 명의 무장 병력과 수송 및 보급 등을 담당한 기타 인원 2만여 명 그리고 겨울까지 필요한 모든 전쟁 물자를 400여척의 군함과 수송선 그리고 보급선에 실어서 영국해협 반대편으로 보내기 위해 지출한 총액은 제임스 2세가 집행한 정부 예산의 3/4에 맞먹는 150만 파운드로 당시 영국 국민 총생산의 10%를 상회했다(Carswell 1969, 244-246). 제목을 통해서 먼저 밝힌 바 있듯이, 카스웰에게 1688년 혁명은 일차적으로 전례 없는 군사 작전이었다. 하지만 카스웰은 1688년 혁명이 민중 봉기에 따른 일반적인 의미에서의 혁명은 아닐지라도 혁명에 버금가는 결과를 가져왔기에 마땅히 혁명으로 대우해야 한다고 상술했다. "윌리엄의 승리는 영국에게만이 아니라 유럽과 더 나아가 전 세계적으로 대단히 중요하다"(Carswell 1969, 234). 윌리엄 3세의 영국 침공은 영국과 유럽의 관계를 획기적으로 바꿔 놓았고, 이로써 영국은 타의추종을 불허하는 재정-군사 국가로 변신하며 근대 세계 질서를 수립에 크나큰 공헌을 했다는 것이다(Carswell 1969, 236-237).

5. 300주년

로크적인 휘그 해석에서 벗어나려는 10여 년에 걸친 꾸준한 노력 덕택에 1970년대 1688년 혁명 연구는 새로운 전기를 맞이할 수 있었다. 가장 눈에 띄는 변화는 1688년 혁명의 역사적 의의에 대한 재평가였다. 오그의 학생으로 플럼과 함께 네이미어 학파에 대한 공격을 주도했던 『앤 시기 영국 정치』(1967)의 저자인 제프리 홈즈(Geoffrey Holmes)가 편집한 『명예혁명 이후 영국, 1689-1714』(1969)는 그 단적인 예다(Holmes 1967; Holmes ed. 1969). 헨리 호위츠(Henry Horwitz), G. C. 깁스(Gibbs) 등 주요 소장 학자가 대거 참여한 이 기획의 목표는 1688년 혁명이 영국 사회 전반에 미친 여파를 고루 살펴보는 것이었다. 1688년 혁명으로 인한 헌정 제도, 외교 정책, 의회 정치상의 변화만 아니라 종교적, 계층적, 지역적 갈등의 양상 변화도 재고의 대상이 되었다. 1688년 혁명 자체는 지극히 보수적이고 역행적이기까지 했지만, 그것이 가져온 뜻하지 않는 변화는 한 세기 앞선 1640년 혁명이나 한 세기 뒤의 산업 혁명에 못지않았다는 것이 다수의 중론이었다(Holmes 1969, 6-7). 3년 뒤인 1972년 J. R. 존스(Jones)가 내놓은 『1688년 잉글랜드 혁명: 영국 군주정의 위기의 시대의 정점으로서 "명예혁명"에 대한 연구』는 이러한 경향이 잘 녹아들어 간 첫 작업이었다. 존스 홉킨스 대학교의 혁명사가 잭 그린(Jack P. Greene)이 책임을 맡은 W. W. 노튼 앤 컴퍼니(Norton & Company) 출판사의 "근대 세계에서의 혁명" 총서로 출간된 것에서도 알 수 있듯이, 존스의 목표 역시 1688년 혁명을 진정한 혁명의 반열에 올리는 것이었다.

1688년 혁명은 심지어 프랑스 혁명에 비견되기도 했다. 존스는 1688년 혁명을 찰스 1세의 처형에 의해 결정된 구도에 따라 이뤄진 1640년 혁명의 "추신(postscript)"으로 이해해서는 안 될 것이라고 웅변했다(Jones 1972, 131). 왕정복고 이후 영국 정치를 오래 연구해온 만큼 존스는 역사적 단절은 1640년 혁명이 아니라 1688년 혁명에 따라 발생했다고 확신했다. 전자는 더 이상 혁명이 아니라 '대반란(Great Rebellion)'이었다(McInnes 1982; Aylmer 1986).

존스의 연구에서만 아니라 공히 호평을 받은 J. R. 웨스턴(Western)의 미완성 유작 『군주정과 혁명: 1680년대 잉글랜드 국가』(1972)에서 두드러지게 나타나는 또 다른 특징은 1688년 혁명을 각기 진행된 두 사건의 결합으로 다루는 것이다. 즉, 1688년 혁명은 루이 14세의 프랑스에 대적하는 네덜란드 공화국의 총독 윌리엄 3세의 군사적인 전략과 왕정복고 이후 찰스 2세와 제임스 2세의 독단적인 국정 운영에 대한 반기가 절묘하게 맞아떨어지며 성공한 것이라는 주장이 정설로 받아들여지기 시작한 것이다(Jones 1972, 176-310; Western 1972, 401-402). 추가로, 후자와 관련되어 특기할 점은 왕정복고에서 1688년 혁명까지 30년 남짓한 시기에 대한 연구가 뒤늦게 점화되었다는 사실이다(Prall 1972; Miller 1997). 1948년 출판된 F. C. 터너(Turner)의 휘그적인 편견에 가득 찬 제임스 2세의 전기는 1978년에 이르러서야 존스와 J. P. 케넌(Kenyon)의 수정주의 연구에 자극을 받은 존 밀러(John Miller)의 전기에 의해 교체되었다(Turner 1948; Jones 1961; Kenyon 1958, 1966, 1972, 1977). 밀러에 따르면, 왕정복고 이후 스튜어트 정부는 지지 기반이나 조직에 있어 절대 약하지 않았을 뿐만 아니라 제임스 2세도 치명적인 정치적 판단 실수의 반복에도 불구하고 휘그 해석에서 묘사되어온 것처럼 사악한 인간이 아니었다. 제임스 2세가 극악한 가톨릭 전제 정치를 꿈꾼 것은 더더욱 아니었다. 밀러는 제임스 2세가 끝내 쫓겨날 수밖에 없었던 이유를 "정치적인 무능과 불운"에서 찾았다(Miller 1978, 241). 2년 뒤인 1980년 존 차일즈(John Childs)가 결정적인 순간에 돌아선 제임스 2세의 4만 명에 달하는 상비군의 성장 과정과 조직 그리고 종교와 정치적인 성향 등을 조사한 뒤 다다른 결론도 이와 별반 다르지 않았다(Childs 1980).

패기에 찬 J. C. D. 클라크(Clark)가 17세기와의 단절이 아닌 연속의 차원에서 1688년 혁명 이후 영국을 종교가 여전히 담론을 지배하는 '구체제(ancien régime)'로 정의할 것을 도발적으로 제의하기도 했지만, 대다수는 1688년 혁명 300주년이 이전과는 비교할 수 없을 정도로 성대하게 기념될 것이라 기대했다(Clark 1986, 2000; Schwoerer 1990). 1988년과 1989년 특별 학술행사가 도처에서 개최되었으며, 얼마 후 그 결과가 논문집의 형태로 쏟아져 나왔다. 제2차 세계대전 이후 역사학 전반에 걸친 전문화와 다변화를 반영하듯, 문화, 언론, 여성, 제국 등의 차원에서 1688년 혁명을 새롭게 조명한 연구도 선보였지만, 대세는 단연코 영국과 네덜란드 공화국의 관계에 대한 주목이었으며, 그 중심에는 네덜란드 사학계가 있었다. 그린위치 국립 해양 박물관에서 열린 첫 국제 학술회의의 주제는 「1688: 해양 동맹과 외교 혁명」이었으며, 이를 주재한 이는 디슨으로 하여금 금융 혁명을 공부케 했던 윌슨이었다(Wilson and Proctor eds. 1989). 1688년 혁명을 영국과 네덜란드 공화국이 결성한 반프랑스 동맹의 관점에서 우선 파악할 것을 촉구한 윌슨의 제언에 누구보다 앞장서 호응한 참여자는 『1688년 잉글랜드 혁명』의 저자인 존스와 근래 바뤼흐 스피노자(Baruch Spinoza)의 철학으로 거슬러 올라가는 급진 계몽 사상에 대한 연구로 각광을 받고 있는 조너선 이스라엘(Jonathan Israel)이었다(Israel 2002, 2006, 2009, 2011, 2020, 2023). 옥스퍼드 대학교에서 스페인 아메리카 식민지사로 박사 학위를 받은 뒤 17세기 유대인 무역 네트워크와 네덜란드 공화국의 경제 부흥을 탐구해온 이스라엘은 제1대 말버러 공작 존 처칠(John Churchill, 1st Duke of Marlborough)을 비롯한 영국 육군 주요 지휘관이 마지막 순간에 등을 돌리지 않고 토베이에 상륙한 윌리엄 3세의 네덜란드 공화국 군대를 제대로 막아섰다면 1688년 혁명은 처참한 실패로 끝났을 수도 있었다는 W. A. 스펙(Speck) 등의 확언이 사건이 지닌 역사적 중요성을 축소시킨다고 지적하며, 당시 영국 해협 건너의 상황이 얼마나 위중하고 위급했는지 정확하게 알아야 할 것이라고 일갈했다(Speck 1987; Israel 1975, 1982, 1985, 1989). 이스라엘에게 1688년 혁명은 영국의 사건이기에 앞서 유럽의 사건이었고, 이러한 생각은 「잉글랜드와 네덜란드 공화국의 계기: 명예혁명과 이의 전 세계적인 여파」라는 제목하에 자신이 준비한 영국 학술원 주최 기념 학술회의에서 천명된다. 발표문은 동일한 제목의 책으로 편집, 출판되었다(Israel ed. 1991). 영국 상황을 다룬 존스와 존 모릴(John Morrill) 등의 논문도 실렸으나, 이스라엘의 서문과 두 논문만 아니라 책에 실린 논문 대부분이 1688년 혁명과 직간접적으로 연관된 유럽 각국의 상황을 다뤘다. 스페인 제국사가이자 군사사가 제프리 파커(Geoffrey Parker)와 함께 쓴 윌리엄 3세의 침공을 한 세기 전 스페인 무적함대(Armada Invencible)의 침공과 비교한 논문에 더해, 이스라엘은 당시 네덜란드 공화국 내 상황과 2년 뒤 아일랜드 보인에서의 전투로 마무리되는 영국 상륙 이후 윌리엄 3세가 취한 일련의 군사적 조치와 그 의미를 부각시키고자 심혈을 기울였다. 이스라엘에게 1688년 혁명은 의회 혁명이 결코 아니었다. 엄밀히 따지자면, 영국 의회는 윌리엄 3세의 군사적 행동의 최대 수혜자였다. 이스라엘의 확신에 찬 언명은 옥스퍼드 대학교의 로버트 베다르(Robert Beddard)가 몇 해 전 영국 국립 도서관 문서고에서 발견해 내놓은 임시 정부(Provisional Government)의 공식 의사록과 이에 기초한 1688년 혁명의 재구성을 보충하는 것이기도 했다(Beddard ed. 1988). 아이러니하게도, 네덜란드에서는 1688년 혁명 자체보다는 윌리엄 3세 개인에 초점을 맞춘 학술회의가 조촐하게 열렸을 따름이다(Hoftijzer and Barfoot eds. 1990). 영국과는 대조적으로, 1688년 혁명 이후 네덜란드 공화국은 쇠락의 길을 걸었다는 점을 고려하면 의외는 아니었다.

금융 혁명과 외교사 연구에 힘입은 네덜란드사학계의 약진에 분발이라도 하듯, 영국사학계는 옥스퍼드 대학교와 런던 대학교에서 강연회와 연구회를 열어 영국 상황에 대한 관심을 환기시켰다. 네덜란드 공화국을 프랑스의 위협으로부터 구하기 위해 영국을 재정-군사 국가로 급속히 변환시킨 윌리엄 혁명에 의해 가려졌던 복잡한 내부 동학에 다시금 천착한 것이다. 이는 『정치적 안정의 증진』에서 플럼이 던졌던 질문에 대한 뒤늦은 응답이기도 했다. 포칵이 언어적 맥락의 거시적인 전환에 착목해 갑작스러운 '역성혁명(dynastic revolution)'에 따른 정치적인 충격을 세심하게 살피지 못했다면, 전통적인 토리 '비저항(non-resistance)', '수동적 복종(passive obedience)' 원칙에 입각해 1688년 혁명을 에둘러 비판한 설교로 1710년 재판에 회부된 국교회 성직자 헨리 사셰버럴(Henry Sacheverell)에 대한 홈즈의 1973년 연구와 곧이어 선보인 로버트 프랭클(Robert J. Frankle)의 논문 그리고 1977년을 풍성하게 장식한 호위츠의 『윌리엄 3세 재위 기간 의회와 정책 그리고 정치』와 케넌의 『혁명 원칙: 정당 정치, 1689-1720』 그리고 H. T. 디킨슨(Dickinson)의 『자유와 재산: 18세기 영국 정치 이데올로기』는 이를 주제로 삼았다(Holmes 1973; Frankle 1974; Horwitz 1977; Kenyon 1977; Dickinson 1976, 1977). 로크의 사회계약론이 아니라면, 1688년 혁명은 어떻게 정당화되었는가? 트리벨리언의 주장대로, 고대 헌정을 지켜내기 위해 어쩔 수 없이 벌어진 일(fait accompli)로 별다른 이의제기 없이 받아들여졌는가? 1745년까지 스튜어트 왕조의 복귀를 외치며 수차례에 걸쳐 일어났던 자코바이트 난(Jacobite rising)은 극소수의 시대착오적인 난동으로 치부하더라도, 제임스 2세의 잘못을 장황하게 지적했지만, 왕위는 제임스 2세가 스스로 포기한 것이라는 – 당연히 윌리엄 3세 또한 정복을 염두에 두고 영국 해협을 건너온 것이 아니었다 – 임시 의회(Convention Parliament)의 애매하고 모호한 결의와 윌리엄 3세와 메리 2세는 '사실상(de facto)' 국왕일 뿐이며 '법률상(de jure)' 국왕은 여전히 제임스 2세라는 당시 많은 이가 공유했던 믿음은 정밀한 설명이 요구되는 사안이었다. 케넌의 판정처럼, "1688년 혁명은 토리에게만 아니라 휘그에게도 당혹스러운 사건이었다"(Keynon 1977, 200). 스키너의 제자로 케임브리지 지성사 학파의 2세대의 일원인 마크 골디(Mark Goldie)가 정복에서 계약까지 다양한 입장이 마구 뒤섞여 미궁과도 같은 당대 정치 담론 지형을 공들여 해부하기 시작한 것도, 정반대의 시각에서 로이스 슈워러(Lois G. Schwoerer)가 권리장전의 초안 격의 문서로 윌리엄 3세에게 영국 왕위를 제안하기에 앞서 임시 의회가 공표한 권리선언(Declaration of Rights)을 국왕의 교체만이 아니라 군주정의 개혁을 열망한 급진 휘그 세력의 문서로 읽어나간 것도 이맘때였다(Goldie 1977, 1980a, 1980b; Schwoerer 1980, 1981). 이러한 분위기는 1988년 스펙의 『마지못한 혁명 세력: 잉글랜드인과 1688년 혁명』의 출판으로 한껏 달아올랐다(Speck 1988).

앤 재위 시기 스튜어트 왕조의 귀환을 기도했던 고교회파(High Church) 로체스터 주교(Bishop of Rochester) 프랜시스 어터베리(Francis Atterbury)를 연구한 G. V. 베넷(Bennett)의 학생으로 영국 국내 사정에 눈을 돌린 베다르가 옥스퍼드 대학교 강연회에 골디를 초대한 것도 마찬가지 이유에서였다. 베다르와 골디는 1688년 혁명의 가장 핵심적인 내부 원인으로 프로테스탄트 왕위계승을 꼽았다. 휘그 세력이 외부의 도움을 구하고 토리 세력이 이에 소극적으로라도 동조했던 까닭은 정치적, 종교적 기득권을 잠식하는 가톨릭 세력의 위협으로부터 보위하기 위해서지 군주정을 무너뜨리거나 국왕을 바꾸기 위해서가 아니었다는 것이다(Beddard 1991a, 1). 윌리엄 3세는 영국의 물적, 인적 지원을 한시라도 빨리 확보해야 할 명백한 동기만 아니라 제임스 2세의 사촌이자 사위로서 잘못된 정책을 바로잡을 수 있도록 압력을 행사할 합당한 자격을 갖추고 있었다. 설령 폭력으로 작은 외숙부이자 장인의 왕위를 찬탈할 생각을 가졌다고 해도 윌리엄 3세는 마지막 순간까지 주저했다. 이러한 기본적인 관점에서, 베다르는 두 국왕이 동시에 수도 런던에 머물며 기회를 엿보던 긴박했던 상황을 정리한 것은 양측 모두 전혀 예견하지 못했던 휘그 여론의 득세라는 사실을 밝혔고, 골디는 윌리엄 3세가 상륙 작전을 펼치기 몇 달 전 제임스 2세의 관용선언(Declaration of Indulgence)에 공개적으로 반발하며 정권을 궁지에 몰아넣었던 좌절된 국교회 혁명의 주역 캔터베리 대주교(Archbishop of Canterbury) 윌리엄 샌크로프트(William Sancroft)와 런던 주교(Bishop of London) 헨리 콤튼(Henry Compton)을 위시한 '일곱 주교(Seven Bishops)'의 정치신학을 세밀하게 분석했다(Beddard 1991b, 18–42; Goldie 1991).

예상 가능하듯, 제임스 2세에 동정적이었던 토리 세력만 아니라 스튜어트 왕조를 노골적으로 지지했던 자코바이트 세력에 대한 관심도 호소되었다. 1745년 마지막 자코바이트 난에 대한 연구로 이 주제를 개척하다시피 한 에블린 크룩생크(Evelin Cruickshanks)가 런던 대학교 부속 역사연구소에서 연구회를 열었고, 브루어의 지도를 받은 폴 클레버 모노드(Paul Kléber Monod)가 같은 해 『자코바이트주의와 잉글랜드인, 1688–1788』(1989)을 내놓으며 1688년 혁명은 물론이거니와 1688년 혁명이 가져온 정치, 경제, 사회적인 차원의 변화에 최후까지 저항했지만 휘그 해석에서는 조소의 대상이 되거나 아예 지워지기도 했던 세력에 대한 연구에 불씨를 당겼다(Cruickshanks 1979, 1989, 2000; Monod 1989).

1688년 혁명을 두 별개의 혁명으로 분해해 다루는 것에 이어

돋보이는 경향은 다른 두 왕국 스코틀랜드와 아일랜드에 대한 고려다(Miller 1997, ix-xi). 아일랜드는 윌리엄 3세에 의해 1691년 정복되었고, 스코틀랜드는 프랑스와의 스페인 왕위계승 전쟁(1702-1713) 와중인 1707년 합병되었다. 1688년 혁명이 이 두 왕국에 가져다 준 것은 끝이 보이지 않는 고난과 굴욕이었다. 잉글랜드에서의 혁명에 의해 이 두 왕국은 미래가 송두리째 바뀌었다. 잉글랜드에서의 혁명도 이 두 왕국의 상황에 의해 결정된 부분이 많았다. 아일랜드의 가톨릭 세력에 대한 걱정이 일면 과장된 것이었다손 치더라도, 스코틀랜드의 경우, 스튜어트 왕조의 본거지였을 뿐만 아니라 제임스 2세가 배척 위기 동안 고등판무관(Lord High Commissioner)으로 관리했던 곳이라 제임스 2세의 통치 방식을 이해하기 위한 단초를 제공한다. 또한 이후에도 자코바이트 세력의 거점이 되기에 스코틀랜드가 1688년 혁명에 조용하게 반응했던 원인을 캐는 것은 가치가 있었다. 이와 같은 관점의 변화는 폴저 셰익스피어 도서관 영국 정치사상사 센터에서 슈워러가 주최하고, 포칵, 헤일리, 박스터, 스펙 등이 각자의 논지를 발전시킨 논문을 발표한 기념 학술회의에서도 엿보인다(Schwoerer 1992).

이외에 휘그 해석을 새롭게 계승하려는 시도도 이뤄졌다. 세인트루이스 워싱턴 대학교의 자유사 센터에서 존스가 밀러, 깁스, 호위츠, 슈워러 등과 함께 근대적인 자유의 확립에 있어 1688년 혁명의 기여를 논했다면, 이스라엘은 종교사가 니콜라스 타야크(Nicholas Tyacke) 등과 함께 「박해에서 관용으로: 명예혁명과 잉글랜드에서의 종교 문제」라는 제목의 기념 학술회의를 런던 소재 네덜란드 개혁 교회(Gereformeerde Kerk)에서 개최했다(Jones ed.

1992; Grell, Israel, Tyacke eds. 1991).

IV 두 위기, 두 혁명

로크의 사회계약론의 관점에서 1688년 혁명을 회고적으로 읽어내는 것은 더 이상 유효하지 않다. 1688년 혁명에 짙게 드리웠던 로크의 그림자는 걷혔고, 역설적으로 이에 따라 로크에 대한 이해 역시 깊어졌다(Ashcraft and Goldsmith 1983; Ashcraft 1986; Mashall 1994; Goldie 1983, 1992, 1993, 2018). 1688년 혁명이 결과적으로 영국의 정치와 경제를 근대화시킨 것은 누구도 부인할 수 없는 역사적 사실이라 하더라도 로크의 사회계약론은 말할 나위도 없고 사유재산과 종교관용의 원칙이 자동적으로 1688년 혁명의 원인이 되는 것은 아니다.

1688년 혁명의 원인과 관련해 지금까지 영미 역사학계에서 전통적인 휘그 해석에 반해 합의된 바가 하나 있다면, 그것은 국교회 혁명은 좌절되었으나 그에 따른 심각한 민심 이반 속에서 윌리엄 혁명이 발생하며 사태가 마무리되었다는 것일 것이다. 아래에서는 앞서 언급된 연구와 해리스와 핀커스 등의 최신 연구를 참고해 후자를 초래한 스튜어트 군주정의 위기와 전자를 초래한 네덜란드 공화국의 위기를 주요 사건을 중심으로 순서대로 개관하기로 한다(전자에 대해서는 Houston and Pincus eds. 2001; Harris and Taylor eds. 2013; Goldie 2023; Sowerby 2013, 후자에 대해서는 Israel 1995; Bevan 1997; Troost 2005, 2011; Mijers and Onnekink eds. 2007; Kiste 2008; Onnekink 2016, 일반적인 논의는 Scott 2000; Claydon 2007).

1. 스튜어트 군주정의 위기와 국교회 혁명

스튜어트 군주정의 위기는 1688년 혁명으로 대단원의 막을 내렸다. 첫 위기는 이제는 대반란으로 거론되는 1640년 혁명으로 다가왔고 20년 뒤 왕정복고를 통해 가까스로 봉합되었다. 긴 망명 생활 끝에 자신의 서른 살 생일에 맞춰 런던으로 돌아온 찰스 2세는 자신을 환영하기 위해 군집한 인파에 안도하며 조금 더 일찍 용기를 내 돌아오지 못한 것을 후회했다. 모두가 내전과 공위시대의 무질서와 불안감에 지칠 대로 지쳐 있었다. 20년의 혼란에 따른 정신적, 물질적 충격은 실로 막대했으며, 영국의 무궁한 번영을 위해 국왕과 상원 그리고 하원이 화합하는 고대 헌정의 질서를 복원할 것을 약속하며 돌아온 찰스 2세만 아니라 뒤이어 권좌에 올랐으나 3년 만에 쫓겨나게 되는 제임스 2세도 좋든 싫든 이에서 자유로울 수 없었다.

1688년 혁명의 직접적이고 단기적인 원인이야 제임스 2세의 재위에서 찾는 것이 당연하겠지만, 더 근본적인 원인은 최소한 1685년까지 이어지는 찰스 2세의 재위에서 찾을 수밖에 없다. 1660년 늦은 봄 4년 동안 머물렀던 스페인령 네덜란드를 떠나 귀국길에 오르기 전 발표한 브레다 선언(Declaration of Breda)에서부터 찰스 2세는 정치적으로나 종교적으로나 용서와 화해를 전면에 내세웠지만(Indemnity and Oblivion Act of 1660), 이는 말처럼 쉬운 일이 아니었다. 대반란 이전의 상태(status quo ante bellum)로 되돌아가면서도 모두를 만족시킬 묘안이 존재할 리 없었다. 우선, 정치적으로, 왕권은 이전보다 현저하게 강화되었다. 이후 상황 전개에 중요한 몇 가지 사항만 추려보면, 첫째, 크롬웰이 키워낸 4만여 명의 신형군(New Model Army)은 질서 유지의 명목으로 해체되지 않고, 3천 명으로 대폭 인원이 감축되어, 국왕의 상비군으로 1662년 포르투갈과 혼인 동맹을 통해 획득한 탕헤르와 같은 해외 식민지만 아니라 스코틀랜드와 아일랜드에 주둔하도록 허용되었다. 이후 두 배로 증원된 상비군에 더해 민병대 또한 국왕에게 통솔을 맡겼다. 둘째, 신형군의 체불된 임금을 지불한 후, 임시의회는 찰스 2세에게 매년 120만 파운드의 평시 예산을 재위 기간 동안 지급하기로 결정했다. 이는 적은 액수는 아니었으나, 넉넉하지도 않았으며, 찰스 2세의 개인적인 빚은 탕감되지 않았을뿐더러 새롭게 더해진 일부 세수의 경우 대내외 경제 여건에 따라 변동되었다. 쉽게 말해, 예산이 부족할 가능성이 높았고, 그럴 경우 국왕은 의회와 협상을 하든지 아니면 다른 방법을 강구해야 했다. 셋째, 이듬해 선출된 기사 의회(Cavalier Parliament)는 용어에서 드러나듯 해산된 임시 의회와 달리 국교회 왕당파가 절대 다수를 차지하는 의회였다. 3년 뒤인 1664년에는 국왕의 '개인 통치(personal rule)'가 재발되는 것을 방지하기 위해 1641년 제정된 적어도 3년에 한 번 의회를 개회할 것을 명기한 회기에 관한 법(Triennial Act)의 의무 조항이 삭제되었다. 따라서 찰스 2세는 대반란의 불씨가 되었던 각 내상을 임명할 권리만 아니라 상원과 하원을 자신이 원할 때 소집, 휴회, 해산할 권리까지 합법적으로 소유하게 되었다.

넷째, 국왕이 효과적으로 관리가 용이한 상원이 부활했으며, 26명의 주교가 의원으로 다시 앉았다. 끝으로, 내전과 공위시대의 경험은 왕권에 대한 노골적인 도전을 삼가도록 만들었다.

하지만 종교적인 영역에서는 통합의 기미조차 보이지 않았다. 절대 다수가 바랐던 대로, 국교회가 복구되었으나, 이후부터가 문제였다. 클래런던 법전(Clarendon Code)이라 잘못 알려진 대규모 보복이 감행된 것이다. 종교 박해의 주체는 국왕이 아니라 지난 20년 동안 몰수되거나 강탈당한 재산을 되찾고자 혈안이 되어 있던 기사 의회와 결탁한 국교회 지도부 또는 고교회파였다. 1661년 자치단체법(Corporation Act)은 신실한 국교도만이 도시나 자치 기관의 임원으로 임명 또는 선출되도록 강제했다. 1662년 발동된 통일법(Act of Uniformity)은 국교회의 39개 신조(Thirty-nine Articles of Religion)를 따르지 않는 성직자를 모두 면직 처분할 것을 명했다. 이에 따라 물러난 2천여 명의 성직자는 개인적으로 예배를 인도할 수도 자신이 봉직한 교구 근처에 기거할 수도 없게 되었다(Conventicle Act of 1664, Five Mile Act of 1665). 몇 년 뒤에는 불법으로 예배를 볼 수 있도록 장소를 제공한 이에게도 만만치 않은 벌금이 부과되었다(Conventicle Act of 1670). 찰스 2세가 즉위 전부터 수차례에 걸쳐 내비쳤던 온건한 장로교 신자에 대한 관대한 정책은 감독제주의(Episcopalianism)로의 회귀를 고집한 기사 의회에 의해 무시되었다. 1640년 혁명 이전으로 되돌아가기 위해서만 아니라 이미 궁정 깊숙이 침투한 것으로 의심되는 가톨릭 세력을 축출하기 위해서는 달리 방안이 없다고 믿어졌다. 이렇게 하여 왕정복고 후 얼마 되지 않아 영국은 – 기존의 프로테스탄트와 가톨릭의 구분에 더해서 – 국교도와 비국교도(Non-conformist, Dissenter)로 법적으로 양분되었다.

찰스 2세의 밀월 기간마저 1665년 제2차 영국-네덜란드 전쟁의 발발로 4년 만에 끝이 나자 위기가 닥쳐왔다. 가장 급박한 문제는 재정이었다. 설상가상, 대역병(Great Plague)과 대화재(Great Fire)가 연달아 런던을 덮쳤다. 세입은 절반 이하로 떨어졌고, 높은 이자를 지급해야 하는 전쟁 부채는 세입의 두 배를 훌쩍 넘어섰다. 제2차 영국-네덜란드 전쟁은 2년 뒤 – 영국은 네덜란드 해군의 메드웨이 기습에 따른 후폭풍 속에서, 네덜란드 공화국은 장인 펠리페 4세(Felipe IV) 사후 부인 마리아 테레사(Maria Teresa)의 스페인령 네덜란드 지역의 유산을 요구한 루이 14세의 도발에 따른 대비태세 준비 속에서 – 브레다 조약(Treaty of Breda)을 통해 종료되었다. 네덜란드 공화국은 1668년 찰스 2세를 설득해 스웨덴과 함께 삼국 동맹(Triple Alliance)을 탄생시켰고, 이를 통해 스페인을 압박하고 프랑스를 회유해 상속 전쟁을 조기에 끝낼 수 있었다. 그러나 찰스 2세는 자신의 오랜 심복이었던 제1대 클래런던 백작, 에드워드 하이드(Edward Hyde, 1st Earl of Clarendon)를 잃었다.

별다른 성과 없이 재정 문제만 가중시킨 제2차 영국-네덜란드 전쟁의 책임을 물어 클래런던을 탄핵한 토마스 클리포드(Thomas Clifford)와 네 명의 '도당(Cabal, 정확히는 이름 약자 표기(CABAL)로 캐벌)'은 정권의 안정을 위해 관직과 연금 등 국왕이 가진 여러 합법적인 수단을 동원해 궁정파라 불리게 될 의회 내 왕당파를 규합했다. 스튜어트 군주정에 대한 지지와는 별개로 애당초 기사 의회는 종교와 예산 문제에 있어서 찰스 2세에게 협조적이지 않았으며, 이를 타개하기 위한 한 방편으로 내각이 주축이 되어 의회 내 지지 세력 모집에 나선 것이었다. 동시에 찰스 2세는 의회에 대한 의존을 줄이고자 1669년 루이 14세와 비밀 협상을 벌였고, 1670년 도버 밀약(Secret Treaty of Dover)에 서명했다. 찰스 2세는 자신의 가톨릭으로의 개종과 차후 프랑스가 네덜란드 공화국을 침공하면 함께 하겠다는 약속의 대가로 루이 14세로부터 매해 20만 파운드 상당의 연금을 수령하게 되었다. 2년 뒤 프랑스-네덜란드 전쟁을 앞두고 이뤄진 찰스 2세의 '국고지급정지(Stop of the Exchequer)' 또한 지불 능력 부족에 따른 파산 선언이 아니라 의회의 도움 없이 전쟁 비용을 미리 마련해 두려는 조치였다.

루이 14세에게 맹세한 대로 찰스 2세는 1672년 네덜란드 공화국과의 전쟁을 재개했으나 제3차 영국-네덜란드 전쟁은 인기가 없었다. 사면초가에 처한 네덜란드 공화국을 구하기 위한 윌리엄 3세의 필사적인 여론전도 여론전이었지만, 프랑스가 더 이상 유럽의 자유를 수호하는 국가가 아니라는 것이 자명해졌기 때문이다. 도당의 한 명으로 "카르타고는 멸망해야 합니다(Delenda est Carthago)"라고 부르짖으며 지원을 요청한 샤프츠베리의 연설은 변화한 국제정치 현실을 거스른 것이었다. 더 큰 문제는 찰스 2세의 종교관용 정책에 있었다. 의회로부터 어느 정도 재정 독립을 성취했다고 판단한 찰스 2세는 프랑스와 함께 네덜란드 공화국을 공격하기 두 달 앞서 관용선언을 반포했다. 찰스 2세는 이로써 1661년 이래 의회가 통과시킨 가톨릭교도와 비국교도에 대한 가혹한 처벌 조치의 집행을 국왕의 대권으로 중지시켰다. 찰스 2세의 재량으로 비국교도와 가톨릭교도가 각기 정해진 장소와 자신의 가정에서 예배를 볼 수 있게 된 것이다. 하지만 국교회 지도층만 아니라 국교도가 대다수인 기사 의회가 강력히 항의했고, 찰스 2세는 결국 1년 만에 관용선언을 철회할 수밖에 없었다. 후일 길버트 버넷(Gilbert Burnet) 등 1688년 혁명을 주동한 의회파 휘그 세력은 찰스 2세의 관용선언이 종교적으로는 '로마 가톨릭(popery)'을, 정치적으로는 스튜어트 '전제 정부(arbitrary government)'를, 외교적으로는 프랑스 '보편 군주정(universal monarchy)'을 위한 음흉한 속셈이라고 싸잡아 비난할 테지만, 이는 상당히 과장된 수사였다. 문제의 본질은 종교개혁 이후 국가와 교회의 관계 설정으로, 국왕과 의회의 권리 및 권한 다툼과 중첩되어, 국교회 혁명으로 가시화되는 스튜어트 군주정의 두 번째 위기도 이것이다.

1673년 기사 의회는 모든 공직자로 하여금 성변화(transubstantiation) 공개 부정을 요체로 하는 충성 서약(Oaths of Allegiance and Supremacy)과 국교회 의식에 따른 성찬을 명령한 심사법(Test Act)을 제정함으로써 찰스 2세의 패배를 다시 한 번 확증했다. 심사법의 가장 큰 피해자는 샤프츠베리와 로크가 우려한 대로 퀘이커교도와 같은 비국교도가 될 터이나, 국교도 기사 의회가 일차적으로 겨냥한 과녁은 찰스 2세의 비호를 받고 있던 왕실과 정부 내 가톨릭교도였다. 도당의 수장으로 가톨릭 신자였던 재무 장관 클리포드만 아니라 당시 해군 장관이었던 요크 공작 동생 제임스도 사임을 해야 했다. 심사법은 특히 얼마 전 가톨릭으로 개종한 후자를 노린 것이었는데, 왜냐하면 포르투갈 브라간사 가문 출신의 여왕 캐서린(Catherine)이 폐경으로 자손을 볼 수 없게 되어 제임스가 왕위계승 서열 1순위가 되었을 뿐만 아니라 이탈리아

모데나 공국의 메리(Mary) 공주와 재혼을 앞두고 있었기 때문이었다. 머지않아 영국의 국왕과 여왕 모두 가톨릭을 믿는 최악의 사태가 벌어질 수도 있다는 공포가 전국을 엄습했다. 혹여 이들 사이에 건강한 아들이라도 태어나게 된다면 되돌릴 수 없는 지경에 이르게 될 터였다. 달리 말해, 심사법은 다가올 배척 위기와 1688년 혁명을 예고하고 있었다.

클리포드의 후임이었던 토마스 오스본, 댄비 백작(Thomas Obsborne, Earl of Danby)은 대내적으로는 고교회파의 방침 준수를 통해 의회 내 궁정파를 더 적극적으로 포섭해 나가는 한편, 대외적으로는 찰스 2세에게 반프랑스 대열에 신속히 합류하길 종용했다. 루이 14세가 저지대 지역에 대한 야욕을 거둘 조짐이 보이지 않는데 제3차 영국-네덜란드 전쟁을 기치며 서세진 프랑스에 대한 영국민의 반감이 가라앉을 리 만무했다. 안타깝게도, 찰스 2세도 의회도 댄비의 야심찬 책략대로 움직이지 않았다. 1674년 웨스트민스터 조약으로 네덜란드 공화국과 화평한 것에 이어 1677년 제임스의 장녀 메리와 윌리엄 3세의 혼인이 극적으로 성사되며 양국은 동맹 관계에 들어가나, 찰스 2세는 루이 14세와 단교할 생각이 없었다. 궁정파를 키워 의회를 조종하려 했던 댄비의 계략도 가톨릭과 프랑스에 대한 찰스 2세의 계속된 우호적인 태도에 실망한 샤프츠베리가 반대파의 선봉에 서면서 난관에 봉착했다. 샤프츠베리는 이탈리아에서 수입된 시민 공화주의의 언어를 빌어 댄비와 궁정파에 맹공을 퍼부었다. 샤프츠베리는 덕성을 갖춘 새로운 의회가 댄비에 의해 매수되어 부패한 기사 의회를 당장 대체해야 할 것이라고 열변하며 재야파를 조직했다. 앤드류 마벨

(Andrew Marvell)의 『로마 가톨릭과 전제 정부의 성장에 관한 보고서』(1677)는 비국교회를 주적으로 삼은 댄비의 왕당파 궁정파와 가톨릭을 주적으로 삼은 샤프츠베리의 의회파 재야파의 대치 상황을 극적으로 담아냈다.

재야파에게 1678년 정국을 뒤흔든 '가톨릭 음모 사건(Popish Plot)'은 절호의 기회였다. 가톨릭 과격분자가 찰스 2세를 시해하고 런던을 불태울 계획을 꾸미고 있다는 예수회 교육을 받은 신부 타이터스 오트스(Titus Oates)의 충격적인 고발은 얼마 뒤 허황된 거짓말로 판명이 났지만, 재야파의 반가톨릭 전선에 힘을 실어주었다. 찰스 2세가 죽게 되면 가톨릭교도인 동생 제임스가 차기 국왕에 오를 것이었다. 재야파는 제임스를 제거하기 위해 상원과 하원 모두에서 가톨릭교도를 배제하는 두 번째 심사법을 제청했으나, 제임스는 가까스로 예외를 인정받았다. 그러나 댄비는 프랑스와의 비밀 보조금 교섭이 탄로가 나면서 탄핵되었고, 찰스 2세는 댄비를 구하기 위해 '연금 의회(Pension Parliament)'라고 풍자되던 기사 의회를 서둘러 해산했다. 이듬해 치러진 선거에서 재야파는 반가톨릭 기치를 내걸고 압승을 거뒀고, 샤프츠베리는 기세를 몰아 제임스를 왕위계승에서 제외시킬 것을 대담하게 요구한 배척안을 제출했다.

대반란 이전 작성된 필머의 『부권론』(1680)이 출판되고, 로크가 『정부론』을 구상하고 집필하는, 배척 위기는 대체로 샤프츠베리가 첫 배척안을 제출한 1679년부터 2년 뒤 반역죄로 몰려 네덜란드 공화국으로 피신하는 시기를 일컫는데, 샤프츠베리와 재야파는 이 기간 동안 세 번에 걸쳐 배척안을 상정했고, 찰스 2세와 궁정파는 그때마다 의회를 해산했다. 급기야 찰스 2세는 1681년 의회를 재야파가 우세한 런던이 아니라 궁정파의 거점 옥스퍼드로 소집해(Oxford Parliament) 압박을 가했으나, 일주일 만에 폐회해야 했다. 가톨릭 음모 사건 이후 연이은 선거는 전국을 뜨겁게 달구었고, 대립은 극한으로 치달았다. 왕정복고와 함께 만들어진 출판 허가법(Licensing of the Press Act of 1662)마저 효력을 상실하게 되면서 재야파만 아니라 궁정파도 여론을 움직이기 위해 로저 레스트레인지(Roger L'Estrange)와 같은 작가를 고용해 수많은 선전, 반론 책자를 쏟아냈다. 재야파와 궁정파가 서로를 '아일랜드 가톨릭 도적(toruidhe)'을 뜻하는 토리와 '스코틀랜드 장로교 폭도(whiggamore)'를 뜻하는 휘그로 각기 약칭하며 비방하게 된 것도 이 무렵부터였다. 왕정복고가 이뤄진 지 겨우 20년 만에 영국은 또다시 내전을 목전에 두고 있는 듯 했다. 배척안을 제안한 재야파 휘그는 상대를 절대 군주정, 더 나아가 전제정을 꿈꾸는 자로, 배척안을 반대한 궁정파 토리는 상대를 선거 군주정, 더 나아가 민주정을 꿈꾸는 자로 매도했다. 양측은 또한 서로를 향해 국교회의 해체와 국교회의 경화를 목표로 하고 있지 않느냐고 맹렬히 추궁했다. 전자에 속했던 로크의 주된 비판 대상도 왕권신수설만이 아니었다. 『정부론』과 마찬가지로 1688년 혁명 직후에야 출판되는 『관용에 관한 편지』(1689)에서 로크는 '교회신수설(divine right of the church)'을 조목조목 비판했다 국제정세 판단에 있어서도, 휘그 재야파는 프랑스를 억제하는 방향으로, 토리 궁정파는 프랑스에 편승하는 방향으로 진영이 걷잡을 수 없이 갈라지고 있었다.

1682년, 고조되는 내전의 가능성 앞에서, 여론은 점차 찰스 2

세의 편으로 돌아섰고, 이에 자신감을 되찾은 찰스 2세는 로크를 포함한 샤프츠베리 일당에 대한 대대적인 척결 작업에 나섰다. 재야파 휘그에게 남은 선택지는 체포되어 심판을 받거나 망명을 떠나거나 아니면 최후의 저항을 하는 것이었다. 1683년 찰스 2세와 제임스 2세의 암살을 기도했던 '라이 하우스 음모(Rye House Plot)'는 발각되었으며, 샤프츠베리의 동지 윌리엄 러셀, 러셀 경(William Russell, Lord Russell)과 시민 공화주의의 입장에서 필머의 왕권신수설을 반박한 것으로 훗날 대서양 건너편에서까지 명성을 얻게 될 앨저넌 시드니(Algernon Sidney) 등이 주범으로 몰려 처형되었다. 이후 사망할 때까지 2년 동안 찰스 2세는 권한개시영장(quo warranto) 절차를 통해 배척 위기 동안 반대편에 섰던 자치 도시와 기관에 대한 강력한 통제에 나섰다. 특허는 회수되거나 개정되었고, 궁정파 토리가 재야파 휘그를 밀어내고 운영을 맡도록 조치되었다. 옥스퍼드 의회가 해산된 이래 의회는 다시 열리지 않았으나, 여러 이권을 독차지하게 된 중앙과 지방의 토리 세력은 국왕에게 별다른 불만을 품지 않았다. 찰스 2세가 가톨릭 신도에 대한 종교관용 정책을 포기하는 한편, 비국교도에 대한 처단에 동의하자 고교회파는 환영하며 충성을 맹세했다. 배척 위기의 승자는 찰스 2세만이 아니었다. 전리품을 나서서 챙긴 이는 종종 자의, 타의에 의해 '교회당(Church party)'이라 불리기도 했던 토리였다.

휘그 주도 배척 위기 이후 3년에 걸친 '토리 반동(Tory reaction)' 덕분에 제임스 2세는 형 찰스 2세보다 훨씬 더 순조롭게 재위를 시작할 수 있었다. 국왕에 대한 지지는 어느 때보다 높았다. 새로 뽑힌 하원에서 토리당은 전체 525석 중 468석을 차지했다. 4년 전 토리당의 전신인 궁정파가 전체 502석 중 겨우 193석만 가져갔었던 것을 상기하면, 이는 놀라운 변화였다. 왕권신수설을 신봉하지 않더라도, 제임스 2세가 국왕으로서 영국의 종교와 헌정을 보위하고자 한다면, 그와 그의 새 부인이 가톨릭 신도라 할지라도 충심으로 섬길 의향이 다들 있었던 것이다. 제임스 2세도 이를 모르지 않았다. 제임스 2세는 자신이 영국을 어떻게든 가톨릭 국가로 만들어서 전제적으로 통치하려고 한다는 일각의 소문에 대해 간악한 샤프츠베리 일파가 퍼뜨린 낭설이라고 즉위 즉시 일축하며 자신의 든든한 지지 기반이 된 토리 세력을 안심시켰다.

제임스 2세의 왕권은 몇 달 뒤 스코틀랜드와 잉글랜드에서 동시에 일어난 두 반란으로 더욱 강해졌다. 배척 위기와 라이 하우스 음모를 거치며 반가톨릭 재야파로 의기투합한 스코틀랜드 장로교 귀족 아치볼드 캠벨, 제9대 아가일 백작(Archibald Campbell, 9th Earl of Argyll)과 찰스 2세의 사생아 제임스 스콧, 제1대 몬머스 공작(James Scott, 1st Duke of Monmouth)은 북과 남 두 곳에서 반군을 모아 런던으로 함께 진격하면 제임스 2세를 몰아낼 승산이 있다고 계산하고, 각자 킨타이어와 도싯에 상륙해 2천여 명의 병력을 이끌고 호기롭게 진군했으나, 제임스 2세의 상비군에 의해 어렵지 않게 제압되었다. 체포된 몬머스와 아가일을 처형한 제임스 2세는 이를 왕권 강화의 기회로 적극 활용했다. 제임스 2세는 의회가 이미 결의해 통과시킨 찰스 2세가 받았던 것과 같은 120만 파운드에 달하는 평생 예산에 더해 반란 진압을 위한 비용 등의 명목으로 한시적이지만 70만 파운드 상당의 추가 예산을 받아냈다. 금상첨화로 경제까지 활기를 띠면서 연동된 세수가 늘어 재위 기간 제임스 2세의 예산은 매년 200만 파운드를 상회했다. 이 말인즉슨, 제임스 2세는 예산 때문에 의회의 눈치를 볼 필요가 없었다는 것이다. 게다가 찰스 2세가 해외 식민지까지 모두 합쳐 기껏해야 9천 명가량의 상비군을 거느렸던 것에 반해, 제임스 2세는 이러한 연유로 2만 명 이상의 상비군을 의회의 도움 없이 합법적으로 유지할 수 있었다. 다음으로, 가톨릭 음모 사건부터 몬머스와 아가일의 반란까지 자신의 왕위만 아니라 생명까지 노린 계속된 휘그 일파의 공작에 대해 제임스 2세는 '피의 순회 재판(Bloody Assizes)'이라 명명된 대규모 숙청으로 반격했다. 수석 재판관(Lord Chief Justice) 조지 제프리스, 제1대 제프리스 남작(George Jeffreys, 1st Baron Jeffreys)의 1천 4백여 명에 대한 반역죄 판결로 몬머스 반란에 호의적이었던 서부 지역은 초토화되다시피 했다.

하지만 심사법이 다시 제임스 2세의 발목을 잡았다. 제임스 2세가 임명한 가톨릭 장교에 대해 토리 국교회 의회가 심사법 위반을 적시하면서 둘의 관계가 급속도로 냉각되었다. 제임스 2세는 두 번째 회기 10여 일 만에 의회를 휴회했다. 의회가 다시 모인 것은 이로부터 3년이 지난 뒤였다. 제임스 2세가 왕좌에 오른 지 채 1년도 되지 않은 시점이었다. 의회를 통한 심사법의 폐기가 당분간 가능치 않다는 것을 확인한 제임스 2세는 국왕의 대권으로 가톨릭교도와 비국교도에 대한 처벌(Penal Laws)을 중단시키는 우회 전략을 택했고, 1686년 6월 가톨릭 장교였던 에드워드 헤일스 경(Sir Edward Hales)에 대한 보통법 재판소(Common Law Courts) 세 곳 – 왕실재판소(King's Bench), 고등민사재판소(Court of Common Pleas), 출납재판소(Exchequer) – 의 11 대 1 승소 판결은 이의 법적 근거가 되었다(Godden v. Hales). 원하는 판결을 얻기 위해 사전에 재판관을 교체하는 술수를 부리기는 했으나, 제임스 2세는 이렇게 승인된 국왕의 법률 적용 면제 권한(royal dispensing power)을 사용해 상비군에만 아니라 옥스퍼드 대학교 칼리지에도, 심지어는 추밀원(Privy Council)에도 가톨릭교도를 하나둘씩 심어나갔다. 1년 뒤에는 추밀원 고문관(Privy Councillor)에 예수회 신부 페트레(Sir Edward Petre, 2nd Baronet)가 취임하기까지 했다.

국교회 혁명이라는 명칭에서 엿볼 수 있듯이, 제임스 2세의 가장 큰 패착은 1686년 7월 대법관(Lord Chancellor)으로 승진한 제프리스를 장으로 하는 종교 문제 위원회(Commission for Ecclesiastical Causes)의 신설과 함께 개시된 국교회에 대한 직접적인 공세였다. 이러한 점에서 2년 뒤 국교회 혁명을 일으킬 캔터베리 대주교 샌크로프트가 위원직을 한사코 고사한 사실과 런던 주교 콤튼이 위원회의 첫 제물이 되었다는 사실은 시사하는 바가 크다. 콤튼은 관할 교구에서 반가톨릭 설교를 중지시키라는 왕명(Directions Concerning Preachers of 1686)을 따르지 않은 죄로 정직 처분을 받았다. 재무 장관인 제1대 로체스터 백작, 로렌스 하이드(Laurence Hyde, 1st Earl of Rochester)가 이에 항의하여 자리를 내놓았으나, 제임스 2세는 도리어 다섯 명으로 구성된 재무 장관 위원회(Lord High Treasurer Commission)를 설치하고 두 명의 가톨릭 신자를 위원으로 배치했다. 그리고 마침내 1687년 4월 제임스 2세는 가톨릭교도의 공직 신출과 사석 예배 허용을 주된 내용으로 하는 제1차 관용선언을 포고했다. 의회는 닫아둔 상태라 제임스 2세의 시선은 자연스럽게 국교회가 독점하고 있는 핵심 교육 기관인 케임브리지 대학교와 옥스퍼드 대학교를 향했다. 두 대학교가 입장을 바꾼다면 국교회 지도부가 입장을 바꿀 것이고 그에 따라 의회도 입장을 바꿀 것이라 생각한 것이다. 때마침 공석이 된 옥스퍼드 대학교 모들린 칼리지의 학장(President) 선출을 둘러싼 제임스 2세와 소속 교원(Fellow) 간의 충돌은 파국을 예견했다. 제임스 2세는 자신이 지명한 친가톨릭 인사를 끝까지 거부한 25명의 교원 직위를 박탈한 것에 이어 3개월 뒤 2년 넘게 휴회 중이던 의회마저 해산시켰다. 자신의 종교 정책에 협조적인 새로운 의회를 뽑는 편이 낫다고 판단한 것이다. 국교회와 완전히 갈라선 제임스 2세는 가톨릭교도와 마찬가지로 왕정복고 이래 국교회로부터 온갖 수난과 박해를 받아온 비국교도에게 화해의 손을 내밀었다. 다가올 선거에서 심사법의 폐지를 공약으로 내걸고 승리를 거두기 위해 제임스 2세는 토리 국교도가 장악하고 있던 자치 도시와 기관에 자신이 그 동안 왕권에 서슴지 않고 도전하는 '공화주의자(republican)'로 적대시했던 세력을 전격 등용했다. 제임스 2세가 새로 영입한 '휘그 공모자(Whig collaborator)'라 불렸던 이 중에는 퀘이커교도 윌리엄 펜(William Penn)도 있었다. 1688년 4월 공지된 제2차 관용선언에서 제임스 2세는 7개월 뒤 새 의회를 소집해 이 문제를 깨끗하게 정리하겠다고 공언했다. 한 달 뒤 제임스 2세는 추밀원 칙령(Order-in-Council)으로 이 내용을 국교회, 비국교회 가릴 것 없이 영국의 모든 교회에서 낭독할 것을 명했다.

국교회 혁명은 샌크로프트와 콤튼 등 일곱 주교가 이에 반발해 집단으로 청원을 넣으면서 촉발되었다. 제임스 2세는 런던 등지에서 큰 호응을 얻은 일곱 주교의 왕령 취소 요구가 "반란과 다를 바 없다"고 대노했고, 일곱 주교 모두 '선동에 의한 명예 훼손(seditious libel)'으로 왕실재판소에 기소하고 런던 타워로 압송했다. 하지만 판결은 무죄로 제임스 2세의 완전한 패배였다. 6월 29일 석방된 콤튼은 이튿날 라이 하우스 음모에 연루되어 처형된 앨저넌 시드니의 동생 제1대 롬니 백작, 헨리 시드니(Henry Sidney, 1st Earl of Romney)가 작성한 윌리엄 3세에게 보내는 초대장에 다른 다섯 명의 인사와 함께 서명을 했다. 이들 '불멸의 7인(Immortal Seven)'의 모의에도 만약 제임스 2세가 이때 일곱 주교가 간청한 대로 지난 3년 동안 취했던 모든 조치를 되돌렸다면(revolvo) 1688년 혁명은 일어나지 않았을 것이다. 가톨릭 신자인 자신을 열렬히 지지했던 토리당과 국교회의 기득권을 존중했더라면 제임스 2세는 루이 14세에 버금가는 강력한 국왕이 되었을 것이다. 그러나 6월 10일 고대하던 아들(James Francis Edward Stuart)까지 기적처럼 본 제임스 2세는 물러설 생각이 추호도 없었다. 왕자의 탄생으로 다급해진 이는 불멸의 7인만이 아니었다. 추정상속인(heir presumptive)이었던 제임스 2세의 장녀 메리와 그의 남편 윌리엄 3세도 결단을 내릴 때가 되었다.

정리하면, 국교회 혁명으로 귀결된 스튜어트 군주정의 위기는 본질적으로 종교개혁 이후 주권의 문제에서 비롯되었다. 즉, 40년 전인 1648년, 30년 전쟁을 끝낸 베스트팔렌 조약(Treaty of Westphalia)이 적용 대상을 확대, 확인한 1555년 아우크스부르크 화의(Peace of Augsburg)의 '그의 영토, 그의 종교(Cuius regio, eius religio)' 원칙에 내재된 것과 기본적으로 동일한 문제가 제임스 2세의 일방적인 종교관용 정책의 추진으로 폭발한 것이 국교회 혁명인 것이다. 신성로마제국의 황제 카를 5세(Karl V)의 결정에 20여 년 앞서 헨리 8세가 정립하고 이후 엘리자베스 1세(Elizabeth I)가 승인한 수장령(Acts of Supremacy of 1534, 1558)에 따라 영국의 국왕은 국교회의 수장으로 옥스퍼드와 케임브리지 대학교의 칼리지를 포함한 모든 교회 기구에 대한 관리 책임을 맡게 되었고, 제임스 2세는 왕정복고로 회복된 이와 같은 권리를 자신의 신앙에 비춰 적극적으로 행사했던 것이다. 배척 위기 이후 토리 반동과 이 과정에서 특히 고교회파에 의해 명료화된 비저항, 수동적 복종의 신조는 제임스 2세에게 강한 자신감을 불어넣어주었다. 게다가 몬머스와 아가일을 마지막으로 반항적인 재야파 휘그 중 위협적인 인사는 적어도 영국 내에서는 모두 제거된 상태였다.

의회를 통한 이의 제기마저 차단된 상황에서 저항의 중심은 교회가 될 수밖에 없었다. 따라서 국교회 혁명의 이데올로기는 로크의 사회계약론도 고대 헌정도 신-해링턴주의도 아니었다. 국교회 혁명의 이데올로기는 신학적인 것으로, 그 핵심은 세속 군주와의 관계에서 교회의 권위에 대한 마르틴 루터(Martin Luther)가 되새긴 성 베드로(St. Peter)의 "사람이 아니라 하나님께 복종하는 것이 옳다"는 「사도행전」의 교리였다. 풀어 말하면, 제임스 2세의 권력은 이 세상에서의 필요에 따라 금지된 것(malum prohibitum)에 한정되며 그 자체로 잘못된 것(malum in se)에 대해서는 제아무리 국왕일지라도 하나님의 법을 따라야 하기에 심사법과 형벌법의 폐지는 월권이라는 논리인 것이다. 일곱 주교가 보기에, 심사법과 형벌법은 올바른 믿음의 수호와 전도를 위한 최소한의 조치였다. 만약 국왕이 이를 방해하고 저해하려 한다면 교회는 순교를 해서라도 그 행동의 부당함을 알리고 시정을 요구할 신성한 의무를 지니고 있었다. 제임스 2세의 종교관용 정책에 맞서 일곱 주교는 '종교불관용(religious intolerance)'의 원칙을 사수하기 위해 비저항, 수동적 복종의 방식으로 '시민 불복종(civic disobedience)'을 실천한 셈이었다. 물론 국교회 혁명에 대한 여론의 지지는 – 대반란 기간 신생 종파의 난립으로 인한 혼돈의 기억에 더해서 – 제임스 2세의 종교관용 정책이 극소수 가톨릭 세력 위주로 왕권을 강화하기 위한 술책에 다름 아니라는 인식에 따른 것이기도 했다. 아일랜드에서 리처드 탈봇, 제1대 티르코넬 백작(Richard Talbot, 1st Earl of Tyrconnell)이 강행한 군대 및 행정 기구의 개편과 인적 청산 그리고 스코틀랜드에서 두 달 먼저 발포되고 집행된 관용선언의 결과는 잉글랜드도 조만간 – 제임스 2세가 즉위하고 얼마 지나지 않아 루이 14세가 단행한 – 낭트 칙령 폐기(Revocation of the Edict of Nantes of 1598) 이후 프랑스처럼 될 것이라는 섬뜩한 공포를 자아내기에 충분했다.

2. 네덜란드 공화국의 위기와 윌리엄 혁명

윌리엄 혁명으로 극복되는 네덜란드 공화국의 위기는 재앙의 해로 묘사되는 1672년에 극적으로 모습을 드러냈다. 국제관계와 대외무역에서 시발된 위난은 국내정치의 급변으로 귀결되었고, 윌리엄 3세는 이를 발판삼아 권력의 무대에 혜성과 같이 등장했다. 스페인과의 80년 전쟁(1568-1648)에도 불구하고, 네덜란드 공화국이 건국 이래 한 세기 가까이 구가했던 '황금 시대(Gouden Eeuw)'는 이로써 급작스럽게 종료되었다. 이의 가장 주요한 원인은 의심할 여지 없이 이웃한 프랑스의 외교 정책의 변화에 있었다.

1661년 재상 추기경 쥘 마자랭(Jules Mazarin)의 사망과 1666년 오스트리아 출신 여왕 앤(Anne)의 사망은 한 시대의 마감을 알렸다. 1643년 부친 루이 13세(Louis XIII)의 이른 죽음에 따른 기나긴 섭정의 굴레에서 완전히 벗어난 루이 14세는 '태양왕(Roi Soleil)'이란 호칭에 걸맞는 정책을 대내외적으로 펼쳐나갔다. 특히 대외적으로, 루이 14세가 목표한 바는 스페인령 네덜란드 지역으로의 팽창이었다. 중심부 일드프랑스를 방어하기 위해서나 경쟁국 오스트리아를 견제하기 위해서나, 또 경제적으로 보아도, 프랑스에게 이보다 더 중요한 전략적 요충지는 없었다. 게다가 한 세기 전 세계를 호령하던 스페인까지 많이 약화된 상태였다. 스페인은 30년 전쟁의 일환으로 1635년부터 1659년까지 진행된 프랑스와의 전쟁에서 패했을 뿐만 아니라 이를 기회로 일어난 포르투갈의 독립 시도로 골머리를 앓고 있었다. 1660년대 중반, 스페인이 플랑드르에 배치했던 육군 병력(Ejército de Flandes)은 7만 명 이상에서 2만 명 이하로 크게 떨어졌다. 엎친 데 덮친 격, 1665년 펠리페 4세가 세상을 뜨고 어린 카를로스 2세(Carlos II)를 대신해 오스트리아 출신의 여왕 마리아나(Mariana)가 섭정을 맡게 되었다. 스페인령 네덜란드 지역을 손에 넣길 갈망했던 루이 14세와 그의 참모 장-밥티스트 콜베르(Jean-Baptiste Colbert)는 침략의 구실을 급조했다. 루이 14세의 부인인 마리아 테레사(Maria Theresa)가 펠리페 4세의 초혼의 장녀로 재혼의 장남 카를로스 2세보다 상속에서 우선한다는 억지였다. 1667년에서 1668년까지 1년 간의 상속 전쟁으로 루이 14세는 두에, 생-오메르, 릴, 캉브레를 스페인으로부터 빼앗았다. 프랑스의 팽창에 대한 네덜란드 공화국의 첫 대응은 프랑스를 회유하는 것이었다. 이를 위해 네덜란드 공화국은 제2차 영국-네덜란드 전쟁을 서둘러 끝낸 뒤 영국, 스웨덴과 함께 삼국 동맹을 결성하고 스페인에게는 저항을 단념할 것을, 프랑스에게는 협상을 수용할 것을 요구했다. 다행히 상속 전쟁은 엑스-라-샤펠 조약(Treaty of Aix-la-Chappelle)을 통해 곧 종식되었으나, 루이 14세는 도리어 이를 굴욕으로 간주하고 프랑스 국왕으로서 자신의 정당한 '영광(gloire)' 추구를 방해한 네덜란드 공화국을 엄벌하기로 결심했다.

경제적으로, 루이 14세의 전폭적인 지지 하에 콜베르는 공격적인 중상주의 정책을 입안하고 추진해나갔다. 네덜란드 공화국의 줄기찬 항의에도 1664년과 1667년에 부과했던 거의 모든 수입품에 대한 무거운 관세는 유지되었다. 콜베르는 또한 1664년 프랑스 동인도 회사(Compagnie française pour le commerce des Indes orientales)의 설립을 시작으로 네덜란드 공화국이 과점해온 대서양, 지중해, 발트해 무역에도 열정적으로 뛰어들었다. 외교적으로, 루이 14세는 프랑스와 함께 네덜란드 공화국을 공격할 동맹국을 찾아나섰다. 1670년 찰스 2세와 도버 밀약을 체결해 삼국 동맹을 와해시킨 루이 14세는 이듬해 쾰른의 선제후(Kurfürst)와 뮌스터의 주교공(Fürstbishof)으로부터 협공 약속을 얻어낸 데 이어 1672년 4월 쾰른의 선제후가 다스리던 리에주 주교령을 통로로 삼아 네덜란드 공화국을 전격적으로 침공한 직후 스웨덴과도 손을 잡았다.

뒤집어 말해서, 프랑스-네덜란드 전쟁이 발발할 당시 네덜란드 공화국은 외교적으로 완전히 고립된 상태였다. 프랑스와 적대적인 관계에 있었던 오스트리아와 스페인도 선뜻 네덜란드 공화국을 돕고자 하지 않았다. 브란덴부르크-프로이센의 경우 스웨덴의 의중을 살펴야 해서 머뭇거릴 수밖에 없었다. 군사적으로, 프랑스는 보병 11만 8천에 기병 1만 2천이 넘는 엄청난 대군을 동원한 데 비해 네덜란드 공화국의 방어 병력은 그 1/4에도 미치지 못했을뿐더러 훈련도 제대로 되어 있지 않았다. 해상에서는 프랑스와 영국의 연합 함대가 네덜란드 공화국으로 들어가는 항로를 봉쇄했다. 작전 개시 일주일도 채 안 돼 프랑스는 라인강 유역 주요 도시를 모두 점령했고, 네덜란드 공화국은 공포에 질려 당황하며 스페인과의 80년 전쟁 기간 동안 한 번도 내어주지 않았던 에이설강 방어선을 포기하고 홍수선(waterlinie)을 구축해 홀란트와 젤란트의 방어에 들어갔다. 하지만 한 달 뒤 위트레흐트에서는 프랑스 추기경의 주례로 가톨릭 미사가 성대하게 거행되었다. 이와 동시에 북쪽에서는 뮌스터가 오베레이셀과 드렌테를 거쳐 흐로닝언을 포위했다.

풍전등화의 위기 상황, 아직 점령되지 않은 네덜란드 공화국 도처에서 정부의 무능을 탓하는 시위가 거세게 일어났다. 성난 대중은 정부 체제를 당장 바꾸지 않으면 가망이 없다고 부르짖었다. 전장의 군대로까지 번진 이러한 애국의 결의는 몇 달 전 네덜란드 공화국 전체를 대표하는 의결 기구인 전국 의회(Staten Generaal)에 의해 육군 총사령관(Kapitein-generaal)에 임명된 윌리엄 3세를 구세주로 호출했다. 1672년 7월, 여론에 못 이긴 홀란트 주의회(Provincial Staten)는 윌리엄 3세를 총독으로 선출했고, 젤란트주의회도 뒤따랐다. 홀란트와 젤란트의 총독에 오른 윌리엄 3세는 통합된 육군과 해군을 지휘하는 전군 총사령관으로서 네덜란드 공화국의 실권을 쥐었다. 윌리엄 3세가 성년이 된 지 얼마 되지 않아 전쟁 경험은커녕 정치 경험도 전무했다는 점을 고려하면, 이는 유례 없이 파격적인 결정이었다. 그만큼 상황은 절박하고 엄중했다. 두 달 뒤, 전국 의회는 윌리엄 3세가 평생 동안 전군 총사령관으로 봉직하는 것을 승인하는 특단의 조치까지 내렸다. 반면, 네덜란드 공화국에 군주정의 요소를 가미하고자 시도했던 윌리엄 3세의 부친 빌럼 2세(Willem II)가 1650년 11월 6일 아들이 태어난 지 이틀 만에 천연두로 갑자기 사망한 뒤, 네덜란드 공화국이 총독의 부재 속에서 '진정한 자유(Ware Vrijheid)'를 만끽할 수 있도록 헌신해온 홀란트의 행정 장관(Raadpensionaris) 요한 드 비트(Johan de Witt)와 해군 참모로 그를 도왔던 그의 형 코르넬리스(Cornelis)는 1672년 8월 윌리엄 3세를 지지하는 폭도에 의해 잔혹하게 살해당했다.

1672년 여름, 윌리엄 3세의 등장은 네덜란드 공화국의 역사에 있어 중대한 기점이 되었다. 우선, 윌리엄 3세가 총독으로 추대되면서 부친 빌럼 2세의 사망 이래 20여 년간 이어져온 공화정이 중단되고 군주정의 요소가 부활한 혼합정체가 복구되었다. 드 비트 형제가 이끌던 국가파(Staatsgezindheid)의 시대가 가고 빌럼 2세를 그리워하던 군주파(Prinsgezindheid)의 시대가 온 것이다. 다음으로, 윌리엄 3세는 프랑스에 대한 유화 정책을 폐기하고 강경 정책을 고집했다. 윌리엄 3세의 외교 및 군사 전략은 루이 14세를 제어하는 데 초점이 맞춰졌다. 빌럼 2세가 스페인의 위협에 굴하지 않았던 것처럼, 윌리엄 3세는 프랑스의 위협에 분연히 일어났다. 윌리엄 3세의 집권으로 네덜란드 공화국의 국내정치와 국제정치의 구도가 단번에 뒤집어진 것이다. 가히 혁명이라 부를 만한 변화였다.

양자가 분리된 것은 아니었으나, 윌리엄 3세의 주안점은 시종일관 국내정치가 아니라 국제정치에 있었다. 윌리엄 3세에 대한 지지는 강렬했다. 루이 14세의 프랑스에 대한 적대감이 주된 원천이었지만, 홀란트 주도의 공화정 하에서 고착화한 정치, 경제 영역에서의 과두제에 대한 지역 차원의 누적된 반감도 적지 아니 섞여 있었다. 윌리엄 3세 또한 자신의 반프랑스 동맹 정책에 찬동한다면, 어떠한 국가파 인사와도 협력할 뜻이 있었다. 윌리엄 3세는 이러한 자신의 의사를 알리고자 국내정치 문제를 요한 드 비트에 이어 홀란트의 행정 장관에 오른 가르파르 파겔(Gaspar Fagel)에게 일임하다시피 했다. 파겔은 1667년 요한 드 비트 등과 함께 홀란트에서 총독 제도를 폐지하는 영구 칙령(Eeuwig Edict)을 공포했던 이력이 있는 대표적인 반오라녜 가문 인사였으나, 루이 14세의 계속된 강요와 협박에 협상파에서 대립파로 돌아섰다.

재앙의 해, 윌리엄 3세를 위시한 모두에게 네덜란드 공화국 내 권력 재편보다 훨씬 더 위급한 문제는 프랑스의 공세를 막아내는 것이었다. 총독으로서 윌리엄 3세에게 주어진 첫 임무는 큰외숙부 찰스 2세를 설득해 영국을 반프랑스 전선에 합류하도록 만드는 것이었다. 루이 14세와 마찬가지로, 찰스 2세도 신이 부여한 왕권에 도전하는 국가파 정부와의 협상을 내키지 않아 했는데, 어린 사촌이 찾아와 간청을 한다면 다를 것이라고 모두가 기대했고, 윌리엄 3세도 자신했다. 하지만 찰스 2세는 네덜란드 공화국을 도와줄

의향이 없었다. 찰스 2세는 루이 14세와 함께 한다면 네덜란드 공화국을 군주국으로 바꿔줄 수 있다고 윌리엄 3세를 회유했다. 더군다나 루이 14세의 군대가 프랑스 영토 내 무방비로 있는 오랑주 공국으로 진격하고 있었다. 오랑주 공국을 잃게 된다면, 윌리엄 3세의 군주로서 자격에 큰 흠집이 날 터였다. 루이 14세와 찰스 2세의 보호 아래에서 네덜란드의 군주가 될 것인가 아니면 네덜란드 공화국의 총독으로 계속 싸울 것인가의 선택의 기로에서 윌리엄 3세는 주저 없이 후자를 선택했다. 프랑스와의 전쟁이 본격적으로 진행되면서 군 통수권자로서 윌리엄 3세의 권력은 커져갔고, 그에 따라 헬데를란트를 중심으로 윌리엄 3세에게 공작의 지위를 수여하고자 하는 시도도 있었으나, 홀란트와 젤란트의 주요 도시가 강하게 반대하는 상황에서 윌리엄 3세는 이를 밀어붙일 생각이 없었다.

다행히, 프랑스의 빠른 팽창에 크게 위협을 느낀 브란덴부르크-프로이센에 이어 오스트리아가 네덜란드 공화국과 방어 동맹 조약을 체결했다. 신성로마제국 군대의 압박에 쾰른과 뮌스터가 흐로닝언에서 물러났고, 북동부의 안전을 확보한 윌리엄 3세는 프랑스가 점령하고 있는 남서부에 병력을 집중시켰다. 1673년, 스페인까지 윌리엄 3세의 반프랑스 동맹 체제에 가입하면서 분위기는 달라졌다. 영국에 이어 삼국 동맹을 파기하며 네덜란드 공화국을 재앙의 해로 밀어 넣었던 스웨덴도 흔들렸다. 갓 20살이 넘은 윌리엄 3세가 총독이 된 지 1년만에 유럽 대륙의 패권을 쥐고 있는 루이 14세에 맞설 반격의 디딤돌을 마련하는 데 성공한 것이다. 기적이었다. 피레네 조약에 명시된 국경으로 되돌아 갈 것을 요구하며 개시된 윌리엄 3세의 역공은 거침이 없었다. 1674년, 쾰른과 뮌스터가 철군한 데 이어서 영국까지 항복했다. 영국 해협과 북해에서 네덜란드 공화국의 해군에 연달아 패한 찰스 2세는 웨스트민스터 조약을 체결하며 전시 중립국 선박의 통행을 승인했다.

찰스 2세에게 이보다 더 굴욕적인 것은 영국 내에서 윌리엄 3세의 지위와 정치적 영향력의 가파른 상승이었다. 윌리엄 3세는 프랑스에게서 영국을 완전히 떼어놓을 요량으로 휘그 세력과 함께 영국 내 반프랑스 감정을 자극하는 여론전을 펼쳤다. 윌리엄 3세의 가장 효과적인 무기는 종교적인 대립 구도였다. 몇 해 전 가톨릭으로 개종한 것에 더해 몇 달 전 이탈리아 모데나 공국의 메리 공주와 재혼한 작은 외숙부 제임스는 윌리엄 3세에게 너무나 좋은 재료였다. 찰스 2세가 정실 부인과의 사이에서 자식을 볼 수 없었기에 동생인 제임스가 왕위를 물려받게 되었다. 머지않아 가톨릭 국왕 부부가 영국을 다스리게 될 것이었다. 루이 14세가 네덜란드 공화국을 정복하게 된다면, 가톨릭 세력은 유럽 전역에서 더욱 활개를 칠 것이 분명했다. 상황이 이러한 데 찰스 2세는 루이 14세로부터 자금 지원을 받아 왕권 강화를 도모하고 있었다. 영국의 종교적인 자유만 아니라 정치적인 자유도 위험에 처해 있었다. 윌리엄 3세와 휘그 세력은 네덜란드 공화국과의 긴밀한 외교적, 군사적 협조 관계의 구축을 영국의 상원과 하원의 애국심을 가늠할 수 있는 첫 시험대로 선전했다. 1677년, 반프랑스, 반가톨릭 여론의 압력에 밀린 제임스는 자신의 장녀 메리와 윌리엄 3세의 혼인을 허락했다. 제임스 또한 연로해서 자식을 볼 가능성이 거의 없었기에 윌리엄 3세가 부인 메리와 함께 왕위에 오를 욕심이 있다면 바로 다음 순위였다. 윌리엄 3세는 영국의 왕위계승 문제에 대한 발언을 일절 삼가했지만, 두 스튜어트 형제의 통치 방식이나 방향에 대한 불만과 걱정이 커질 수록 윌리엄 3세의 행보에 대한 영국 내 관심은 높아져갔다.

1년 뒤인 1678년, 찰스 2세의 중재로 프랑스-네덜란드 전쟁을 끝내기 위한 협상이 성사되었다. 윌리엄 3세는 계속 싸우길 원했으나, 오랜 전쟁에 지칠 때로 지친 전국 의회의 호소를 모른 척할 수는 없었다. 전쟁 비용의 상당 부분을 부담해온 홀란트 역시 평화를 종용했다. 네이메헌 조약(Treaty of Nijmegen)은 네덜란드 공화국의 완전한 승리였다. 네덜란드 공화국은 마스트리흐트를 포함한 빼앗긴 영토를 전부 되찾았을 뿐만 아니라 관세 하향까지 얻어냈다. 홀란트 경제에 막대한 타격을 주었던 콜베르의 1667년 관세는 폐지되었다. 다만 윌리엄 3세가 처음에 내걸었던 피레네 조약에 의거한 국경 확정은 프랑스가 헨트와 이퍼르 등 스페인령 네덜란드의 주요 도시를 점유하고 방어를 증강하면서 요원한 일이 되었다.

그러나 평화는 오래가지 않았다. 영국에서는 제임스가 국왕에 오르는 것을 막기 위한 휘그 세력의 필사의 노력이 이어졌다. 윌리엄 3세는 배척 위기를 주의 깊게 지켜보았으나, 직접 나서지는 않았다. 배척안이 좌초되고 찰스 2세가 이를 기회로 왕권 강화에 나설 경우, 자신이 어렵게 일군 반프랑스 전선에 중대한 균열이 생길 것이 확실했지만, 영국의 정국은 윌리엄 3세가 개입하기에는 너무나 혼란스러웠다. 네덜란드 공화국 내 사정도 녹록하지 않았다. 프랑스-네덜란드 전쟁 기간 중 증대된 윌리엄 3세의 권한에 대한 국가파 세력의 우려와 비판이 쏟아졌다. 1674년, 윌리엄 3세가 기대 이상의 능력을 발휘하자, 홀란트와 젤란트는 총독 직위의 계승을 허용했고, 전국 의회도 육군 총사령관 직위의 계승을 허용하며 뒤따랐다. 윌리엄 3세의 권한을 이전 상태로 되돌리는 것은 사실상 불가능했다. 네덜란드 공화국을 구원한 윌리엄 3세에 대한 대중의 열광적인 지지는 잦아들 기미가 없었고, 국제적으로도 윌리엄 3세의 명성은 하늘을 찌르고 있었다. 윌리엄 3세의 호전적인 반프랑스 정책에 재정적인 제약을 거는 것 말고는 달리 방법이 없었다.

문제는 루이 14세였다. 프랑스-네덜란드 전쟁이 끝난 지 4년 만인 1683년, 루이 14세는 프랑스가 획득한 영토에 부속된 영토도 프랑스의 소유라 할 수 있다는 네이메헌 조약의 문구를 확대 해석하며 이를 철저하게 집행할 것을 명했다. 재결합 위원회(Chambre de Réunion)가 메츠, 브장송, 브라이자흐에 설치되었고, 관련된 모든 문서와 조약을 뒤졌다. 루이 14세는 이렇게 찾아낸 자료를 근거로 스트라스부르를 포함한 알자스의 주요 지역을 탈취하며 룩셈부르크를 포위했다. 이러한 작업은 1년 가까이 지속되었고, 오랑주 공국 또한 이 과정에서 프랑스로 귀속되었다. 재결합 위원회의 활동은 루이 14세의 보편 군주정에 대한 욕망을 보여주는 또 다른 증거였다. 루이 14세에게 협상이나 조약은 다음 전쟁을 위한 잠깐의 휴식에 불과했다.

윌리엄 3세는 반프랑스 동맹 체제를 다시 작동시키기 위해 나섰지만, 뜻대로 일이 풀리지 않았다. 루이 14세의 재결합 위원회의 판정에 따라 유산으로 상속받은 츠바이브뤼켄을 강탈당한 스웨덴 국왕 카를 11세(Karl XI)가 윌리엄 3세와 함께 하기로 결의했지만, 브란덴부르크-프로이센과 영국은 망설였다. 브란덴부르크-프로이센은 스웨덴이 가져간 포메른을 되찾길 원했고, 영국은 국내적인 이유가 컸다. 배척 위기 이후, 네덜란드 공화국과의 동맹을 주장해 온 휘그 재야파가 수세에 몰린 것이다. 찰스 2세와 제임스는 내전에 대한 공포에 사로잡힌 토리 반동을 최대한 활용했다. 윌리엄 3세를 더 골치 아프게 만든 것은 오스만 제국과 전쟁에 돌입한 오스트리아였다. 1683년 여름, 오스트리아와 신성로마제국 군대는 오스만 제국 군대의 파상 공세로부터 빈을 지켜내는 데 열중하고 있었다. 윌리엄 3세의 간절한 설득에도 불구하고, 1684년 8월, 신성로마제국 황제 레오폴트 1세(Leopold I)는 루이 14세의 군대가 룩셈부르크를 점령하자 스페인의 카를로스 2세(Carlos II)와 함께 현상 유지를 조건으로 휴전을 하기로 결정했다. 레겐스부르크에 모인 프랑스, 오스트리아, 스페인은 향후 20년 동안 서로 싸우지 않기로 약속했다. 홀란트와 젤란트까지 안도의 한숨을 쉬며 휴전을 반겼기에, 윌리엄 3세도 달리 방도가 없었다.

윌리엄 3세에게 기회가 다시 찾아온 것은 이로부터 3년이 지난 뒤였다. 이번에도 루이 14세가 먼저 위협을 가했다. 오스트리아와 스페인이 당분간 자신에게 맞설 의지가 없다고 판단한 루이 14세는 1685년 10월 낭트 칙령 폐기를 선포하며 네덜란드 공화국과의 대결에 종교적인 의미까지 가미했다. 네덜란드 공화국에서도 반가톨릭 감정이 들끓었다. 몇 개월 전 제임스가 제임스 2세로 국왕에 오르며 영국까지 가톨릭교도의 손에 떨어진 상황인지라 위기 의식은 빠르게 고조되었다. 동유럽 전장에서 전해지는 소식도 긴장을 키웠다. 1686년 여름, 부다를 함락한 신성로마제국 군대는 이듬해 모하치에서 오스만 제국의 주력 부대를 격파했다. 오스만 제국이 이대로 물러난다면, 레오폴트 1세와 신성로마제국의 여러 제후의 눈은 프랑스 국경 지대로 향할 것이었다. 레오폴트 1세가 부다에 대한 공격과 동시에 바이에른 선제후 등과 함께 결성한 아우크스부르크 연맹(League of Augsburg)은 프랑스와의 전쟁을 예고했다. 루이 14세에게 레겐스부르크 협정(Truce of Regensburg)의 수호를 목표로 내건 아우크스부르크 연맹은 선전 포고나 다름이 없었다. 2년 뒤인 1688년 12월, 윌리엄 3세가 제임스 2세를 쫓아내고 영국을 끌어들이며 9년 전쟁으로 확대시킬, 프랑스와 아우크스부르크 연맹 간 전쟁의 발단은 노쇠한 막시밀리안 하인리히(Maximillian Heinrich) 쾰른 대주교의 후임 선출 문제였다. 쾰른 대주교는 선제후로 신성로마제국 황제를 뽑을 권리를 갖고 있었을 뿐만 아니라 뮌스터와 리에주 등 네덜란드 공화국과 독일 내륙으로 들어가는 길목에 대한 관리를 책임지고 있었다. 루이 14세는 이에 자신이 신뢰하는 스트라스부르 대주교를 천거했지만, 막시밀리안 하인리히의 친프랑스 행보의 여파를 경험한 바 있는 레오폴트 1세는 강력하게 반대했다. 레오폴트 1세는 바이에른 선제후의 동생 요제프 클레멘스(Joseph Clemens)를 후보로 내세웠다. 1688년 1월부터 7월까지 반 년 넘게 지속된 쾰른 대주교 자리를 둘러싼 날카로운 신경전이 레오폴트 1세의 승리로 막을 내리자 루이 14세는 2달 뒤 필립스부르크를 침공하며 임명을 즉각 번복하라고 무력 시위를 했다. 하지만 이번에는 레오폴트 1세도 물러설 생각이 없었다.

쾰른 다음 목표는 네덜란드 공화국이 될 것이기에, 윌리엄 3세도 루이 14세의 필립스부르크 침략에 경악했다. 자칫하다가, 재앙의 해를 다시 겪게 될 수도 있었다. 1672년이 되풀이 되는 것은 결단코 막아야 했다. 루이 14세와 전면전을 하기 위해서는 두 가지 사안을 신속히 해결해야 했다. 첫째는 네이메헌 조약 이래 중립 정책을 고수해왔던 홀란트, 특히 네덜란드 공화국의 경제와 금융의 중심인 암스테르담 시정부와 시의회를 설득하는 것이었다. 윌리엄 3세는 이를 위해 수차례 암스테르담을 방문했다. 암스테르담과 홀란트를 결국 움직인 것은 루이 14세의 무역 전쟁이었다. 1687년 8월, 루이 14세는 네덜란드 공화국을 압박하기 위해 콜베르의 1667년 관세를 전격적으로 부활시켰다. 네덜란드 공화국의 주요 수출품인 수산물과 직물에 대해 고율의 관세가 부과되었다. 프랑스가 제일 큰 시장이었기에, 타격은 매우 컸다. 윌리엄 3세가 극구 만류했지만, 홀란트는 루이 14세와 어떻게든 타협을 하고자 노력했다. 하지만 1688년 봄 협상은 루이 14세의 계속된 추가 요구에 끝내 결렬되었고, 암스테르담 시정부와 시의회는 그제야 윌리엄 3세의 군사 행동을 전폭적으로 지원하기로 결의했다.

둘째는 제임스 2세의 영국이 프랑스와 동맹을 맺는 것을 저지하는 것이었다. 윌리엄 3세는 찰스 2세 재위 시절 영국 대사를 지내기도 했던 반 위드 반 데이크벨트(Van Weede Van Dijkvelt)를 급파해서 제임스 2세의 의중을 떠보았으나, 제임스 2세는 프랑스와의 관계에 대해 어떠한 확언도 하지 않았다. 그러나 국교회 혁명을 초래한 제임스 2세의 종교 정책으로 미루어 짐작하건대, 루이 14세와 동맹을 맺고 있는 것이 확실했다. 민감한 쾰른 대주교 선임 문제에 있어서도 제임스 2세는 루이 14세의 편을 들었다. 게다가 1668년 6월 태어난 제임스 2세의 후계자 제임스 에드워드(James

Edward)도 건강하게 자라고 있었다.

이제 결단을 내려야 할 때가 온 것이다. 아우크스부르크 연맹을 이끌고 있는 오스트리아의 의지까지 재차 확인한 윌리엄 3세는 루이 14세의 군대가 필립스부르크로 내려간 틈 타 대규모 병력을 홀란트 남부 헬레보에츠루이스 항구에 집결시켰다. 윌리엄 3세는 기회의 창이 빠르게 닫히고 있다고 확신했다. 지금 당장 제임스 2세가 네덜란드 공화국을 공격하지는 않겠지만, 조만간 왕권을 확실하게 장악한 뒤에는 다를 것이다. 만약 제임스 2세가 루이 14세와 손을 잡는다면, 네덜란드 공화국은 안보만 아니라 무역과 종교, 모든 것을 상실하게 될 것이다. 윌리엄 3세의 목표는 영국의 왕권이 아니었다. 윌리엄 3세의 목표는 영국과 프랑스가 동맹을 맺고 네덜란드 공화국을 다시 한 번 최악의 위기에 몰아넣는 것을 저지하는 것이었다. 제임스 2세로 하여금 자신과 함께 루이 14세에 맞서 유럽의 자유를 위해 싸우게 만들기 위해서는 무력화된 영국의 의회를 되돌려 놓아야 한다고 윌리엄 3세는 믿었다. 루이 14세가 필립스부르크에 대한 공격을 개시한 지 한 달이 지난 1688년 11월 5일 네덜란드 공화국의 대군은 영국에 기습 상륙하는 데 성공했고, 윌리엄 3세는 뜻하지 않게 부인 메리와 함께 제임스 2세가 버리고 간 영국의 왕좌를 차지하게 된다.

윌리엄 3세와 네덜란드 공화국의 관점에서 보면, 1688년 혁명은 루이 14세의 공격적인 외교 정책으로 인해 네덜란드 공화국의 생존이 계속적으로 위협받지 않았다면 이뤄질 수 없는 일이었다. 프랑스-네덜란드 전쟁, 재결합 전쟁, 아우크스부르크 연맹 전쟁이 네덜란드 공화국의 정치 구도를 뒤바꿨다. 국가파가 물러나고 군주파가 들어섰다. 1648년 뮌스터 조약(Treaty of Münster)을 통해 독립을 공식적으로 인정을 받은 네덜란드 공화국은 홀란트, 젤란트, 위트레흐트, 오베레이셀, 흐로닝언, 프리슬란트, 겔덜란트의 7개 연합주에 의한 기이한 형태의 공화국(Republick der Zeven Verenigde Nederlanden)이었다. 오라녜 가문이 맡았던 총독의 직위는 전시 상황에 빠르게 대처하기 위해 만든 임시적인 자리였다. 모든 주, 특히 홀란트는 위급한 상황일지라도 평시라면 총독의 권한 증대 시도를 이유불문하고 의심의 눈초리로 바라봤다. 군주와 같은 총독이 되고자 했던 빌럼 2세는 이러한 경향을 더욱 강화시켜 놓았다. 윌리엄 3세는 오라녜 가문의 아들이 아닌 네덜란드 공화국의 아들로 줄곧 국가파 세력의 감시를 받았다. 윌리엄 3세를 네덜란드 공화국의 총독으로 그리고 영국의 국왕으로 만든 것은 유럽의 세력 균형에 대한 루이 14세의 계속된 위협이었다.

V 나가며

국내 정치학계에서만 아니라 역사학계에서도 정설처럼 유통되고 있는 1688년 혁명에 대한 전통적인 휘그 해석은 영미 역사학계에서는 폐기된 지 한참이 지난 것이다. 로크에 대한 신봉은 말할 것도 없고, 영국이 근대 문명의 산실이 될 수 있었던 것은 이성적인 합의를 통해 왕권 신수설에 사로잡힌 폭군을 피 한 방울 흘리지 않고 내쫓고, 온고이지신의 정신에 입각해 고대 헌정의 기반 위에 의회 민주주의와 자본주의 경제를 확립했기 때문이라는 1688년 혁명의 통상적인 성격 규정은 여러 측면에서 신화에 불과한 것으로 판명되었다. 동시대 식민지 미국과 프랑스에서의 혁명과 달리, 1688년 혁명의 경우, 여태껏 기본적인 안내의 대상조차 되지 못했다는 점을 보면, 국내 정치학계와 역사학계의 이와 같은 사정은 놀랍지 않다. 영국에서 혁명이 있었다면, 그것은 의회파에 의해 국왕이 처형당하고 공화국이 수립된 반 세기 전 내전을 지칭할 따름이었다.

본 논문은 이러한 연구의 격차를 좁히고자 다음의 두 가지를 목표로 삼았다. 첫째는 영미 역사학계의 최근까지 연구 성과를 간략하게 소개하는 것이었고, 둘째는 이를 반영해 1688년 혁명의 원인과 과정 그리고 결과에 대한 전반적인 정리를 제공하는 것이었다. 본 논문은 1688년 혁명을 영국에서의 국교회 혁명과 네덜란드 공화국에서의 윌리엄 혁명이 결합해 성사된 것으로 설명했는데, 이는 해리스와 핀커스의 최신 연구로 각기 또 종합적으로 보충될 필요가 있다. 아래에서는 상호 보완을 염두에 두고 집필된 해리스의 『왕정복고』와 『혁명』, 그리고 핀커스의 『1688』의 주장을 요약하고 그에 비춰 1688년 혁명의 역사적 의의를 새롭게 되새겨 보는 것으로 결론을 대신하고자 한다.

해리스와 핀커스의 문제 의식은 1688년 혁명을 근대적인 혁명으로 전면 재평가하는 것으로 동일하다. 해리스와 핀커스가 보기에, 1688년 혁명은 동시대와 후대의 여느 혁명 못지 않게 변혁적인 혁명이었다. 해리스와 핀커스는 1688년 혁명을 혁명이 아니라 복구로 특징짓는 보수적인 휘그 해석에 정면으로 도전한다. 1688년 혁명은 급진적이지도 폭력적이지도 않았다는 생각은 프랑스 혁명과 그에 따라 터진 혁명 전쟁과 나폴레옹 전쟁을 거치며 고착화된 편견에 지나지 않았다. 혁명 전쟁과 나폴레옹 전쟁으로 인한 막대한 희생을 치루며 1688년 혁명에 대한 영국의 인식은 완전히 바뀌었다. 대표적으로, 버크가 『프랑스 혁명에 대한 성찰』에서 외쳤듯, 국가로서 영국의 정체성은 혁명 전쟁과 나폴레옹 전쟁의 불씨를 당긴 프랑스 혁명의 정반대에 위치해야만 했다. 영국은 유럽을 넘어 전 세계의 자유와 평화를 수호하며 역사의 진보를 선도하는 국가이기에, 1688년 혁명은 프랑스 혁명과 본질적으로 다른 혁명이 되는 것이 마땅했다. 1688년 혁명은 영국의 정치적, 경제적 토대를 변화된 시대 상황에 알맞게 – 평화적으로 또 점진적으로 – 재정립한 혁명 아닌 혁명이어야만 했다. 이후 영국의 찬란한 성장에 힘입어 견고하게 뿌리내린 이러한 기억에 맞서, 해리스와 핀커스는 각기 1688년 혁명의 국내적 요인과 국제적 요인에 대한 근본적인 재검토를 통해 1688년 혁명의 급진적이고 폭력적인 면모를 낱낱이 드러낸다. 특히, 해리스와 핀커스는 1688년 혁명이 급진적이고 폭력적일 수밖에 없었던 이유로 왕정복고 이래 영국이 근대적인 중앙집권 체제로 빠르게 전환되고 있었다는 사실을 공히 지적한다.

먼저, 해리스는 브리튼 제도 전체의 관점에서 1688년 혁명을 이해할 것을 촉구한다. 당시 다른 여러 유럽 국가가 그러했듯, 영국도 연합 왕국이었다. 찰스 2세, 제임스 2세, 윌리엄 3세의 통치의 기초는 정치 및 경제 구조만 아니라 종교 분포까지 상이했던 잉글랜드, 스코틀랜드, 아일랜드 세 왕국의 국왕으로서 부여 받은 지위와 권력이었다. 세 왕국의 나날이 커가던 공론장 역시 서로의 상황을 예의주시하며 민감하게 반응했다. 단적으로, 잉글랜드에서 의회파와 왕당파를 가리키는 휘그와 토리라는 명칭은 각기 급진적인 장로파와 카톨릭 소도둑을 뜻하는 스코틀랜드와 아일랜드의 방언에서 유래한 것이었다. 모든 면에서 가장 중심이었던 잉글랜드에서 국왕은 임명직 상원과 선출직 하원의 도움을 받아 다스렸으며, 국교회의 수장이었다. 국왕은 이들의 동의 없이 법률을 제정할 수도 세금을 징수할 수도 없었다. 한편, 스튜어트 왕조의 뿌리인 스코틀랜드는 전부 합쳐 200명 남짓한 성직자와 귀족 그리고 평민이 함께 앉는 단원제를 채택하고 있었다. 잉글랜드에서와 같이, 법률의 제정을 위해서는 이들의 동의를 구해야 했으나, 세금의 징수는 정부 관료가 포함된 40명의 작은 위원회(Lords of the Articles)의 승인만 얻으면 가능했다. 이는 잉글랜드 하원의 1/10도 채 되지 않는 숫자였다. 잉글랜드와 달리, 스코틀랜드 인구의 절대 다수는 개신교였으나, 남서부는 장로교의 비율이 북부는 성공회의 비율이 높았다. 끝으로, 아일랜드의 경우, 수세기에 걸쳐 잉글랜드에 의해 정복된 지역으로, 잉글랜드 국왕이 아일랜드 국왕을 겸했다. 아일랜드는 별도의 정부와 양원제 의회를 가졌으나, 아일랜드 의회는 잉글랜드 국왕과 정부의 허락 없이 입법 활동을 할 수 없었다. 정치적으로나 경제적으로나, 아일랜드는 잉글랜드에 종속되어 있었으나, 그렇다고 미국과 같은 식민지는 아니었다. 아일랜드 인구의 3/4 정도는 가톨릭 신자였고, 잉글랜드 국교회와 스코틀랜드 장로교가 나머지를 차지했다. 해리스는 이처럼 여러모로 너무나 다른 세 왕국에 대한 통합적인 관리와 활용 능력이 찰스 1세만 아니라 마지막 두 스튜어트 국왕의 운명을 궁극적으로 갈랐다고 분석한다(전자에 관해서는 Harris 2014). 간단히 말해서, 찰스 2세가 스코틀랜드와 아일랜드에서 반가톨릭, 반비국교도 정책과 법적 절차에 대한 존중을 통해 잉글랜드 의회와 국교회의 지지와 협력을 획득하는데 성공했다면, 제임스 2세는 스코틀랜드와 아일랜드에서 친가톨릭, 친비국교도 정책과 법적 절차에 대한 무시로 인해 잉글랜드 의회와 국교회의 지지와 협력을 획득하는 데 실패했다는 것이다. 역으로, 잉글랜드 의회와 국교회의 지지와 협력은 스코틀랜드와 아일랜드에 대한 통제 능력을 결정했고, 이에 찰스 2세는 선순환의 과정을, 제임스 2세는 악순환의 과정을 밟았다. 추가로, 해리스는 내전의 경험의 여부를 언급한다. 두 형제 모두 강력한 국왕을 중심으로 통합된 왕국을 꿈꾸었으나, 전자와 달리 후자는 이에 대한 우려를 불식시킬 효과적인 수단을 갖고 있지 못했다. 찰스 2세가 제임스 2세에게 넘겨준 절대 왕정이 도리어 독이 된 셈이었다.

해리스가 1688년 혁명의 원인과 과정 그리고 결과를 찰스 2세와 제임스 2세의 잉글랜드, 스코틀랜드, 아일랜드 세 연합 왕국의 통합 시도의 관점에서 설명하고, 그 의의를 중앙집권적 근대 국가로의 도약에서 찾았다면, 핀커스는 한 발 더 나아가 1688년 혁명을 국제정치 차원에서 이뤄진 근대화의 두 방향을 둘러싼 치열한 경합의 산물로 풀이한다. 역사학과 사회학 그리고 정치학 분야 등 다방면에서 진행된 혁명 연구 전반을 검토한 핀커스는 혁명의 필수적인 전제 조건으로 근대 국가로의 전환을 지목했다. 프랑스 혁명에서 러시아 혁명에 이르기까지, 역사상 모든 혁명은 근대 국가를 이룩하려는 노력 속에서 일어났으며, 1688년 혁명도 결코 다르지 않을 뿐만 아니라 역사상 첫 근대 혁명이라는 것이 핀커스의 요점인 것이다. 핀커스는 1688년 혁명이 근대 혁명의 두 가지 필수적인 특징을 명확하게 보여주고 있다고 주장한다. 첫째는 근대 국가를 건설하려는 목표 의식이 뚜렷하게 제시되어 있어야 한다는 것이다. 핀커스는 국가 권력의 장악이나 정치 구조의 개혁에 집중된 집단 행동은 혁명이 아니라 내전이나 봉기 또는 쿠데타일 뿐이라고 일축하며, 혁명은 정치 구조만 아니라 사회·경제 구조 전체의 근본적인 쇄신을 목표로 한 대대적인 운동이라고 정의한다. 하지만 핀커스는 근대화를 촉구하는 혁명 세력과 이를 거부하는 기득 세력 간의 격돌이라는 익숙한 이분법적 구분을 따르지 않는다. 핀커스는 혁명은 근대 국가라는 목표에 대한 찬성과 반대의 싸움이 아니라 근대화의 방향을 둘러싼 싸움이라 강조한다. 다시 말해, 혁명은 집권 세력의 근대화의 방향이 혁명 세력의 대안적인 근대화의 방향에 의해 교체되는 과정인 것이다.

1688년 혁명의 경우, 핀커스에 따르면, 이는 프랑스를 모범으로 삼은 제임스 2세의 가톨릭적 근대화와 네덜란드 공화국을 모범으로 삼은 윌리엄 3세의 프로테스탄트적 근대화로 대별된다. 구체적으로, 핀커스는 전자와 후자가 당대 가장 민감하게 여겨졌던 종교 문제에 대한 입장에서만 아니라 바람직한 정부 형태에 대한 생각과 경제 정책, 심지어 대외 관계를 바라보는 시각에서까지 상당한 차이를 노정했다는 점을 풍부한 1차 사료를 활용해 입증한다. 요지만 정리하면, 먼저 종교 문제에 있어, 전자가 영국을 가톨릭 국가로 만들고자 했다면, 후자는 국교회의 바탕 위에 비국교도도에 대한 관용을 확장하고자 했다. 전자와 후자의 정치적인 지향점은 잘 알려져 있듯이, 전제 군주정과 입헌 군주정으로 정반대에 위치했다. 경제 정책에 있어서도 전자와 후자는 상반된 견해를 취했다. 제임스 2세의 가톨릭적 근대화가 토지 기반 경제 성장을 추구했다면, 윌리엄 3세의 프로테스탄트적 근대화는 노동 기반 경제 성장을 촉구했다. 따라서 식민지 확보와 개척이 전자의 주요 정책이었다면, 후자는 자본 투입을 통한 생산성 향상과 무역 확대를 외쳤다. 마지막으로, 핀커스는 두 근대화의 방향이 유럽의 세력 균형에 대해서도 상이한 판단을 내리고 있었을 뿐만 아니라 서로 다른 국가를 국가 발전의 전형으로 삼았다고 고찰한다. 제임스 2세에게 영국의 국익과 안보를 가장 위협하는 국가는 네덜란드 공화국이었다. 반면, 제임스 2세에게 루이 14세의 프랑스는–종교적으로나 정치적으로나 경제적으로나–영국이 나아가야 할 방향을 알려주는 모범적인 국가이자 네덜란드 공화국을 견제하기 위해 앞으로 협력을 강화해 나가야 할 상대였다. 윌리엄 3세를 네덜란드 공화국으로부터 초대하는 데 앞장섰던 휘그당 혁명 세력은 이와는 정반대로 생각했다. 영국의 종교적, 정치적, 경제적 자유를 전방위적으로 위협하는 것은 오히려 프랑스였다. 루이 14세의 뜻대로 가톨릭 보편 군주정이 들어선다면, 반 세기 전 유럽 전역을 피로 적신 종교 내전을 통해 어렵게 쟁취한 모든 자유를 빼앗기게 될 터였다. 영국은 즉각 네덜란드 공화국과 함께 모든 수단과 방법을 강구해 이를 저지해야 했다. 고립과 관망이 아니라 관여와 개입을 해야 할 때였다. 1688년 혁명의 성공과 동시에 착수된 영란 은행의 설립과 국가 부채의 발행 그리고 의회에 의한 관리 감독 체계의 구축은 휘그당 혁명 세력이 루이 14세의 프랑스에 맞서 영국과 유럽의 자유를 군사적으로 또 경제적으로 지켜내기 위해 내놓은 묘수였다.

1688년, 영국의 두 근대화 세력은 브리튼 제도만 아니라 유럽 대륙의 운명을 놓고 싸웠다. 윌리엄 3세만 아니라 제임스 2세도 역사적인 사명을 부여받았다고 확신했다. 당연히 전국에 걸쳐 극심한 분열이 발생했고, 크고 작은 폭력이 난무했다. 장인과 사위가 전장에서 직접 맞부딪치지는 않았지만, 영국 전역이 사실상 내전 상태였고, 유럽의 모든 국가가 촉각을 곤두세우고 사태를 예의주시했다. 핀커스는 이로써 1688년 혁명이 무혈 혁명이라는 전통적인 해석에 정면으로 반기를 든다. 양측에서 동원된 병력과 물자의 규모만 보더라도, 1688년 혁명은 극도로 분열적이고, 폭력적인 근대 혁명의 두 번째 특징을 여실히 보여주고 있다는 것이 핀커스의 반론인 것이다.

마무리하면, 민의를 대표하는 의회가 무력이 아니라 대화를 통해 스튜어트 왕조의 잘못된 통치를 종식시킨 뒤 고대 헌정을 복원해 작은 정부와 시장 경제의 기틀을 세웠다는, 혁명 아닌 혁명으로서 1688년 혁명은 이제 존재하지 않는다. 혁명 전쟁과 나폴레옹 전쟁으로 정점을 찍은 영국과 프랑스의 제2차 백년 전쟁의 여파 속에서 고착화된 1688년 혁명에 대한 전통적인 휘그 해석은 지난 반 세기 동안 제기된 여러 수정주의 비판 앞에 무너져 내렸다. 정치사, 지성사, 경제사, 외교사 등 다양한 분야에 걸쳐 취해진 새로운 접근은 근대 국가의 형성에 초점이 맞춰졌고, 해리스와 핀커스의 최신 연구도 이러한 경향을 따른다. 자유주의와 자본주의의 이데올로기가 아니라 근대 국가로서 영국의 실질적인 탄생에 대한 탐구가 주가 된 것이다. 그에 따라, 1640년 혁명에 대한 관심은 감소했고, 1688년 혁명에 대한 관심은 증가했다.

해리스와 핀커스의 획기적인 협업에도 불구하고, 미진한 지점은 여전히 있다. 무엇보다, 본 논문이 논의의 두 축으로 삼은 국교회 혁명을 촉발한 스튜어트 군주정의 위기와 윌리엄 혁명을 촉발한 네덜란드 공화국의 위기가 교차되는 과정은 여전히 소홀히 다뤄지고 있다. 그러나 1688년 혁명의 성공만 아니라 근대 국가로 탈바꿈한 영국이 바꿔 놓은 역사의 경로는 대내적인 위기와 대외적인 위기의 결합에 따른 것이었다. 근대 세계를 수놓은 이후 다른 혁명과 마찬가지로, 1688년 혁명에 대한 연구는 혁명과 국제정치의 관점에서 다시 시작되어야 한다.

참고문헌

김대륜. 2019. "휘그 해석을 넘어서: 명예혁명 연구사에 대한 검토." 『영국연구』 41: 313-346.

나종일·송규범. 2009. 『영국의 역사 (하)』. 서울: 한울아카데미.

문지영. 2011. "자유주의와 근대 민주주의 국가: 명예혁명의 정치사상." 『한국정치학회보』 45(1): 35-60.

이태숙. 2006. "명예혁명과 휘그, 그리고 휘그 역사 해석." 『영국연구』 15: 195-223.

Ashcraft, Richard. 1986. *Revolutionary Politics and Locke's Two Treatments of Government*. Princeton, NJ: Princeton University Press.

Ashcraft, Richard and M. M. Goldsmith. 1983. "Locke, Revolution Principles, and the Formation of Whig Ideology." *The Historical Journal* 26(4): 773-800.

Ashley, Maurice. 1966. *The Glorious Revolution of 1688*. New York: Charles Scribner's Sons.

Aston, T. H. ed. 1967. *Crisis in Europe, 1560-1660*. New York: Anchor Books.

Aylmer, G. E. 1986. *Rebellion or Revolution? England, 1640-1660*. Oxford: Oxford University Press.

Baxter, S. B. 1957. *The Development of the Treasury, 1660-1702*. Cambridge, MA: Harvard University Press.

______. 1966. *William III and the Defence of European Liberty, 1650-1702*. New York: Harcourt, Brace and World.

Beddard, Robert. 1991. "Introduction: The Protestant Succession." in Robert Beddard ed. *The Revolution of 1688: The Andrew Browning Lectures, 1988*. Oxford: Oxford University Press. pp. 1-10.

______. 1991. "The Unexpected Whig Revolution of 1688." in Robert Beddard ed. *The Revolution of 1688: The Andrew Browning Lectures, 1988*. Oxford: Oxford University Press. pp. 11-101.

Beddard, Robert ed. 1991. *The Revolutions of 1688: The Andrew Browning Lectures, 1988*. Oxford: Oxford University Press.

Bennett, G. V. 1975. *The Tory Crisis in Church and State, 1688-1730: The Career of Francis Atterbury, Bishop of Rochester*. Oxford: Clarendon Press.

Bevan, Bryan. 1997. *King William III: Prince of Orange, the First European*. London: Rubicon.

Braddick, Michael. 1996. *The Nerves of State: Taxation and the Financing of the English State, 1558-1714*. Manchester: Manchester University Press.

______. 2000. *State Formation in Early Modern England, c. 1550-1700*. Cambridge: Cambridge University Press.

Brewer, John. 1989. *The Sinews of Power: War, Money, and the English State, 1688-1783*. London: Unwin Hyman.

Burke, Edmund. 1987. *Reflections on the Revolution in France*. ed. J. G. A. Pocock. Indianapolis: Hackett Publishing Company.

Butterfield, Herbert. 1944. *The Englishman and His History*. Cambridge: Cambridge University Press.

Carswell, John. 1969. *The Descent on England: A Study of the English Revolution of 1688 and Its Background*. New York: John Day.

Childs, John. 1980. *The Army, James II, and the Glorious Revolution*. Manchester: Manchester University Press.

Clark, J. C. D. 1986. *Revolution and Rebellion: State and Society in England in the Seventeenth and Eighteenth Centuries*. Cambridge: Cambridge University Press.

______. 2000. *English Society, 1660-1832: Religion, Ideology and Politics during the Ancien Regime*. 2nd edn. Cambridge: Cambridge University Press.

Claydon, Tony. 1996. *William III and the Godly Revolution*. Cambridge: Cambridge University Press.

______. 1996. "William III's Declaration of Reasons and the Glorious Revolution." *The Historical Journal* 39(1): 87-108.

______. 2007. *Europe and the Making of England, 1660-1760*. Cambridge: Cambridge University Press.

Cruickshanks, Eveline. 1979. *Political Untouchables: The Tories and the '45*. New York: Holmes & Meier.

______. 2000. *The Glorious Revolution*. New York: Palgrave Macmillan.

Cruickshanks, Eveline ed. 1989. *By Force or By Default? The Revolution of 1688-89*. Edinburgh: John Donald.

Dickinson, H. T. 1976. "The Eighteenth-Century Debate on the 'Glorious Revolution'." *History* 61(201): 28-45.

______. 1977. *Liberty and Property: Political Ideology in Eighteenth-Century Britain*. London: Weidenfeld & Nicholson.

Dickson, P. G. M. 1993. *The Financial Revolution in England: A Study in the Development of Public Credit, 1688-1756*. London: Routledge.

Dunn, John. 1969. *The Political Thought of John Locke: An Historical Account of the Argument of the 'Two Treatises of Government'*. Cambridge: Cambridge University Press.

Elton, Geoffrey. 1953. *The Tudor Revolution in Government: Administrative Changes in the Reign of Henry VIII*. Cambridge: Cambridge University

Press.
______. 1967. *The Practice of History*. London: Fontana Press.
______. 1991. *Return to Essentials: Some Reflections on the Present State of Historical Study*. Cambridge: Cambridge University Press.
Frankle, R. J. 1974. "The Formulation of the Declaration of Rights." *The Historical Journal* 17(2): 265-279.
Goldie, Mark. 1977. "Tory Political Thought, 1689-1714." (Unpublished PhD Thesis, University of Cambridge).
______. 1980. "The Roots of True Whiggism, 1688-1694." *History of Political Thought* 1(2): 195-236.
______. 1980. "The Revolution of 1689 and the Structure of Political Argument: An Essay and an Annotated Bibliography of Pamphlets on the Allegiance Controversy." *The Bulletin of Research in the Humanities* (Winter). pp. 473-564.
______. 1983. "John Locke and Anglican Royalism." *Political Studies* 31(1): 61-85.
______. 1991. "The Political Thought of the Anglican Revolution." in Robert Beddard ed. *The Revolution of 1688: The Andrew Browning Lectures, 1988*. Oxford: Oxford University Press. pp. 102-136.
______. 1992. "John Locke's Circle and James II." *The Historical Journal* 35(3): 557-586.
______. 1993. "James II and the Dissenter's Revenge: The Commission of Enquiry of 1688." *Historical Research* 66(159): 53-88.
______. 2018. "John Locke, the Early Lockeans, and Priestcraft." *Intellectual History Review* 28(1): 125-144.
______. 2023. *Contesting the English Polity, 1660-1688: Religion, Politics, and Ideas*. Woodbridge: The Boydell Press.
Graham, Aaron and Patrick Walsh eds. 2016. *The British Fiscal-Military States, 1660-c.1783*. London: Routledge.
Grell, O. P., Jonathan Israel, and Nicholas Tyacke eds. 1991. *From Persecution to Toleration: The Glorious Revolution and Religion in England*. Oxford: Oxford University Press.
Haley, K. H. D. 1958. *William of Orange and the English Opposition, 1672-1674*. Westport, Conn: Greenwood Press.
______. 1968. *The First Earl of Shaftesbury*. Oxford: Clarendon Press.
______. 1986. *An English Diplomat in the Low Countries: Sir William Temple and John De Witt, 1665-1672*. Oxford: Clarendon Press.
Harris, Tim. 2006. *Restoration: Charles II and His Kingdom, 1660-1685*. London: Penguin.

______. 2007. *Revolution: The Great Crisis of the British Monarchy, 1685-1720*. London: Penguin.

______. 2008. "James II, the Glorious Revolution, and the Destiny of Britain." *The Historical Journal* 51(3): 763-775.

______. 2014. *Rebellion: Britain's First Stuart Kings*. Oxford: Oxford University Press.

Harris, Tim and Stephen Taylor eds. 2013. *The Final Crisis of the Stuart Monarchy: The Revolutions of 1688-91 in their British, Atlantic and European Contexts*. Woodbridge: The Boydell Press.

Hatton, Ragnhild ed. 1976. *Louis XIV and Europe*. Columbus, OH: Ohio State University Press.

Hatton, Ragnhild and J. S. Bromley eds. 1968. *William III and Louis XIV: Essays, 1680-1720, By and For Mark A. Thomson*. Liverpool: Liverpool University Press.

Hill, Christopher. 1961. *The Century of Revolution, 1603-1714*. New York: W. W. Norton & Company.

______. 1972. *The World Turned Upside Down: Radical Ideas during the English Revolution*. London: Temple Smith.

Hoffmann, P. T. and Kathryn Norberg eds. 1994. *Fiscal Crises, Liberty, and Representative Government 1450-1789*. Stanford, CA: Stanford University Press.

Hoftijzer, Paul and C. C. Barfoot eds. 1990. *Fabrics and Fabrications: The Myth and Making of William and Mary*. Amsterdam: Rodopi.

Holmes, Geoffrey. 1967. *British Politics in the Age of Anne*. London: The Macmillan Press.

Holmes, Geoffrey. 1973. *The Trial of Doctor Sacheverell*. London: Eyre Methuen.

Holmes, Geoffrey ed. 1969. *Britain after the Glorious Revolution, 1689-1714*. London: Macmillan.

Hont, Istvan. 2005. *Jealousy of Trade: International Competition and the Nation-State in Historical Perspective*. Cambridge, MA: The Belknap Press of Harvard University Press.

Horwitz, Henry. 1977. *Parliament, Policy, and Politics in the Reign of William III*. Newark: University of Delaware Press.

Houston, Alan and Steve Pincus eds. 2001. *A Nation Transformed: England after the Restoration*. Cambridge: Cambridge University Press.

Israel, Jonathan. 1975. *Race, Class and Politics in Colonial Mexico, 1610-1670*. Oxford: Oxford University Press.

______. 1982. *The Dutch Republic and the Hispanic World, 1606-1661*. Oxford:

Oxford University Press.
______. 1985. *European Jewry in the Age of Mercantilism, 1550-1750*. Oxford: Oxford University Press.
______. 1989. *Dutch Primacy in World Trade, 1585-1740*. Oxford: Oxford University Press.
______. 1995. *The Dutch Republic: Its Rise, Greatness, and Fall, 1477-1806*. Oxford: Oxford University Press.
______. 2002. *Radical Enlightenment: Philosophy and the Making of Modernity, 1650-1750*. Oxford: Oxford University Press.
______. 2006. *Enlightenment Contested: Philosophy, Modernity, and the Emancipation of Man, 1670-1752*. Oxford: Oxford University Press.
______. 2009. *A Revolution of the Mind: Radical Enlightenment and the Intellectual Origins of Modern Democracy*. Princeton, NJ: Princeton University Press.
______. 2011. *Democratic Enlightenment: Philosophy, Revolution, and Human Rights, 1750-1790*. Oxford: Oxford University Press.
______. 2020. *The Enlightenment that Failed: Ideas, Revolution, and Democratic Defeat, 1748-1830*. Princeton, NJ: Princeton University Press.
______. 2023. *Spinoza: Life and Legacy*. Oxford: Oxford University Press.
Israel, Jonathan ed. 1991. *The Anglo-Dutch Moment: Essays on the Glorious Revolution and Its World Impact*. Cambridge: Cambridge University Press.
Jones, D. W. 1988. *War and Economy in the Age of William III and Malborough*. New York: Basil Blackwell.
Jones, J. R. 1961. *The First Whigs: The Politics of the Exclusion Crisis, 1678-1683*. London: Oxford University Press.
______. 1972. *The Revolution of 1688 in England*. New York: W. W. Norton & Company.
Jones, J. R. ed. 1992. *Liberty Secured? Britain Before and After 1688*. Stanford, CA: Stanford University Press.
Kenyon, J. P. 1958. *The Stuarts: A Study in English Kingship*. London: B. T. Batsford.
______. 1966. *The Stuart Constitution, 1603-1688: Documents and Commentary*. Cambridge: Cambridge University Press.
______. 1972. *The Popish Plot*. New York: St. Martin's Press.
______. 1977. *Revolution Principles: The Politics of Party, 1689-1720*. Cambridge: Cambridge University Press.
Kiste, John van Der. 2008. *William and Mary: Heroes of the Glorious Revolution*. Stroud: The History Press.
Laslett, Peter. 1956. "The English Revolution and Locke's 'Two Treatises of

Government'." *Cambridge Historical Journal* 12(1): 40-55.
Marshall, John. 1994. *John Locke: Resistance, Religion and Responsibility*. New York: Cambridge University Press.
Marx, Karl. 1853. "The East India Company: Its History and Results." *New York Daily Tribune* (June 11).
McInnes, Angus. 1982. "When was the English Revolution?" *History* 67(221): 377-392.
McKendrick, Neil ed. 1974. *Historical Perspectives: Studies in English Thought and Society in Honour of J. H. Plumb*. London: Europa Publications.
Mijers, Esther and David Onnekink eds. 2007. *Redefining William III: The Impact of the King-Stadholder in International Context*. Aldershot: Ashgate.
Miller, John. 1978. *James II: A Study in Kingship*. Hove: Wayland.
______. 1997. *The Glorious Revolution*. 2nd edn. London: Routledge.
Monod, P. K. 1989. *Jacobitism and the English People, 1688-1788*. Cambridge: Cambridge University Press.
Namier, Lewis and John Brooke eds. 1964. *The House of Commons, 1754-1790*. 3 Vols. London: Secker & Warburg.
Namier, Lewis. 1930. *England in the Age of the American Revolution*. London: Macmillan.
______. 1957. *The Structure of Politics at the Accession of George III*. 2nd edn. London: The Macmillan Press.
Ogg, David. 1955. *England in the Reigns of James II and William III*. New York: Oxford University Press.
Onnekink, David. 2016. *Reinterpreting the Dutch Forty Years' War, 1672-1713*. London: Palgrave Macmillan.
Pincus, Steve. 2009. *1688: The First Modern Revolution*. New Haven: Yale University Press.
Pinkham, Lucile. 1954. *William III and the Respectable Revolution: The Part Played by William of Orange in the Revolution of 1688*. Cambridge, MA: Harvard University Press.
Plumb, J. H. 1967. *The Growth of Political Stability in England, 1675-1725*. London: The Macmillan Press.
Pocock, J. G. A. 1951. "Robert Brady, 1627-1700: A Cambridge Historian of the Restoration." *Cambridge Historical Journal* 10(2): 186-204.
______. 1965. "Machiavelli, Harrington and English Political Ideologies in the Eighteenth Century." *The William and Mary Quarterly* 22(4): 549-583.
______. 1980. *John Locke: Papers Read at a Clark Library Seminar, 10 December, 1977*. Los Angeles: University of California.

______. 1980. *Three British Revolutions, 1641, 1688, 1776*. Princeton, NJ: Princeton University Press.
______. 1985. *Virtue, Commerce, and History: Essays on Political Thought and History, Chiefly in the Eighteenth Century*. Cambridge: Cambridge University Press.
______. 1987. *The Ancient Constitution and the Feudal Law: A Study of English Historical Thought in the Seventeenth Century*. Cambridge: Cambridge University Press.
______. 2016. *The Machiavellian Moment: Florentine Political Thought and the Atlantic Republican Tradition*. Princeton, NJ: Princeton University Press.
Prall, S. E. 1985. *The Bloodless Revolution: England, 1688*. London: The University of Wisconsin Press.
Robb, N. A. 1962. *William of Orange: A Personal Portrait: The Early Years, 1650-1673*. New York: St. Martin's Press.
______. 1963. *William of Orange: A Personal Portrait: The Later Years, 1674-1702*. New York: St. Martin's Press.
Roberts, Clayton. 1966. *The Growth of Responsible Government in Stuart England*. Cambridge: Cambridge University Press.
Rogers, C. J. 1968. *The Military Revolution Debate: Readings on the Military Transformation of Early Modern Europe*. New York: Routldge.
Rubini, Dennis. 1968. *Court and Country, 1688-1702*. London: Rupert Hart-Davis.
Russell, Conrad. 1971. *The Crisis of Parliaments: English History, 1509-1660*. Oxford: Oxford University Press.
______. 1979. *Parliaments and English Politics, 1621-1629*. Oxford: Clarendon Press.
Russell, Conrad ed. 1973. *The Origins of the English Civil War*. London: The Macmillan Press.
Schwoerer, L. G. 1981. *The Declaration of Rights, 1689*. Baltimore: The Johns Hopkins University Press.
______. 1990. "Celebrating the Glorious Revolution, 1689-1989." *Albion: A Quarterly Journal concerned with British Studies* 22(1): 1-20.
______. 1990. "Locke, Lockean Ideas, and the Glorious Revolution." *Journal of the History of Ideas* 51(4): 531-548.
Schwoerer, L. G. ed. 1992. *The Revolution of 1688-1689: Changing Perspectives*. Cambridge: Cambridge University Press.
Scott, Jonathan. 2000. *England's Troubles: Seventeenth Century Political Instability in European Context*. Cambridge: Cambridge University Press.
Skinner, Quentin. 1965. "History and Ideology in the English Revolution." *The*

Historical Journal 8(2): 151-178.

Sowerby, Scott. 2013. *Making Toleration: The Repealers and the Glorious Revolution*. Cambridge, MA: Harvard University Press.

Speck, W. A. 1987. "The Orangist Conspiracy against James II." *The Historical Journal* 30(2): 453-462.

______. 1988. *Reluctant Revolutionaries: Englishmen and the Revolution of 1688*. New York: Oxford University Press.

Stone, Lawrence. 1967. *The Crisis of the Aristocracy, 1558-1641*. Abridged edn. London: Oxford University Press.

______. 1972. *The Cause of the English Revolution, 1529-1642*. London: Routledge.

Stone, Lawrence ed. 1994. *An Imperial State at War: Britain from 1689 to 1815*. London: Routledge.

Storrs, Christopher ed. 2009. *The Fiscal-Military State in Eighteenth-Century Europe: Essays in Honour of P. G. M. Dickson*. London: Routledge.

Tawney, R. H. 1926. *Religion and the Rise of Capitalism: A Historical Study*. New York: Harcourt, Brace and Company.

______. 1941. "The Rise of the Gentry, 1558-1640." *The Economic History Review* 11(1): 1-38.

Trevelyan, G. M. 1965. *The English Revolution, 1688-1689*. Oxford: Oxford University Press.

Trevor-Roper, H. R. 1953. *The Gentry, 1540-1640*. London: Cambridge University Press.

______. 1959. "The General Crisis of the 17th Century." *Past & Present* 16: 31-64.

Troost, Wout. 2005. *William III, the Stadholder-King*. London: Routledge.

______. 2011. *Sir William Temple, William III and the Balance of Power in Europe*. Dordrecht: Republic of Letters.

Turner, F. C. 1948. *James II*. New York: Macmillan.

Walcott, Robert. 1956. *English Politics in the Early Eighteenth Century*. Cambridge, MA: Harvard University Press.

Western, J. R. 1972. *Monarchy and Revolution: The English State in the 1680s*. London: Blandford.

Wilson, Charles. 1941. *Anglo-Dutch Commerce and Finance in the Eighteenth Century*. Cambridge: Cambridge University Press.

Wilson, Charles and David Proctor eds. 1989. *1688: The Seaborne Alliance and Diplomatic Revolution*. Greenwich: National Maritime Museum.

Wolf, J. B. 1968. *Louis XIV*. New York: W. W. Norton and Company.

필자 소개

안두환 Doohwan Ahn

서울대학교 정치외교학부 교수
연세대학교 정치외교학과 졸업, 영국 케임브리지 대학교 역사학 박사

논저 "Lord Bolingbroke's History of British Foreign Policy, 1492-1753", "장-자크 루소와 폴란드의 미래", "Peace, Security, and Deterrence"(공저), "이론에서 역사로: 영국 국제사회 학파 다시 읽기"

이메일 dhwahn@snu.ac.kr

제2장

미국은 독립혁명 후 어떻게 주권국으로 인정받게 되었나?

— 근대 초 국제법과 문명론, 그리고 정착민 국가의 영토적 주권 수립

How did the United States Come to Be Accepted as a Sovereign State?: Ealry-Modern International Law, Civilization Discourse, and Settler States' Territorial Sovereignty

김성엽 | 서울대학교 역사학부

* 이 글은 『서양사론』 158호(2023년 9월 발간)에 투고한 필자의 원고("원주민들의 땅 위에 유럽식 주권국 세우기: 근대 초 국제법과 문명론, 그리고 미국의 영토적 주권 수립")를 편집위원회 승인하에 약간의 편집을 거쳐 재수록한 것이다.

미국은 어떻게 '주권국가'로 '인정'받게 되었는가? 이 질문에 답하려면 식민주의와 문명론, 주권과 법치, 국제법 개념의 뒤얽힌 역사를 파헤쳐야 한다. 최근 몇몇 연구들이 지적하듯 미국의 건국기 엘리트들은 일찍부터 유럽 열강들에게 주권국으로 인정받기 위해 많은 노력을 기울였고, 그 과정에서 당대 유럽의 '국가들의 법(Law of Nations)' 논리를 폭넓게 원용했다. 본 연구에서는 여기서 한 걸음 더 나아가, 미국이 유럽국들에게 국제법상 주권국으로 인정받는 데서 원주민 정치체들과의 관계를 어떻게 수립하느냐가 매우 중요한 사안이었음에 주목하고자 한다. 사실 18세기 말까지 영제국/미국과 원주민 정치체들 사이의 관계는 주권국들 사이의 외교 관계 성격을 띠는 경우가 많았는데, 독립 후 미국의 정치지도자들은 원주민들과의 관계는 주권이 없는 종속적 집단과의 관계인 것처럼 격하시키려 노력했고, 이를 통해 미국이 북미 내륙 동부에서 지배권을 확고히 독점한 주권국, 즉 (유럽 주권국들 간의) 국제사회에 편입될 자격이 있는 국가라는 주장에 힘을 싣고자 노력했다. 이는 생각만큼 쉬운 작업, 또는 당연한 역사적 흐름이 아니었고, 미국의 이런 주권국 수립 작업은 결국 연방헌법 제정을 비롯한 미국의 체제 변화와 더불어, 국제법 자체의 변화를 앞당김으로써 완결될 수 있었다. 미국은 인종주의적 문명론에 입각하여 정착민 식민주의를 정당화하고 이를 오히려 영토적 주권의 확고한 근거로 삼으면서, 북미 내륙에서의 힘의 논리가 실정법적 국제관계에 반영되도록 유도함으로써 주권국으로서의 지위를 확립할 수 있었다.

How did the United States come to be accepted as a sovereign state? Answering the question leads us to engage with the complex historical interconnections between colonialism, civilization discourse, sovereignty, the rule of law, and international law. As several recent studies have highlighted, the political elite of the early republic, deeply influenced by the Law of Nations, endeavored to induce European powers to acknowledge the United States as a sovereign state. This study further emphasizes that relationships with indigenous nations were an important consideration in the United States' bid to gain acceptance as a sovereign state in the international society. Up to the late eighteenth century, the British Empire and United States had tended to treat powerful indigenous nations as diplomatic partners with some extent of sovereignty. Increasingly, however, U.S. political leaders sought to demote indigenous nations to dependent or at best quasi-sovereign status, and thereby solidify the United States' status as the sole sovereign power within its professed national boundaries. This was not an easy task, however. To attain this goal, the United States ended up going through dramatic transformations in its state system, while also inducing a major shift in the norms of international law itself. Ultimately, what enabled the United States' ascendancy as a firmly acknowledged sovereign state was its full embrace of settler colonialism justified by a thoroughly racialized view of civilization, and its brandishing of naked force within the American continent as an abject reality which the nineteen century's increasingly positivist international law would have to accept.

KEYWORDS 국제법 international law, 주권 sovereignty, 식민주의 colonialism, 원주민 indigenous peoples, 문명 civilization

I 들어가며

미국은 어떻게 주권국으로 인정받게 되었나? 미국이 한 세기 가까이 인류 역사상 가장 막강한 강대국 중 하나로 군림해 온 현시점에서 보자면, 이런 질문을 던지는 것 자체가 어색하게 느껴질 만하다. 그러나 건국기의 시점에서 살펴보자면, 미국은 독립 이후 오랫동안 결코 주권국으로서의 지위를 확고하게 누리지 못했다. 당시 미국의 대내외 정치적 상황을 상기해 보면, 이는 사실 놀랄 일이 아니다. 당대 대표적인 강국의 주권에 맞서 해당 국가의 신민 일부가 독단적으로 분리 독립을 추구한 것이고, 또 (당대 유럽인들의 시선에서) 문명화된 국제관계가 적용되는 공간인지 불분명한 제국의 변방에 수립된 신생국이었기 때문이다. 건국기 미국의 많은 정치 지도자들은 이런 현실을 예민하게 인지하고 있었고, 그렇기에 유럽 주권국들의 시선에서 문명화된 주권국으로 인정받는 것을 국가 건설에서 가장 중요한 고려 사항 중 하나로 간주했다.

문제는 당시 국제 정세 및 미국의 내부적 상황이 이를 쉽게 허용하지 않았고, 나아가 유럽의 주권 및 문명 기준이 북미의 상이한 사회정치적 현실에 어떻게 적용되어야 할지 결코 명확하지 않았다는 점이다. 쟝 보댕(Jean Bodin)과 토마스 홉스(Thomas Hobbes)에서 사무엘 폰 푸펜도르프(Samuel von Pufendorf)와 에메르 드 바텔(Emer de Vattel)에 이르기까지 여러 논의를 거치며 18세기 말에 이르러 유럽인들 사이에서 널리 공유된 주권론 및 국가 개념에 의하면, 특정한 지리적 공간을 토대로 장기지속적인 정치적 결속 관계에 있는 집단이 (또는 이들은 대표/보호하는 군주나 권위자가) 스스로의 안위를 위해 외부의 간섭 없이 법과 규율을 만들고 통치를 할 때 이들이 주권국을 구성한다 할 수 있었다(Skinner 2010 ; Sheehan 2006). 독립혁명기 미국은 이 기준에서 볼 때 우선, 13개 주권국이 영제국으로부터 분리하여 연합을 구성한 것이기에, 이들은 단일한 주권국으로 묶어서 볼 근거가 있는지 불분명했다. 나아가 주들 내부적으로도 주민들 간의 정치적 결속이 취약했고, 주 정부들의 통치 권력 역시 단적으로 과세나 내란 진압의 어려움에서 드러나듯 유럽국들에 비하면 미약한 수준이었다(Ablavsky 2019a).

중앙화된 통치 권력의 미약함은 단지 이론적인 차원에서가 아니라, 실제 정치적인 차원에서 주권국으로 '인정'받는 데 결정적 장에 요소로 작용했다. 푸펜도르프와 바텔의 국제법 이론이 주권론에 대한 담론에도 지대한 영향을 미친 데에서도 엿볼 수 있듯, 18세기 유럽의 지식인과 정치지도자들은 주권국 개념을 국제관계 및 국제법과 긴밀히 엮인 것으로 간주했다. 갈수록 촘촘히 엮인 국제관계 속에서 인접국들로부터 주권국으로 대접받지 못하는 국가는 사실상 온전한 주권을 행사하는 것이 불가능했기에, 국제관계에 질서와 규범을 부여하려는 국제법은 자연히 주권국 여부를 판가름하는 가장 중요한 맥락으로 떠오르게 되었기 때문이다. 근대 국제법의 전신이라 할 수 있는 18세기의 '국가들의 법(Law of Nations)' 이론가들은 실제로 주권국의 기준을 제시하고 주권국 간이 정당한 개입과 침략의 범위를 성립하려 했다. 그러나 표면상 보편적 원칙에 의해 주권국을 규정하려 했다 해도, '국가들의 법'은 17세기 중엽의 베스트팔렌(Westphalia) 조약을 국제관계의 모델로 삼아, 어디까지나 실존하는 유럽 강국들 간의 관계에서 국제사회의 원칙을 추출하려 한 것이었다. 그렇기에 결국 주권국으로의 실제 인정 여부는 어떤 보편적인 대원칙보다도, 단지 유럽 강국들이 어떤 이유에서든 주권국으로 인정해 주느냐에 달려 있었다(Duchhardt 2012). 미국의 초기 지도자들은 '국가들의 법'이 제시한 이론적 규범들에 의거해 주권국의 모양새를 갖추려 노력했으나, 이것이 곧 영국, 프랑스, 스페인 등에 의한 주권국 인정으로 이어질지는 미지수였다. 단적으로, 유럽으로부터 멀리 떨어진 변방에 세워진 신생국 미국이 과연 유럽국들의 시선에서 믿고 '조약을 맺을 만한(treaty-worthy) 상대'인지에 대해 오래도록 의구심이 남았다. 취약한 통치력으로 인해, 조약을 맺어도 미국이 그 조항을 이행할 강제력이 있는지 불분명했기 때문이다.

마지막으로, 주권국으로 인정받으려는 국가의 실체, 즉 '미국'의 정체가 무엇인지 모호하다는 문제가 있었다. 미국은 복수의 제국과 식민지, 원주민 정치체들이 여러 세대에 걸쳐 서로 경합해 온 땅 위에 세워졌고, 이런 경합 상황은 독립 이후에도 결코 해소되지 않았다. 기존 13개 식민지의 영토 중에도 주인이 불분명한 땅이 적지 않았고, 무엇보다 독립전쟁 과정에서 새로 획득한 내륙 영토 중에 미국이 확고하게 지배한 곳은 극히 일부분에 불과했다. 미국이 전쟁과 조약을 통해 획득하여 어쨌든 국토의 일부라 천명한 곳에서 여전히 원주민과 무법적 정착민, 영국 및 스페인 제국이 실효적 지배를 지속하는 상황은, 과연 어디까지가 이 신생국의 주권이 미치는 공간인지, 나아가 미국이 주권국으로 기능할 수 있는지 누구나 의구심을 품게 하는 요소였다.

독립 직후 미국이 직면했던 이런 문제들에 대해 그간 역사학자와 정치학자들이 몰랐던 것은 아니나, 대개 외교사 또는 영토 팽창 역사의 맥락에 국한된 문제로 치부하곤 했다. 이에 반해 데이비드 헨드릭슨(David Hendrickson), 엘리가 굴드(Eliga Gould), 데이비드 아미타지(David Armitage), 대니얼 헐쉬복(Daniel Hulsebosch), 데이비드 골롭(David Golove) 등의 최근 연구는 건국기 미국 정치지도자들의 대외 관계 정상화 노력, 특히 주권국으로 인정받으려는 노력이 국가체제 수립 및 건국기 국내 정치의 향방에 지대한 영향을 미쳤음을 강조한다. 이들은 이런 시각에서, 독립선언과 연방헌법 제정 역시 무엇보다 미국을 주권국으로서 국제사회에 편입시키려는 시도의 일환으로 이해해야 한다고 주장한다(Hendrickson 2003; Gould 2014; Armitage 2002; Golove & Hulsebosch 2010; Golove & Hulsebosch 2021).

지난 10여 년 동안에는 여기서 한 걸음 더 나아가, 미국의 건국 과정에 깊은 영향을 미친 '대외' 관계로서 유럽국들과의 관계뿐 아니라 원주민 정치체들과의 관계도 함께 고려해야 한다는 주장이 일각에서 제기되고 있다. 레오나드 사도스키(Leonard Sadosky), 베델 세일러(Bethel Saler), 데보라 로젠(Deborah Rosen), 그레고리 애블럽스키(Gregory Ablavsky) 등은 우리가 흔히 원주민들과의 관계를 철저히 '국내' 문제로 치부하는 것은 19세기 미국의 성장 과정에서 보편화된 식민주의적 역사 인식에 사로잡혀 있기 때문이라 지적한다. 건국기 미국 정치지도자들은 유럽국들과의 관계만큼이나 원주민 정치체들과의 관계에도 신경을 기울였으며, 북미에 새로운 주권국을 수립하는 일은 원주민들과의 관계를 미국이 원하는 방식으로 변형시키는 지난한 작업 없이는 불가능했다는 것이

이 학자들의 주장이다. 이들의 연구는 미국이 국제법상 주권국으로 자리 잡는 과정은 곧 지속적 식민 팽창에 기초한 근대적 제국을 수립하는 과정이었음을 말해준다(Sadosky 2010; Saler 2015; Rosen 2015; Ablavsky 2019b; Ablavsky 2021a).

본고에서는 이처럼 미국의 주권국 수립 과정을 국제법 및 대원주민 관계와 깊이 연결지어 재해석하는 최근 연구들의 시각과 해석을 집약하여 소개하면서, 이들의 주장을 수용할 때 미국의 건국 과정 및 그 세계사적 의의에 대해 새롭게 생각할 여지가 있음을 보이려 한다. 각 연구의 틀을 따라가며 하나씩 소개하기보다, 필자 나름의 시각에서 특정 부분들에 주목하며 미국의 건국 과정에 대한 정합적인 새로운 설명으로 엮어내는 것이 목적이다. 필자가 보기에 이 연구들이 미국에 집중하여 분석한 바를 보다 폭넓은 세계사적 분석틀, 특히 정착민 식민주의 연구, 근대 초 제국 통치성 연구, 그리고 국제법과 제국 연구의 거시적 안목에 비추어 볼 때, 건국기 미국의 주권국 정립 노력이 근현대 세계의 형성 과정에 대해 가지는 역사적 함의가 보다 선명히 드러난다. "정착민 식민주의"란 토착민의 제거 및 식민자들의 이주 정착에 주안점을 두는 식의 식민주의를 가리키는 개념으로서, 그간 지배나 착취 중심의 식민주의에 비해 특히 '식민주의' 맥락에서 덜 논의되어 오다가 최근 비로소 학계의 큰 화두로 떠오르고 있다(Wolfe 2006; Veracini 2010; Cavanagh & Veracini 2017). 한편 근대 초 제국 통치성은 물론 오래 전부터 다각적으로 연구되어 온 주제이나, 최근에는 특히 정착민 식민지를 포함한 주변부의 역동성을 깊이 고려하면서 제국 통치자들의 중앙화 시도 및 그 여파를 섬세하게 분석하려는 새로운 연구 경향이 대두되고 있다(Benton, Clulow & Atwood 2017; Benton & Ford 2016; Lester & Dussart 2014; Ford 2021). 마지막으로, 지난 한 세대 동안 활발히 전개되어온 '국제법과 제국' 연구들에서는 국제법을 역사화하여 바라보려 노력함으로써, 국제법의 발전과 유럽 제국들의 팽창 사이의 긴밀한 역사적 관계를 여러 층위에서 새롭게 조명해 주고 있다(Anghie 2005; Anghie 2006; Fitzmaurice 2014; Koskenniemi 2001; Pitts 2018).

국제법 및 제국 통치성 연구들은 지금까지 주로 유럽 제국들이 여러 지역에서 다양한 형태의 식민 통치를 펼치며 이 과정에서 국제법적 규범과 관행, 근대적 주권 관념과 국제사회 형성에 지대한 영향을 미쳤음을 잘 보여주고 있으나, 이런 구도 속에 미국을 비롯한 정착민 사회의 국가/제국 건설 과정을 포함하여 분석하려는 시도는 드물다. 이런 연구사적 맹점을 보완하고자, 본고는 건국기 미국 엘리트들의 대내외적 국가 건설 노력, 즉 대내적으로 여러 원주민과 정착민들을 상대로 중앙화된 국가를 건설하려 하면서 동시에 대외적으로 유럽국들의 시선에서 문명화된 주권국으로 자리매김하려 한 과정을 상호 긴밀히 연결된 역사적 과정으로서 총체적으로 파악하려 시도한다. 미국의 사례를 통해 본고가 궁극적으로 시사하려는 바는, 제국 주변부의 정착민 식민주의 및 원주민-정착민 관계가 제국 중앙 정부들 사이의 국제정치와 상호작용하며 근현대 국제질서의 형성에 미친 영향을 재조명할 필요가 있다는 점이다.

II 제국

여러 연구들이 상세히 밝혀주었듯, 미국의 독립혁명과 건국 과정을 이끈 이른바 '건국의 아버지'들 상당수는 바텔의 저작 등을 통해 독립 전야에 이미 '국가들의 법'을 깊이 이해하고 있었으며, 유럽의 국제법이 미국의 국제관계는 물론 국가체제 수립에 준거가 되어야 한다고 생각했다(Armitage 2002). 이들이 보기에 미국이 주권국으로서 유럽 중심의 '국제'사회에 편입되는 것은 우선 실리적으로 중차대한 일이었다. 미국의 모태가 된 북미 영국계 식민지들의 경제는 서인도제도와 유럽, 아프리카를 잇는 대서양 교역망을 무대로 가파르게 성장해 왔고, 식민지민들이 북미 내륙과 연안 곳곳으로 경제 활동 영역을 넓혀 나갈 수 있었던 데에는 유럽국들 상대로 내륙과 해상에서의 안보가 어느 정도 담보되었다는 점이 중요하게 작용했다. 독립 전야에 엘리트층이 잘 인지하고 있었듯, 이런 면에서 북미 식민지들의 경제성장과 안보는 어디까지나 18세기 국제사회의 강자로 부상한 영제국의 군사력과 외교력, 교역 및 금융 체제의 뒷받침을 토대로 한 것이었다(Gould 2014). 한편 식민지민 중에서도 사회적으로 엘리트층에 속했던 대부분의 건국기 정치지도자들은, 자신들이 비록 제국의 변방에 있지만 유럽과의 문화적, 경제적 유대 강화에 앞장서며 문명 세계를 넓히는 데 이바지하는 코스모폴리탄적인 신흥 엘리트라는 자의식을 가지고 있었다. 그렇기에 이들은 자연히 '국가들의 법'과 같은 유럽의 새로운 지식과 사고방식에 큰 관심을 기울였으며, 유럽 상류층의 준거에 비추어 부족함이 없도록 식민지 사회를 '개선'하고자 했다(Landsman

2000).

이처럼 서양중심주의적인 문명관을 견지하는 가운데 어찌 보면 역설적으로, 식민지 엘리트층은 특히 18세기가 지날수록 원주민들과 대체로 원만한 관계를 추구하려는 경향이 강했다. 이 역시 일차적으로는 실리적인 계산에 따른 것이었다. 지난 반세기 동안의 방대한 연구가 밝혀주었듯, 적어도 18세기 중엽까지 북미 원주민들은 북미 내륙에서 막강한 정치적 영향력을 견지했다. 이 시기에 내륙의 강자로 군림한 이로쿼이(Iroquois), 크릭(Creek), 체로키(Cherokee), 오사지(Osage) 등의 원주민 정치체들은 오랜 경험을 통해 능수능란하게 교역과 외교, 교전을 펼치며 유럽 제국과 식민지들을 상대했다. 원주민 지도자들은 특히 영국과 프랑스, 스페인이 북미를 무대로 시도 끊임없이 견제하며 나아가 영국계 식민지들의 경우 본국 정부 및 인접 식민지들과도 영토 및 이권을 놓고 치열하게 경쟁하는 양상을 정확히 파악하고 있었고, 이들이 서로 원주민 정치체와 동맹 관계를 맺고자 경쟁하게 유도함으로써 유럽 제국/식민지들을 상대로 유리한 협상을 벌일 수 있었다(DuVal 2006; Hinderaker 1999; White 1991). 영국계 식민지의 엘리트들 역시 북미 내륙의 이런 정치적 현실을 정확히 인지하고 있었다. 가령 18세기 중엽 펜실베이니아의 벤저민 프랭클린(Benjamin Franklin), 뉴욕의 아치발드 케네디(Archibald Kennedy), 사우스캐롤라이나의 에드먼드 앳킨(Edmond Atkin) 등은 프랑스, 스페인 제국을 상대로 북미에서 영제국의 입지를 공고히 하고 식민지들의 안정된 성장을 지속하려면, 무엇보다 강력한 원주민 정치체들과의 동맹 관계 독점이 필수적이라 주문했다. 이들의 제안은 실제로 18세기 중엽 이후 영제국의 북미 정책에 상당 정도 반영되었다 (Sadosky 2010, 19-46).

여러 학자들이 지적하듯, 영제국과 식민지 엘리트층이 이처럼 원주민들을 적극 회유하여 동맹을 맺으려 하면서, 자연히 그들의 주권을 상당 부분 인정해 주는 양상이 18세기 동안 점차 두드러졌다. 이런 해석이 가능한 이유를 이해하려면, 우선 근대 초 주권 개념에 대한 역사학자들의 최근 논의를 살펴볼 필요가 있다. '주권'을 역사화하여 분석한 최근 연구들은, 잘 알려진 보댕, 홉스 등의 주권론은 당대 군주와 통치자들이 추구한 이상을 논한 것일 뿐, 근대 초 유럽국들이 실효적으로 주권을 행사한 방식은 이런 이론과 거리가 멀었음을 강조한다. 법역사학자 로렌 벤튼(Lauren Benton)이 방대하면서도 면밀한 분석을 통해 설득력 있게 보여주듯, 근대 초 유럽국들의 실효적 통치권은 지리적으로 극히 제한되어 있었다. 군주와 중앙 정부들은 주로 군사적, 경제적으로 중요한 요새와 교역 중심지, 항구, 그리고 이들을 연결하는 육로 및 항로를 지배하는 데 힘을 집중했고, 그 외 대부분의 농시와 삼림, 산간 지역, 수면에는 전시가 아니면 거의 직접적인 힘을 미치지 못했다. 영토의 많은 부분에서 평상시의 모든 정치적 결정은 명목상 중앙 정부에 충성하는 도시/마을 조합이나 영주, 제후의 몫이었다. 이론상 최종적인 결정 권한은 군주 혹은 중앙 정부에 있기에 후자가 주권을 가진다고 할 수 있었으나, 근대 초의 이런 분산되고 중층적인 통치 구조는 오늘날의 국민국가에서처럼 국경 안 모든 곳에서 중앙의 주권이 대체로 균일하게 적용되는 양상과는 거리가 멀었다. 역사학자들은 이처럼 몇몇 '점'과 '선'에 집중하여 통치하고 그 외의 모든 '면'에서는 하위 정치권력들과 통치권을 나눠 행사하는 방식이 고대에서 근대 초까지 대부분의 제국들이 주권을 행사한 방식이었으며, 따라서 느슨한 제국 통치는 유럽 바깥에서만 펼쳐진 것이 아니라, 오히려 근대 초 유럽 '주권국'들의 통치성의 본질이었다고 설명한다(Benton 2009).

'대항해시대'에 유럽 제국들이 지리적으로 폭발적인 확장을 거듭하면서, 유럽국들의 통치 방식은 오히려 더욱 중층적이고 느슨한 형태를 띠게 되었다. 유럽의 군주와 중앙 정부들은 이런 불완전한 주권 행사에 대해 끊임없이 염려하고 보완책을 강구했으나, 동시에 근대 초 제국 통치 구조가 가지는 이점도 적지 않았다. 중층적인 통치 구조는 본질적으로 제국 전체에 균일한 법과 규율을 강제하려 하기보다 지역과 인구집단에 따른 '현지화된' 내치를 상당 정도 허용했는데, 이런 유연함은 정착민, 이주민, 토착민 등 다양한 사람들을 신민으로 포용하며 제국을 확장하고 유지하는 데 용이했다(Benton 2008; Benton, Clulow & Atwood 2017).

물론 제국 내에서도 중앙의 법과 명령이 비교적 잘 수행되는 곳과 그렇지 못한 곳이 있었고 당대인들도 이런 차이를 명확히 인지하고 있었다. 이런 상황을 가리켜, 역사학자 엘리가 굴드는 근대 초 유럽 제국들의 외연이 넓게 펼쳐질수록 제국 내에 "법이 지배하는 구역(zones of law)"과 "폭력이 지배하는 구역(zones of violence)"의 구분이 암묵적이지만 꽤 명확하게 나타나기 시작했다고 분석한다. '폭력이 지배하는 구역'은 말 그대로 무법적인 폭력이 지배하는 공간인 경우도 있었지만, 대개는 제국에 귀속된 어느 한 하위 정치체가 확고하게 헤게모니를 장악하지 못했을 뿐, 여러 정치 권력들이 자체적으로 상호 균형을 찾아 다원적 체제를 형성하며 나름의 평화적 질서를 유지하고 있는 경우가 많았다. 단지 중앙 권력의 견지에서, 이런 지역은 폭력적 개입이 아니면 다스릴 수 없는 곳이었기에 '법의 지배'가 미치지 못하는 공간으로 여겨졌던 것이다(Gould 2003). 18세기 중엽까지의 북미 내륙은 바로 그런 공간 중 하나였다.

북미를 무대로 1754년에서 1763년까지 전개되었던 7년 전쟁은 이런 지정학적 상황에 일대 변혁을 촉발했다. 전쟁 이전에도 앞서 본 아치발드 케네디 등의 권고에 따라 원주민 정치체들을 적극 회유하려는 경향이 나타났지만, 전면전이 장기화되면서 영제국 지도층은 스페인 제국과 특히 프랑스 제국을 상대로 북미에서 승전하려면 주요 원주민 정치체들을 우방으로 끌어들이는 것이 필수적임을 깨달았다. 이런 태도 변화는 무엇보다 여러 원주민 정치체들과의 조약 체결에서 잘 드러났는데, 이 조약들을 통해 영제국은 원주민들의 여러 요구를 들어주면서 특히 그들의 토지소유권과 지역 내 통치권, 자율적 교섭권을 명시적으로 인정했다. 영국의 승리로 전쟁이 마무리되면서 원주민들을 무력으로 다스리려는 움직임이 잠시 있었으나, 원주민 정치체들의 거센 저항 앞에 영제국은 다시 방향을 선회하여 오히려 그들의 권리를 더욱 확고히 보장하는 획기적인 정책을 내놓았다. 1763년의 국왕 포고령(Royal Proclamation of 1763)은 애팔래치아산맥 서쪽의 내륙을 원주민의 구역으로 지정하고 이 지역에 대한 식민지민들의 침투나 산발적인 토지 구매를 금지한 포괄적 조치로서, 바로 전술한 느슨하고 중층적인 제국 통치 안에 원주민들을 (상당한 자율성을 가진) 하위 정치체로 포용함을 의미했다. 명목상 영국 국왕에 충성하며 여타 제국을 멀리하기만 하면, 각자의 영토 안에서 원주민 정치체들이 사실상 주권을 행사할 수 있도록 보장하는 체제였다(Anderson 2001, Pt. IV; Calloway 2007).

원주민들의 실효적 주권을 인정해 주려는 경향은 정치적 고려에 의한 것만은 아니었다. 북미 대륙이 대서양 경제에 깊이 편입될수록, 원주민들의 토지를 획득하거나 그들로부터 모피 등을 구매하여 유럽에 팔아 수익을 올리려는 여러 유럽인들 사이의 경쟁이 심화되었다. 원주민들은 유럽 제국과 식민지들의 압박에 못 이겨 토지를 팔고 그들과 교역을 하기도 했지만, 다양한 유럽인들이 구매자로서 경쟁하는 상황을 갈수록 영민하게 활용하여 최대한 많은 대가를 얻어내며 거래를 하곤 했다. 이처럼 많은 대가를 치러야만 원주민들의 토지를 얻거나 그들과 교역할 수 있었다는 점은 첫째, 식민지민들 중에서도 주로 엘리트층이 갈수록 원주민과의 관계를 독점하는 경향을 낳았고, 둘째, 높은 대가를 치르고 얻은 토지소유권 및 통상권을 엘리트층이 적극 방어하려 하도록 유도했다. 북미 대륙 토지에 대해 여러 정착민, 토지투기꾼/개발업자, 식민지 정부, 제국 정부 들이 갈수록 첨예하게 경쟁하며 제각기 소유권에 대한 근거를 내세우는 상황에서, 원주민과 교섭하여 토지를 구매한 측은 자신들이 독점적 소유권을 가져야 하는 근거로 해당 원주민 부족/정치체가 애초에 그 토지에 대한 분명한 소유권이 있었고 또 자율적인 외교권을 가진 주체라는, 즉 실효적 주권을 가진 집단이라는 점을 누구보다 앞장서 주장했다. 그리고 교섭에 의한 토지 구매를 갈수록 식민지 엘리트층이 독점하면서, 그들의 영향 하에 식민지 및 제국 정부들이 원주민 정치체들을 주권국처럼 취급하려는 경향이 더욱 강화되었다(Ablavsky 2021b).

이처럼 정치적, 경제적 이유로 18세기가 지나면서 특히 영제국 고위 관료와 식민지 엘리트층 사이에서는 원주민들의 주권을 상당 부분 인정하려는 경향이 강했다면, 그럴수록 영국 북미 식민지의 중하층민, 주변부 정착민 사이에서는 원주민들의 주권을 적극 부정하려는 태도가 두드러졌다. 원주민으로부터의 토지 구매 및 원주민과의 교역이 특권층에 의해 독점될수록 식민지 중하층민에게는 수혜가 돌아가지 않는다는 점이 분명했고, 또 원주민들을 교역 및 동맹 관계가 아닌 적으로 규정하고 그들의 토지를 적극 수탈하여 널리 분배하는 것이 중하층 정착민들에게 유리했기 때문이다. 이런 사회적 역학 관계는 1676년 버지니아의 '베이컨의 반란(Bacon's Rebellion)'에서 1765년 펜실베이니아 서부의 '검은 청년들의 반란(Black Boy's Rebellion)'에 이르기까지 북미 식민지 내 민중 반란의 주요 배경이 되곤 했다. 이 반란들에서 백인 중하층민의 공통된 불만은 정부와 기득권층이 원주민들의 권리를 인정하며 그들을 교역 및 외교 상대로 취급하는 것이었고, 주요 요구사항은 원주민들을 명확히 권리가 없는 적으로 취급함으로써 그들의 땅 위에 백인 민중이 자영농으로서 안정된 삶을 펼칠 수 있게 기회를 열어줘야 한다는 것이었다(Griffin 2007; Spero 2018; Morgan 2003).

원주민들의 주권과 토지소유권 및 이를 뒷받침하는 제국 정책의 정당성을 전면 부정하며 내륙으로 진출하는 정착민의 물결은 7년 전쟁 이후 더욱 격해졌고, 이들의 저항 앞에 영제국 및 식민지

정부는 내륙에서 사실상 더 이상 주권을 행사하지 못하는 지경에 이르렀다. 원주민들의 영토와 주권을 일정 부분 공인해 줌으로써 북미 내륙을 '법이 지배하는 구역'으로 안정시키려 한 영제국의 정책은, 오히려 주변부 정착민들이 중앙 권력을 무시한 채 원주민들의 땅에 무질서하게 침투하여 곳곳에서 무력 대치를 일으키며 내륙을 말 그대로 '폭력이 지배하는 구역'으로 전락시키는 결과를 낳고 말았다(Anderson 2001; Hinderaker 1999; Griffin 2007).

III 국가

북미 내륙에서의 통치권 무력화는 영제국에게도 결코 이상적인 상황은 아니었지만, 영제국 입장에서는 주변부 한 곳에서의 실패가 주권국으로서의 국제적 위상에 타격을 줄 정도는 아니었다. 반면 북미에 세워진 신생국 미국에게는 내륙 통치가 결코 주변적인 문제일 수 없었다. 후대의 시선에서는 미국이 궁극적으로 내륙 원주민들을 몰아내고 영제국과 스페인 제국의 영향력을 격감시키게 된 것이 당연한 역사적 전개로 비춰질 수 있겠지만, 당대 미국이 처한 국면은 내륙에서 원주민과 여타 제국을 상대로 헤게모니를 장악하고 나아가 무법적인 정착민들까지 통제할 수 있으리라 낙관하기 힘든 상황이었다. 미연방의 미약한 육군과 재정력으로 영제국도 제어하지 못한 정착민들을 통치한다는 것은 실현 가능성이 희박해 보였고, 원주민 정치체들이 영제국 및 스페인 제국과의 동맹을 새로이 다지고 강한 원주민 연합체를 형성하며 미국을 집중 견제했기 때문이다. 미국의 연방정부 지도층은 영국과 스페인이 무기 및 식량 공급과 재정적 지원을 중단하도록 하는 것이 원주민 정치체들을 약화시키는 최선의 방편이라 인지하고 이를 적극 추진했으나, 문제는 미국의 미약한 협상력으로는 영국과 스페인 등 유럽국들로부터 이런 양보를 얻어내기 힘들다는 점이었다.

미국이 유럽국들을 상대로 대등한 입장에서 협상을 하며 국익을 도모할 수 있게 되는 것, 즉 국제사회에서 주권국으로 인정받는 것은 앞서 본 것처럼 건국기 정치지도자들의 지상 과제였다 해도 과언이 아니다. 독립 전야에 대륙회의가 공들여 초안을 마련한 문건에는 독립선언문만 있었던 것이 아니라, 미국이 유럽국들에게 제시할 '모델 조약(model treaty)'도 포함되어 있었다. 대륙회의의 모델 조약은 미국의 중립주의 및 프랑스, 스페인과의 동맹을 위한 준비라는 맥락에서 자주 논의되어 왔으나, 대륙회의 대표들에게 모델 조약의 의의는 실상 주권국으로서 미연방이 나아갈 방향을 설정하는 데 있었다. 연방이 어떤 형태의 조약을 마련하고 맺게 될지를 정하려면, 13개 주들이 어느 선까지 주권을 연방에 이양하여 함께 주권을 행사할지, 그리고 조약을 맺었을 때 그 이행을 위해 주 정부들이 주민에게 어느 정도까지 강제력을 행사할 것인지에 대한 논의가 선행되어야 했기 때문이다. 모델 조약 집필을 주도한 존 애덤스(John Adams) 등은 '국가들의 법'을 깊이 참고하며, 미연방이 유럽 주권국들의 기준에 부합하는 통치권과 외교권을 가지게 하려 했다(Armitage 2002; Sadosky 2010, 50, 72, 87).

모델 조약과 같은 시기에 대륙회의의 논의를 거쳐 조금 앞서 공표된 독립선언문 역시, 직접적으로 국제관계를 다루지는 않지만 실상 국제법상 주권국의 지위를 확립하려는 의도가 깊이 배어 있었다는 것이 데이비드 아미타지의 최근 분석이다. 19세기 초를 지나며 독립선언문의 보편적자연권 및 인민주권 언급이 크게 주목을 받고 궁극적으로 마치 독립선언의 주된 취지인 것처럼 인식되었으나, 아미타지의 분석에 의하면 토마스 제퍼슨(Thomas Jefferson) 등 집필진이 당시 무엇보다 중시한 것은 선언문의 도입부와 결말에 명시된 내용, 즉 미연방의 주들이 "자유롭고 독립된 국가들로서(free and independent states)" "지상의 권력체들 사이에서(among the powers of the earth)" "독립적이며 대등한 지위(separate and equal station)"를 누릴 명백한 자격이 있다는 주장이었다. 물론 이는 독립파 엘리트의 열망을 최대한 위엄 있는 언어로 국제사회에 제시한 것일 뿐, 궁극적으로는 유럽국들의 인성을 받아야만 미국이 주권국으로 행세할 수 있을 것이었다. 독립파 엘리트들은 이런 현실을 잘 알기에 더더욱, 미국이 국제법상 주권국 자격이 있음을 유럽인들을 상대로 널리 각인시키려 한 것이다(Armitage 2002).

혹자는 미국이 독립전쟁 중에 프랑스와 비로소 조약을 맺는 데 성공한 순간, 또는 1783년 영국과 종전협정을 맺은 순간 미국이 조약 체결 자격이 있는 주권국으로 인정받은 것이라 생각할지 모른다. 주권을 어떻게 정의하느냐에 따라 충분히 가능한 해석이나, 당대 엘리트층이 추구한 주권국 지위라는 기준에서 보자면 두 조약은 출발에 불과했고 미래는 여전히 불투명하기 그지없었다. 전시 상황에 단기적인 손익 계산 위주로 맺은 조약이 얼마나 영속력을 가질지는 미지수였고, 또 18세기 유럽 외교사는 강국 입장에서 상대 국가와의 약속을 더 이상 존중할 이유가 없어지면 조약이 얼마든지 파기될 수 있음을 잘 보여주었다. 건국기 엘리트가 원한 것은 유럽 강국들과 지속적으로 비중 있는 조약을 맺고 이 조약들이 장기간 안정적으로 이행되면서, 미국이 주권국으로서 가지는 권리들이 국제 실정법의 일부로 확고히 자리매김하게 되는 것이었다. 이런 기준에서 볼 때, 영국으로부터 독립을 인정받은 후에도 미국이 국제사회에서 주권국으로 확립되기까지는 갈 길이 멀었다 (Gould 2014, 111-144).

1783년 종전협정으로 애팔래치아산맥과 미시시피강 사이의 영토를 영국으로부터 이양받으며 광대한 영토를 획득하게 된 것은, 잠재적으로 호재이면서 당장은 미국의 주권국으로서의 위상을 더욱 불투명하게 했다. 전술한 바처럼 영국, 스페인과 손잡은 강력한 원주민 정치체들과 무법적인 정착민들 사이에서 미국 정부가 실효적으로 행사할 수 있는 통치력은 극히 제한적이었고, 영토의 상당 부분이 이처럼 여전히 무질서한 '폭력이 지배하는 구역'에 머물러 있다는 점은 미국이 '법이 지배하는' 국제사회에 포함될 자격이 있는지 누구나 의구심을 가지게 하는 요인이었다. 이런 인식은 단지 추상적인 차원의 것이 아니라, 구체적인 현실과 직결된 것이었다. 가령 대륙회의(Continental Congress)를 이어받아 1781년부터 연방정부 역할을 한 연합의회(Confederation Congress)는 독립 직후부터 줄곧 영국, 스페인과 새로운 조약을 맺어 북미 내에서 안정적인 영토권과 교역권을 확보하려 노력했다. 그러나 미시시피강을 통한 교역권 획득에 집중할지 오대호강 유역의 영토권 확보에 주력할지 상이한 지역 이권을 둘러싼 주 대표들 간의 이견을 좁히기 힘들었기에, 연합의회는 영국 및 스페인 외교관들을 상대로 계속 갈팡질팡하며 좀처럼 일관된 협상 노선을 견지하지 못했다(Klarman 2016).

문제는 주들 간의 이권 조율만이 아니었다. 국경 내의 자국민들도, 원주민들도 쉽게 통제하지 못하는 연방정부의 강제력 부재는 미국이 어떤 조약을 맺어도 그 조항이 이행되리라 보장할 수 없게 했다. 유럽의 정치지도자들과 외교관들뿐 아니라 원주민 지도자들도 이 점을 잘 알고 있었기에 미국이 협상 시 어떤 대가를 제시해도 그것이 실제로 이행되리라 믿지 못했으며, 이처럼 불리한 협상 조건은 미국이 외교적으로 실리를 챙기기 힘들게 했다.

이런 문제는 건국 초기 미국이 맺은 가장 포괄적이고 중요한 조약인 영국과의 1783년 종전협정 이행을 둘러싸고 여실히 드러났다. 조약의 일환으로 미국은 '충성파였던 주민들,' 즉 전시에 영국 충성파 편을 들었으나 전후 미국에 남기로 한 사람들의 재산권과 제반 권리를 보호해 주기로 약속했다. 영제국의 요구에 따른 것이면서, 당시 국제법상 주권국들 사이의 관행을 따른 것이었다. 문제는 조약을 체결한 연방 지도자들의 의사와 달리, 미국 민중은 대체로 충성파들의 복권에 미온적이거나 적극 반대했다는 점이었다. 전쟁 중에 여러 주 정부들은 충성파를 공공의 적으로 규정하고 그들의 모든 사회적 권리를 박탈하며 재산을 몰수하기도 했는데, 종전 후에도 많은 미국인들은 이처럼 충성파를 탄압하는 법이 유지되기를 원했다. 전쟁으로 고조된 애국적인 군중심리와 더불어, 수많은 중하층민이 충성파로부터 몰수한 재산을 분배하는 주 정부 정책으로부터 혜택을 받았기 때문이었다(Pashman 2013; Jasanoff 2011).

조약 이행을 둘러싼 미국인들 사이의 첨예한 입장 차이는 1784년 뉴욕주의 고등법원에서 다뤄진 럿거스 대 워딩턴(Rutgers v. Waddington) 재판에서 극명히 표출되었다. 충성파로서 전시에 피신했던 엘리자베스 럿거스의 재산권 회복에 관한 이 재판을 통해 법원이 궁극적으로 판가름하려 한 것은, 충성파의 재산 몰수를 영속화하는 뉴욕주의 입법이 상위 법에 저촉되는지 여부였다. 럿거스를 변호한 알렉산더 해밀턴은 충성파에 대한 탄압이 연방법과 국제법 모두에 저촉된다는 주장을 제기했고, 법원은 이를 받아들였다. 연방법에 저촉된다고 본 근거는, 충성파를 탄압하는 뉴욕주의 법이 1783년 영국과의 파리조약, 특히 재산권 회복을 비롯하여 충성파의 권리를 보장해 준다는 미국 연방의 약속에 정면 위배된다는 것이었다. 국제법에 저촉된다고 본 근거는 조약을 충실히 이행하고 조약 상대 국가의 신민에 대한 부당한 억압을 자제하는 것은 '국가들의 법'에 정착된 규범이라는 것이었다.

그러나 이는 여러모로 논란의 소지가 있는 해석이었다. 뉴욕주의 법이 연방법과 국제법에 저촉되는 것이 사실이라 해도, 연방법과 국제법이 뉴욕주민과 입법부에 대해 구속력을 가진다고 할 헌정적 근거는 분명치 않았기 때문이다. 미국은 앞서 봤듯 13개의 주가 각각 주권국으로서의 자격을 주장하며 독립하여 구성된 연합체였기에, 1780년대 중엽까지의 미국 체제에서 연방은 주들의 주권을 침해할 권한을 가지지 못했다. 또한 해밀턴은 영국 법학자 윌리엄 블랙스톤(William Blackstone)의 견해를 따라 영국 보통법은 18세기에 이르러 사실상 '국가들의 법'을 국내에서도 완전히 효력이 있는 법으로 수용한 상태이며, 뉴욕주를 포함한 미국의 주들은 몇몇 명시적인 수정 외에는 영국 보통법을 그대로 주 법으로 통용되도록 수용했으니, 국제법은 뉴욕주 내부에서도 구속력을 가지는 상위법이라는 주장을 펼쳤다. 그러나 많은 미국인들이 보기에, 자신들이 명시적으로 동의한 바 없는 유럽의 국제법 및 연방 대표들의 조약이 상위법으로서 구속력을 가진다는 것은 독립혁명 근저의 공화주의와 인민주권(popular sovereignty) 원칙에 어긋나는 것이었다. 그들이 보기에 뉴욕 주민들의 의사에 따라 주 입법부가 충성파의 재산권을 박탈하기로 한다면, 이는 어떤 국제법 원리나 조약에 앞서는 법적 효력을 갖춘 것이었다. 대니얼 헐시복이 정교하게 분석해 보였듯, 민중의 반대를 무릅쓰는 한이 있어도 국제법을 미국 내에서 구속력이 있는 상위법으로 자리매김해야 한다는 해밀턴과 뉴욕주 법원의 인식은 1780년대 중엽을 지나며 연방파 엘리트 사이에 널리 공유되었고, 이후 제정될 연방헌법에 지대한 영향을 미칠 것이었다(Golove and Hulsebosch 2010; Hulsebosch 2005). 그러나 뉴욕주 법원의 이런 판결을 민중과 주 정부가 곧바로 거세게 비판하고 무시한 데서도 볼 수 있듯, 독립 직후의 국가체제와 정치적 상황은 엘리트층의 염원대로 미국이 국제법을 준수하는 주권국으로 발돋움하는 것을 좀처럼 허용하지 않았다.

미국 정부가 자국 국경 내에서조차 국제법과 조약을 강제할 힘이 없다는 점은 내륙에서 더욱 명백히 만천하에 드러났다. 1783년 종전 직후 처음 얼마 동안, 미국 연방 지도자들은 영제국의 패전과 더불어 원주민들은 이제 국제법상 '정복당한 집단'들로서 모든 권리를 상실한 채 미국에 종속되어야 한다는 주장을 펼쳤다. 이들의 주장은 그러나 유럽국들은 물론 원주민들로부터도 전혀 진지하게 받아들여지지 않았다. 그레고리 애블럽스키의 최근 연구가 상세히 조명해 주듯, 원주민 지도자들은 영국과 스페인 관료들을 통해 익힌 국제법의 언어를 의식적으로 차용하며, 원주민 정치체들이 "자유롭고 독립적인 네이션"으로서의 지위를 한 번도 잃은 적이 없고 그들의 주권은 프랑스, 스페인, 영국과의 여러 조약을 통해서도 확인받아 왔음을 지적했다. 물론 영국이 1763년 포고령에서 원주민 영토로 인정했던 광대한 내륙을 1783년 종전협정 일환으로 미국에 양도한 것은, 해당 지역에 대한 원주민들의 권리를 인정하고 보호하겠다는 약속을 저버린 것으로 해석할 만했다. 그러나 영제국 관료들은 이로쿼이 연맹의 모호크(Mohawk) 등과 돈독한 동맹 관계를 유지하면서, 원주민 지도자들과의 대화에서는 1783년 조약으로 그들의 주권이 말소된 것이 결코 아니라고 거듭 확인해 주었다. 사실 느슨한 중층적 제국 체제에서 영제국 정부는 원주민들의 내치에 거의 간섭하지 않는 '보호자' 역할을 표방했었기에, 영국 입장에서는 1783년 조약의 영토 양도는 단지 이 보호자 역할을 미국에게 넘겨준 것뿐 영토권을 비롯한 원주민들의 권리를 부정한 것은 아니라고 주장할 법도 했다. 자신들에게 유리한 이런 조약 해석을 원주민 지도자들이 적극 수용했음은 물론이다(Ablavsky 2019b; Taylor 2007).

원주민 네이션들이 이처럼 영국, 스페인의 전폭적 지지 하에 자신들의 주권을 이전보다 오히려 더욱 강하게 주장하고, 또 새로운 연합체를 구성하는 등 상호 군사적, 외교적 협조를 강화하며 미국을 상대로 효과적인 무력 저항을 펼치자, 미국 연방 지도자들은 곧바로 대원주민 정책을 전면 수정했다. 대원주민 정책을 주로 담당한 군정장관(Secretary of War) 헨리 낙스(Henry Knox)는 앞으로는 미국 정부가 원주민들을 "국가들의 법"에 의거해 "동등한 지위"로 대우할 것을 약속했고, 당시 국무장관(Secretary of State)이었던 토마스 제퍼슨도 원주민들이 고래로부터 "완전하고 독립적 주권"을 견지해 왔다며 미국 정부도 이를 존중해야 한다고 거들었다(Ablavsky 2019b).

물론 이런 태도 변화를 약속했다 하여, 궁극적으로 원주민들의 땅을 획득하려는 목표를 포기한 것은 아니었다. 북미 영국계 식민지들이 늘 원주민으로부터의 토지 수탈을 사회경제적 성장의 동력으로 삼아 왔다는 것은 누구나 잘 알고 있는 바였고, 미국 연방 지도자들은 이런 팽창 기반 성장을 지속할 필요성을 처음부터 절감하고 있었다. 취약한 재정과 채무에 허덕이는 미국 정부 입장에서는 특히 원주민들의 토지를 공매하여 막대한 재정 수입을 올릴 수 있다면 국정 운영에 한결 숨이 트이는 것은 물론, 독립 후의 극심한 사회정치적 위기를 해소하는 데에도 큰 도움이 될 터였다. 독립 직후 극심한 경제 불황이 지속되면서 엘리트층이 부와 권력을 독점하는 불평등한 사회경제 구조에 대한 중하층민의 불만이 팽배했는데, 연방정부가 원주민들의 토지를 획득하여 공매한다면 그로 인한 재정 수입의 반대급부로 중하층민에 대한 과세를 줄일 수 있을 것이었고, 또 그들이 원주민의 땅에 자영농으로서 경제적 독립을 이룰 기회를 열어 줌으로써 사회경제적 불만은 잠재울 수 있을 것이었다(Frymer 2017).

이처럼 원주민들의 주권을 침해하지 않으면서 그들의 토지를 획득해 나간다는 방침을 세우면서, 미국 정부의 영토 정책은 자연히 영제국이 그랬던 것처럼 조약을 통해 원주민들로부터 토지를 구매하는 데 집중하게 되었다. 연방 관료들이 앞장서 원주민들이 토지를 구매하도록 설득하고 압박하는 것도 물론 정책의 일부였지만, 조약을 통한 구매의 장점은 무엇보다 원주민들에게 영구적인 안보 및 미국과의 우호적 관계를 약속할 수 있다는 점이었다. 남은 영토에 대해서는 그들의 정당한 토지 소유와 주권 행사가 침해받지 않으리라는 점을 국가의 최고 권력으로 보장하고 또 토지 구매의 대가로 대개 매년 일정 가치의 공물을 연방정부가 영구히 제공하기로 약속함으로써, 원주민들의 불만을 무마하고 그들이 온정적 '보호자'로서 미국의 상위 주권을 수용하도록 유도하려는 것이었다. 원주민들의 토지를 점진적으로 획득해 나가면서도 내륙의 무질서를 다잡고 중앙 정부의 주권을 확립하려는 정책의 지향점이 실현되려면, 무엇보다 토지 구매를 비롯한 원주민들과의 접촉을 연방정부가 철저히 독점하는 것이 중요했다. 영제국이 1763년 내놓았던 내륙 정책과 마찬가지로, 정책이 성공하려면 정착민과 토지개발업자, 또는 이들을 뒷받침하는 식민지/주 정부가 마음대로 원주민들로부터 토지를 획득하려 들고 그 과정에서 무력 충돌을 일으키는 일이 없도록 다잡아야 했다. 그러나 원주민들과의 조약 체결 후 곧바로 확인되었듯, 미국 연방정부의 강제력 부재는 이런 내륙 정책의 수행을 불가능하게 했다. 개별 정착민과 토지개발회사는 물론, 주 정부들까지 연방정부의 정책을 공공연히 무시하며 폭력과 협박, 기만을 통해 원주민들의 토지를 획득하려 들었고, 이는 물론 원주민 정치체들의 강한 무력 저항을 야기했다. 원주민 지도자들은 국가 최고권위로 안위를 보장해 준다는 연방정부의 엄숙한 약속을 믿고 조약을 맺어도, 미국이 자국민조차 통제하지 못하여 조약이 금새 유명무실해지곤 한다고 꼬집었다. 국제관계에서 주권국으로 제대로 기능하지 못하는 것은 원주민 정치체들이 아니라 미국이었던 것이다(Hinderaker 1999; Nichols 2008).

미국의 정치지도자들은 이처럼 중앙화된 통치력의 부재로 인해 미국이 원주민들 상대로도, 유럽국들 상대로도 국가적 차원에서 어떤 대가도 보장해 주지 못하며 그렇기에 국제사회에서 '조약을 맺을 만한(treaty-worthy)' 상대로 확고히 자리매김하지 못하는 상황을 심각한 국가 위기로 인지했다. 그리고 이를 타개하기 위해서는 단지 외교 정책과 방식을 수정하는 것으로 부족하고, 국가체제와 내정 방식까지 근원적으로 뜯어고쳐야 한다고 확신하기 시작했다. 대니얼 헐시복과 데이비드 골롭이 최근 연구에서 설득력 있게 분석해 보였듯, 미국이 국제법상 주권국으로 기능하려면 보다 중앙화된 체제로의 일대 혁신이 필수적이라는 엘리트층의 인식이야말로, 이들이 1787년 연방헌법 제정을 추진하게 된 가장 결정적인 이유 중 하나였다. 체제 개혁을 추구한 '연방파' 엘리트가 보기에, 독립 후 갈수록 깊어지고만 있는 미국의 대내외적 위기는 모두 중앙화된 통치력의 부재에서 초래된 상호 연결된 문제였다. 통치력 부재로 인해 농민과 노동자들이 반란과 법 집행 저지 등 위로부터의 권위에 갈수록 적극 저항해도 이를 통제하지 못했으며, 원주민과 정착민들 사이에서 내륙에 질서를 부여하지 못하고, 해상에서 미국 상인들의 활동을 보호하지도 못하며, 유럽국들이 원주민에 대한 지원을 중단하고 미국의 해상 교역권을 존중하도록 협상할 수도 없었고, 낮은 국가 신용도로 인해 국제 금융업자들로부터 좋은 조건에 대출을 받을 수도, 외국 관료들이 미국의 약속을 믿고 조약을 체결하도록 설득할 수도 없었다. 연방파 엘리트가 보기에 유일한 해답은 미국 연방정부가 '국가들의 법'의 기준에 부합하는 확고한 주권적 통치권을 가지도록 국가체제를 바꾸는 것이었고, 대다수 미국인들이 이에 동조하지 않는 상황에서 주들의 주권 위에 군림하는 강력한 연방 주권을 수립하려면, 새로운 연방헌법 제정이 최선의, 그리고 아마도 유일한 방편이라는 공감대가 형성되었다(Golove and Hulsebosch 2010; Klarman 2016).

그렇게 만들어진 연방헌법은 실제로 국제법을 준거로 주권국을 확립하려는 연방파의 고려를 곳곳에 깊이 반영하고 있다. 헐시복과 골롭의 분석을 따라 간단히 집약하자면, 새로운 체제의 골자는 첫째, 주 정부들이 독자적으로 서로 간에 또는 외국과 외교 관계나 조약을 맺지 못하게 함으로써 연방정부가 대외 관계를 수행할 권한을 독점하는 것(1조 10항), 둘째, 하원의원들과 달리 직선제로 선출되지 않는 대통령과 상원의원들에게 실제 외교 수행 권한을 집중시키는 것(2조 1항과 2항, 1조 8항), 셋째, 대통령과 상원 주도로 체결한 모든 조약은 다른 모든 주, 연방 차원 법 위에 군림하는 최상위의 법적 구속력을 가지도록 하는 것(6조), 넷째, 독립적인 사법부가 조약을 비롯한 연방 차원의 법적 문제에 대해 사법심사권(judicial review)을 가지도록 하는 것(3조)이었다.[1]

이런 체제 구성이 보여주는 바는 우선, 인민주권에 대한 존중을 표방한 연방파 엘리트의 수사와 달리, 실제로는 그들이 독립 후

1 U.S. Constitution. https://www.law.cornell.edu/constitution-conan (검색일: 2023년 8월 5일).

주 중심으로 강화되어 온 아래로부터의 정치가 '국가들의 법'에 의거한 중앙화된 주권적 통치와 근본적으로 상충한다고 인식했다는 점이다. 그렇기에 그들은 새로 구성될 연방정부가 특히 조약 체결 등 중대한 국가적 결정을 내림에 있어 민중으로부터의 압력으로부터 최대한 자유롭도록 설계한 것이었다. 다만 권력 집중을 극도로 경계하는 미국인들의 정치 성향을 감안할 때 유럽 군주제와 비슷하게 연방 행정부 중심으로 권한을 강화하는 것은 극심한 반발을 불러일으킬 것이 분명했기에, 연방헌법 초안자들은 최대한 법의 권위를 빌려 중앙화된 국정운영 및 외교에 정당성을 부여하려 했다. 그렇기에 연방정부가 체결한 조약에 국가 차원의 최고 법적 권위를 부여하고, 조약을 합법화하고 그 이행을 강제함에 있어 국제법을 준거로 삼도록 한 것이었다.

후자는 연방헌법에 비록 명시되어 있지는 않으나, 앞서 본 럿거스 대 워딩턴 판결에서도 엿보이듯 당대의 법률 엘리트는 거의 빠짐없이 '국가들의 법'을 숭상하고 국제법이 미국 내에서도 효력을 가져야 한다고 생각한다는 점이 잘 알려져 있었기에, 연방헌법 초안자들은 최고의 법률 엘리트로 구성된 사법부에 많은 힘을 실어줄 경우 이들이 국제법을 적극 수용하며 조약과 연방법의 법적 효력을 확대 해석하리라 기대할 수 있었다. 사법부가 '독립적'이라는 것은 오늘날 흔히 행정부나 입법부로부터의 독립성으로 논의되지만, 연방파 엘리트의 의중은 무엇보다 아래로부터의 압력으로부터 자유로운 연방법원을 구성하는 것이었다. 그래야만 연방헌법 제정의 취지대로, 가령 영국과의 관계 회복을 위해 독립적인 해상교역권을 일정 부분 희생하는 것을 국민 다수가 반대하더라도 사법부의 도움으로 이를 합법화하고, 주민들의 요구에 따라 주 입법부들이 충성파에 대한 재산 몰수를 감행하려 하면 연방대법원의 사법심사권을 앞세워 주 법에 제동을 걸 수 있을 것이었다. 쉽게 말해서, 민중의 의사가 거의 반영되지 않은 국제법과 연방법에 최고의 법적 권위를 부여하고, 민중의 압력으로부터 자유로운 종신직 대법관들이 그 해석과 강제에 큰 몫을 담당하게 한 것이었다. 이런 제도적 장치를 통해, 연방헌법은 궁극적으로 독립 후 극대화된 주 차원의 인민주권 행사를 제어하고, 미국이 국제사회에서 주권국으로 기능할 수 있도록 강력한 중앙집권화를 이루려 한 것이었다.[2]

2 제헌의회 참가자들이 연방대법원에 얼마나 큰 힘을 실어주려 했는지에 대해서는 다양한 해석이 제기되어 왔다. 근래 역사학계에서는 연방대법원이 사법심사권을 통해 사회적, 정치적으로 지대한 영향력을 행사하게 된 것, 특히 연방대법원의 판례가 연방의 다른 부처와 미국 내 모든 주 정부, 법원들에 대해서까지 구속력을 가진다는 원칙(judicial supremacy)이 실은 빨라야 19세기 중엽부터, 늦게는 20세기 중엽에야 정립되었다는 점을 강조한다(Kramer 2004). 그러나 오늘날의 기준에서 연방대법원의 힘이 미약했다 해도, 건국기의 분권적 사법과 정치 문화에 비추어 본다면 연방파 엘리트가 대법원에 상당히 중앙화된 권한을 부여하려 했음은 분명하다. 단적으로 제헌의회에서 사법심사권이 처음으로 진지하게 고려되기 시작한 것부터가, 바로 주와 지역 정부/법원들을 상대로 중앙 권력을 강화할 수단을 논의하는 맥락에서였다. 제헌의회의 많은 참가자들은 처음에는 제임스 매디슨이 제안한 바처럼 연방의회가 주들의 모든 입법을 사전에 심의하고 원천적으로 거부할 권한을 가지게 하려 했다. 그러나 연방정부가 주와 지역 정부들을 상대로 이처럼 막대한 권한을 가지는 체제에 대해 대다수 미국인이 강하게 반대할 것이라는 염려가 제기되자, 많은 논의 끝에 좀 더 '조용히' 연방 권한을 강화할 대안으로 연방대법원에 폭넓은 사법심사권을 부여하기로 한 것이었다(Klarman 2016, 166-181). 물론 이후의 역사는 연방파 엘리트의 의도대로 연방대법원을 중앙화된 국가체제의 핵심 기구로 정립하는 일이 결코 쉽지 않았음을 잘 보여준다. 연방대법원을 둘러싼 정치적 갈등에 대해 기존에는 19세기 초부터 연방파 존 마셜 주도의 대법원과 공화파가 장악한 입법부, 행정부 사이에 벌어진 알력에 주목했으나, 최근 연구들은 이런 정치적 대립을 보다 길고 포괄적인 사회정치사적 맥락, 즉 엘

헐시복과 골롭은 유럽국과의 관계 중심으로 연방헌법과 국제법의 관계를 분석했지만, 애블럽스키 등의 분석은 연방헌법 초안자들이 같은 원리로 원주민과의 관계를 재정립하려 했음을 잘 보여준다. 애블럽스키에 의하면 우선, 주들이 자체적으로 외교 관계를 수립하거나 조약을 맺는 것을 금한 연방헌법의 조항, 그리고 연방정부가 체결한 조약이 주 입법에 우선하는 법적 권위를 가진다는 조항은 유럽과의 관계뿐 아니라 원주민 정치체들과의 관계도 염두에 둔 것이었다. 앞서 보았듯 독립 후 연방파 엘리트가 줄곧 추구한 바는, 연방정부가 대원주민 외교를 독점하여 보다 합리적이고 체계적으로 평화적 관계를 유지하며 점진적으로 토지를 획득해 나감으로써, 내륙에 질서를 부여하고 국가의 주권이 미치는 '법이 지배하는 구역'으로 만드는 것이었다. 또한 주권적 국제관계나 내정 모두에 있어 교역이 가지는 중요성을 당대 엘리트층 모두 깊이 인지하고 있었기에, 연방헌법은 외국과의 통상, 주들 간의 통상, 그리고 원주민들과의 통상에 대한 관할권을 연방의회에 부여하고 있다(1조 8항). 원주민들과의 관계를 유럽국들과의 관계와 같은 선상에 놓으며 연방정부가 이에 대한 독점적 권한을 가지게 하려 한 연방파 엘리트의 의중이 여실히 드러나는 대목이다(Ablavsky 2021a).

물론 연방파 엘리트가 원주민 정치체들을 유럽 강국들과 완전히 동격으로 대우하려 한 것은 아니었다. 당장은 특히 국제법적인 기준에서 원주민 정치체들을 동등한 주권을 가진 주체로 인정하

리트층의 중앙화 비전과 아래로부터의 풀뿌리 정치 문화 사이의 오랜 갈등의 일부로 파악한다(Leonard and Cornell 2019).

려 할 필요가 있었으나, 궁극적으로 미국 지도자들이 원한 것은 미국이 원주민들 상대로는 갈수록 확고한 우위를 점하고, 유럽 강국들 상대로는 최대한 대등한 지위를 가지는 것이었다. 연방헌법 제정은 미국이 이런 목표를 달성할 수 있는 여건을 마련해 주었으나, 북미 대륙 안과 밖의 다양한 권력체들을 동시에 상대하며 국제사회에서 미국의 위상을 정립하는 일은 여전히 많은 노력과 복잡한 역사적 과정을 요하는 난제였다.

IV 주권

연방헌법으로 마련된 중앙집권화의 가능성은 조지 워싱턴(George Washington) 정권과 존 애덤스 정권 하에서 확고히 주도권을 장악한 연방파 정치인들에 의해 1790년대에 걸쳐 조금씩 여러 영역에 적용되기 시작했다. 유럽국 및 원주민들을 상대로 한 외교에 있어서는, 1794-95년이 획기적 변화가 집중된 시기였다. 이 시기에 미국이 국제관계에서 일대 전환을 꾀할 수 있었던 배경으로는 연방헌법 체제의 안정 및 그에 따른 미국 경제의 회복도 꼽을 수 있지만, 유럽에서 프랑스혁명이 촉발한 전쟁에 1792-93년부터 영국을 비롯한 대부분의 국가가 뛰어들었다는 외부적 변수 또한 빼놓을 수 없다. 이처럼 급박하게 변화한 국제정세는 당장은 미국에게 위기로 다가왔다. 미국이 중립을 자처하며 적국과 교역을 지속하는 것을 영국과 프랑스 모두 저지하려 압박해 왔기 때문이다. 그러나 전시 상황은 그만큼 유럽국들이 미국과의 제휴 및 교역을 독차지하려 경쟁할 여건을 만들어 주었기에, 잠재적으로 미국의 협상력을 높여 주기도 했다(Elkins & McKitrick 1993, 303-405).

1794년 영국과의 '제이 조약(Jay's Treaty)'은 알렉산더 해밀턴과 존 제이(John Jay)를 위시한 연방파 엘리트가 이런 국제정세를 적극 활용해 만들어 낸 결과물로서, 미국이 처음으로 유럽국으로부터 장기적인 외교 관계 상대로 인정받으며 맺은 본격적인 조약이라 할 수 있다. 조약의 여러 내용 중 본고의 맥락에서 특히 중요한 것은, 영국이 미국 내륙 영토의 요새에 주둔시키고 있던 병력을 철수한다는 조항이었다. 영국이 1783년 종전협정을 통해 해당 영토를 미국에 양도했음에도 불구하고 병력을 주둔시킨 이유는 무엇보다 이로쿼이 등 내륙 원주민들의 강력한 요구 때문이었지만, 이런 조약 불이행이 국제법상 정당하다고 주장한 근거는 미국도 조약에서 약속한 바를 이행하지 않고 있다는 점, 즉 충성파의 재산 환원 및 영국 상인에 대한 미국인들의 채무 완수 등을 실천하지 않고 있다는 점이었다(Elkins & McKitrick 1993, 406-414; Sadosky 2010).

제이 조약에서 미국은 채무 불이행 건에 대해 국제적인 중재에 맡겨 해결하는 데 합의했고, 이에 영국도 1783년에 약속했던 대로 비로소 내륙 병력을 철수하기로 했다. 이런 합의는 연방헌법이 마련한 중앙화된 통치권 없이는 불가능했을 일이었다. 국제 중재에 맡긴다는 것은 곧 미국 국민의 의사와 무관하게 국제법적인 규범에 의거해 해당 채무 건이 처리되도록 하겠다는 것을 의미했다. 앞서 본 뉴욕주의 충성파 관련 법처럼 매사에 주민들의 의사를 최대한 반영하는 체제에 정면 역행하는 조치로서, 국제법과 조약에 최상의 권위를 부여한 연방헌법을 근거로 가능해진 일이었다. 나아가 이는 미국이 1783년 조약의 조항을 늦게나마 이행하려 한 것이라는 점에서 상징적으로 큰 의미가 있었다. 미국이 앞으로는 자국민의 반대를 무릅쓰며 강제하는 한이 있어도, 외국과 맺은 조약을 이행할 의지와 능력이 있음을 보여준 것이기 때문이다(Sadosky 2010).

영국의 북미 내륙 병력 철수는 비록 연루된 병력의 규모는 작았지만, 미국과 원주민 정치체들 사이의 관계에 거대한 변화를 초래할 의미심장한 조치였다. 영국군이 주둔 중이던 요새들은 미국 독립 이전부터 유럽 및 원주민 권력체들 사이의 활발한 외교와 교역의 장으로 기능했던 곳으로서, 영국이 이곳에 병력을 유지한 것은 무엇보다 원주민 정치체들과 긴밀한 협조 관계를 유지하며 그들이 미국에 대항해 주권을 지킬 수 있도록 재정적, 군사적 지원을 지속하겠다는 것을 상징했다. 제이 조약에서 미국은 자신들이 원주민보다 영국에 장기적으로 더 득이 되는 신뢰할 만한 파트너라고 설득함으로써, 영국이 원주민 정치체들을 배신하고 미국과의 교역 및 외교 관계 강화에 치중하도록 유도한 셈이었다. 연방헌법이 마련한 중앙화된 체제를 통해 미국이 이제는 조약을 잘 이행할 통치력이 있다고 선전할 수 있었기에 가능한 일이었다. 영국의 태도 변화는 실제로 미국 연방군이 같은 해 북서부 원주민들의 연맹을 상대로 처음으로 중요한 승전(Battle of Fallen Timbers, 1794)을 거두며 원주민들을 상대로 우위를 점하기 시작하는 데 결정적으로 기여했다.

이처럼 강화된 통치력 및 조약 수행 능력을 어느 정도 입증하면서, 연방정부는 곧바로 1795년의 그린빌 조약(Treaty of Greenville)을 위시하여 내륙 여러 원주민들의 영토와 힘을 크게 약화시키는 일련의 조약들을 체결해 나갈 수 있었고, 또 스페인과 산 로렌초 조약(Treaty of San Lorenzo/Pinckney's Treaty, 1795)을 맺음으로써 남동부 미국인들이 오랫동안 염원했던 미시시피강을 통한 자유로운 교역권을 확보할 수 있었다. 이 조약 역시 유럽국과의 조약이면서 원주민과의 관계에도 지대한 영향을 미쳤는데, 미시시피강과 걸프해를 통해 서인도제도, 유럽과 자유롭게 교역할 수 있게 된 것은 특히 남서부 내륙의 경제성장 가능성을 대폭 제고해 주었기에, 더욱 많은 정착민들이 경제적 기회를 좇아 몰려들며 원주민들을 압박하게 되었기 때문이다. 미국-스페인 관계 정상화와 더불어 스페인 제국과 제휴한 원주민들의 위협에 적어도 이전만큼 신경 쓸 필요가 없어졌다는 점도 물론 정착민들의 물결에 힘을 실어주었다(Nichols 2008, 164-176).

1794-95년의 성과가 유럽과 북미 내륙 모두를 상대로 주권국으로서 미국의 위상을 한층 드높였다면, 19세기 초에 도래한 새로운 위기는 주권국으로서의 위상을 유지하는 일이 결코 쉽지 않음을 상기시켜 주었다. 우선 1800년 대선으로 이전의 연방파 엘리트에 비하면 상대적으로 중앙집권화에 미온적인 제퍼슨의 공화파가 집권하면서, 국정 운영 기조뿐 아니라 국가체제의 실제 작동방식에까지 적잖은 변화의 소지가 생겼다. 유럽에서는 나폴레옹의 집권과 영제국의 더욱 강력한 군사활동 속에 미국이 중립적 교역을 견지하기 어렵게 하는 전시 상황이 심화되었고, 북미 내륙에서는 셔니(Shawnee) 지도자 테컴세(Tecumseh)와 텐스카타와

(Tenskatawa)가 주도하는 범인디언 연합 운동 등이 일어나며 미국에 대한 원주민들의 정치적, 군사적, 문화적, 영적 저항이 새로이 활력을 띠었다. 이런 상황에서 교역 분쟁을 둘러싸고 영국과의 제이 조약이 갱신되지 못한 채 1806년 시효가 끝나 버렸고, 플로리다 국경에 대한 분쟁 등으로 스페인과의 관계도 다시 악화되고 있었다(Taylor 2022).

이런 배경 속에서 벌어진 1812년 전쟁(1812-1815) 그리고 크릭 전쟁(1813-1814)을 위시한 여러 원주민들과의 전쟁은, 미국 사회에 닥친 또 한 번의 큰 대내외적 위기이면서, 궁극적으로 그 극복 과정에서 미국의 주권국으로서의 위상을 더욱 공고히 하는 계기가 되었다. 그러나 이는 단지 연방파 엘리트의 중앙화 비전을 견지함으로써가 아니라, 미국이라는 국가의 대내외적 정체성을 새로이 하는 변화를 통해 비로소 달성될 수 있었다. 미국은 이제 단지 유럽 주권국들을 충실히 모방하며 주권국으로 인정받으려 하기보다, 정착민 국가로서 미국의 특질을 전면에 앞세우고, 북미 공간에서 식민 폭력으로 쟁취한 바를 문명론과 실정법에 의거해 정당화하며 새로운 성격의 주권국으로서 국제사회에 자리매김하려 했다.

이런 변화의 조짐은 1801년에서 1808년까지 제퍼슨의 대통령 재임 기간 동안에도 이미 조금씩 나타나기 시작했다. 제퍼슨은 1803년 나폴레옹으로부터 루이지애나를 매입함으로써(Louisiana Purchase) 미국의 영토를 미시시피강 너머로 대폭 확장하고, 실효적 점유에서도 이전 어느 대통령보다 적극적으로 원주민들이 토지를 팔도록 압박하며 오하이오강 유역 대부분을 원주민의 땅에서 정착민을 위한 공간으로 탈바꿈시켜 나갔다. 백인 평민들이 독립적 자영농으로서 공화국의 근간을 이루어야 하고 그러기 위한 사회경제적 토대를 마련해 주는 데 국력을 총동원해야 한다는 제퍼슨의 구상은, 처음부터 원주민의 토지를 수탈하는 정착민 식민주의와 불가분의 관계에 있었다고 할 수 있다. 제퍼슨은 그러나 백인 중하층민의 원주민 토지 수탈을 적극 지지하면서도, 그 과정에 필연적으로 수반되는 폭력은 애써 외면하려 했다. 제퍼슨은 원주민들을 경제적, 외교적으로 고립시키고 그들이 토지를 팔지 않을 수 없도록 계속 압박하면서도, 연방정부가 원주민들의 자상한 보호자이며 특히 그들의 주권을 침해하지 않는다는 허구를 내려놓지 않았다(Sadosky 2010; Onuf 2001).

당대 미국 지도자들 중 전반적으로 가장 이상주의적인 성향이 강한 인물이 제퍼슨이기도 했지만, 그가 원주민들의 주권을 미국이 보호한다는 허구를 견지하고 싶어한 것은 무엇보다 '국가들의 법'에 비추어 미국이 문명화된 주권국으로 비추어지기를 열망했기 때문이라 할 수 있다(Ablavsky 2019b). 프란시스코 데 비토리아(Francisco de Vitoria)와 후고 그로티우스(Hugo Grotius)에서 바텔까지 대표적인 국제법 이론가들은 한편으로는 원주민들이 유럽 주권국들보다 열등한 권리를 가진다고 주장하며 식민주의를 정당화하기도 했지만, 동시에 땅에 대한 원주민들의 권리를 유럽국들이 아무 근거 없이 자의적으로 침해해서는 안 된다며 식민 폭력을 비판하는 듯한 언급을 하기도 했다. 어디까지가 정당한 개입이고 어디부터가 부당한 식민 폭력인지는 모호하기 그지없었지만, 그 근저에 있는 문화적 태도는 명확했다. 아무리 문명화되지 못한 집단을 대상으로 한 것이라도, 야만적인 폭력은 문명화된 주권국들이 견지해야 할 국제사회의 규범에 어긋난다는 것이었다. 이런 태도의 저변에는 제퍼슨과 같은 미국 엘리트들도 깊이 경도되어 있었던 당대 유럽의 포용적이고 인도주의적인 계몽주의적 인간관이 자리 잡고 있었다. 이런 견지에서, 국가의 합법적이고 중앙화된 주권 행사에 의해서가 아닌 주변부 정착민들의 무질서한 폭력에 의한 식민 팽창은 어느 모로 봐도 문명국의 행태와는 거리가 먼 것이었다(Fitzmaurice 2014; Pitts 2018).

그러나 미국 내부의 폭력적 현실과 문명국으로서의 국가 이미지 사이에는 어떤 허구로도 덮을 수 없는 명백한 간극이 존재했다. 미국 정부가 원주민들의 주권을 인정한다고 표방하면서 특히 제퍼슨 정권 하에서 실제로는 정착민들의 공격적인 침투를 제어하기는 커녕 오히려 부추긴다는 점이 명확해지면서, 미국에 정면으로 맞서 독립을 지키려는 원주민들의 저항 운동이 다시 거세졌다. 1812년 전쟁과 거의 같은 기간 지속된 크릭 전쟁은 미국이 이런 저항을 적극 억제하려 하면서 벌어진 대표적인 폭력적 대치 중 하나였다. 강력한 크릭 연맹 중 일명 '붉은 막대(Red Stick)'로 불리게 된 일부 원주민들은 앞서 언급한 셔니 지도자 텐스카타와의 가르침을 받아들여, 1810년 무렵부터 미국 및 서양 세력을 몰아내고 원주민의 전통을 되살리려는 급진적 독립운동을 펼치기 시작했다. 이들의 움직임은 미국에게, 특히 남동부 정착민들에게 큰 위협이 되었기에 미국은 이들을 제어하려는 군사 작전을 펼치기 시작했다. 그러던 중 1813년 붉은 막대 군대가 오늘날의 앨라배마주에 해당하는 (당시에는 루이지애나 매입으로 미국 영토가 된 지 얼마 지나지 않은) 지역에서 200여 명의 정착민을 학살하는 사건이 벌어지자, 미국

정부는 성난 민심을 등에 업고 붉은 막대를 섬멸하기 위한 전면전에 착수할 수 있었다.

작전을 이끈 앤드류 잭슨(Andrew Jackson)은 이전까지 미국 연방군이 취한 바 없는 무차별적인 폭력으로 레드 스틱을 응징하겠다는 의도를 처음부터 숨기지 않았다. 그의 의도대로 미국 군대는 1814년의 호스슈 벤드 전투(Battle of Horseshoe Bend)에서 1,000명 정도의 레드 스틱 원주민을 포위한 후 무자비한 총격과 포격을 퍼부어 800여 명을 사살했다. 이어진 종전 협상을 담당한 연방 관료들은 저항 의지가 꺾인 레드 스틱에 대해 그들이 미국에 충성하도록 약속을 받고 평화적 관계를 회복하려 했다. 그러나 이를 강경히 반대한 잭슨이 결국 연방정부를 설득하여 스스로 협상을 이끌게 되었다. 잭슨은 단지 평화 회복이 아니라 이 전쟁을 계기로 크릭의 영토를 대폭 축소하며 미국 정착민을 위한 토지를 넓히고자 했고, 포트 잭슨 조약(Treaty of Fort Jackson, 1814)을 통해 자신의 목적을 달성했다(Sadosky 2010; Gerstle 2015).

잘 알려졌듯 잭슨은 이듬해 영국군을 상대로 뉴올리언즈에서 승전을 거두며 국가적 영웅으로 떠올랐는데, 그의 공격적 군사 활동은 거기서 끝나지 않았다. 잭슨은 플로리다를 무대로 원주민들을 정복하고 축출하려는 노력을 지속했다. 플로리다의 대부분 지역은 미국 독립전쟁 직후의 협상에서 스페인 영토로 남았지만, 미국과 스페인 사이의 국경선에 대한 이견이 남았고 그 상황은 1810년대까지 지속되었다. 한편 어느 쪽의 중앙 권력도 잘 미치지 못하는 상황에서, 플로리다 북부 지역에는 강력한 세미놀(Seminole) 네이션을 중심으로 독립적인 연합체가 형성되었다. 이들은 여러 인접 원주민들은 물론 일부 백인 충성파 출신, 그리고 여러 도망 노예들을 수용하며 세를 떨쳤다. 잭슨의 임무는 세미놀 연합이 인접 지역 미국 정착민들을 공격하지 못하도록 억제하는 것이었다. 잭슨은 그러나 처음부터 미국의 식민 팽창과 노예제에 공히 위협이 되는 세미놀을 영구히 섬멸하는 것을 목표로 했고, 그렇기에 국경 내에서 미국인들을 방어하는 데 그치지 않고 스페인령 플로리다까지 침입하여 세미놀을 공격하고 일부 지역을 점령했다.

1817-18년 잭슨의 이런 군사 활동은 명백히 국제법에 위배되는 것으로서, 스페인 정부로부터 거센 항의를 받았고 미국 정부 내에서도 큰 논란을 불러일으켰다. 그러나 잭슨의 공격적 활동이 가져다준 실리, 즉 미국의 영토 확장과 북미에서의 헤게모니 장악을 포기하기 힘들었고, 스페인이 북미에 군사력을 투입할 여력이 없으리라는 계산이 섰기에 연방정부는 결국 잭슨의 침략 행위를 묵인했다. 그리고 곧이어 스페인 정부를 상대로 그들이 어차피 통제하지 못하는 지역이니, 플로리다를 미국에 양도하도록 설득하여 1819년 조약으로 이를 성사시켰다. 18세기 '국가들의 법'에서 가장 중점적으로 제재하려 한 주권국 간의 자의적 침략 행위를 버젓이 감행함으로써, 미국은 스페인으로부터 플로리다를 얻어낸 것이었다.

국제법 역사학자들은 19세기로 넘어가면서 국제법의 기본 철학이 변화했다고 지적하곤 한다. 자연법에 의거한 보편적 규범을 강조하던 이전의 '국가들의 법'에서, 어떤 이유에서든 실제 국가들 사이에 효력을 발휘하고 있는 조약과 외교 관계들을 국제법의 본질로 간주하는 보다 현실주의적 접근, 즉 실정법(positive law)에 입각한 국제법 관념으로의 전환이 일어났다는 것이다. 미국은 이런 서술에서 그간 거의 주목을 받지 못했지만, 데보라 로젠이 지적하듯 잭슨의 침략 행위와 이에 근거한 미국의 플로리다 획득은 규범적인 국제법에서 실정법적인 국제법으로의 전환을 명확히 알리는 중요한 사례라 할 수 있다. 제퍼슨을 위시하여 계몽주의적인 문명국 개념에 집착했던 건국기 엘리트와 달리, 잭슨은 고상한 국제법 규범에 신경 쓰지 않고 힘으로 국익을 챙기고 이를 영속화하여 국제적으로 인정받게 한 것이었다(Armitage 2002; Rosen 2015).

그렇다고 잭슨이 국제적 명분을 전혀 신경 쓰지 않은 것은 아니다. 다만 그는 '국가들의 법'에 의거한 건국기 논의와는 사뭇 다른 방식으로 미국의 팽창을 정당화하려 했다. 잭슨은 우선 야만적인 원주민들이 근처에 있는 것은 미국 국민에게 상시 위협이 되므로 그들을 가만히 둘 수 없다는 입장을 취했다. 나아가, 인접국에서 원주민들을 제대로 다스리지 못한다면 국경에 가까이 거주하는 미국인들의 안위가 보장될 수 없으므로, 미국이 해당 지역에 침입하여 원주민들을 무력화하고 필요하다면 아예 해당 지역을 점유하여 통치할 수 있다는 주장을 펼쳤다. 잭슨의 구도가 성립하기 위한 주요 전제는 두말할 나위 없이 인종주의에 기반한 문명-야만 구분이었다. 미국의 백인들은 본질적으로 문명인이고 비백인들은 본질적으로 문명인에게 위협이 되는 야만적 존재였으며, 문명인에게 위협이 되지 않도록 야만인들을 복속시키거나 통치하는 일은 문명국의 가장 중요한 의무 중 하나였다. 잭슨의 논리에 따르면, 야만인을 제대로 다스리지 못한 스페인과 같은 국가는 문명국으로서의 역할을 하지 못하는 것이므로, 해당 영토에 대해 주권을 행사할 자격도 없었다. 반면 미국은 식민주의를 적극 펼침으로써 오히려 문명국의 역할을 가장 잘 수행하는 국가였다.

잭슨이 이념화한 것은 식민주의 중에서도 미국의 팽창을 견인해 온 정착민 식민주의였다. 잭슨은 주변부 정착민들이 중앙 권력에 맞서가며 원주민들의 땅을 자발적으로 수탈해 세운 테네시주에서 젊은 시절을 보내며 자수성가했으며, 이후에도 평민의 민주적 역량과 권리를 강조하는 그의 정치철학은 백인 정착민들의 '개척' 활동을 이념화하는 태도와 늘 직결되어 있었다. 연방헌법의 규정에 따라 잭슨이 원주민들 상대로 이끈 '연방'군도 실은 정규군이 아니라 대부분 민병대로 구성되어 있었는데, 이 민병대원들 대다수는 원주민들의 토지를 노리는 테네시, 조지아 등의 정착민 남성들이었다. 잭슨의 공격적 군사 활동과 대외 정책은 특히 정착민들로부터 열렬한 지지를 받았으며, 이것이 가령 잭슨의 자의적인 플로리다 침공에 대해 연방정부가 결국 질책하지 않고 수용하게 된 큰 이유였다(Rosen 2015).[3]

3 앤드류 잭슨의 정치 이념과 정책 지향성을 온전히 정착민 식민주의로 환원하여 설명한다면 이는 물론 무리한 해석일 것이다. 잭슨은 잦은 거부권 행사 등에서 두드러지듯 대통령 임기 동안 강한 중앙 권력을 행사하기도 했는데, 이는 주변부 정착민들의 자율성이 강조되는 건국 초기 정착민 식민주의의 경향과 오히려 대척점에 서 있다고 볼 여지도 있기 때문이다. 또한 원주민을 상대로 한 식민 방식에서도 폴 프라이머가 지적하듯, 잭슨이 주도한 남동부 원주민 축출 정책은 이전까지의 분산된 식민 팽창과 대비되는 철저히 중앙화된 방식의 식민 폭력 행사였다(Frymer 2017, 23-24). 그러나 잭슨의 이런 양면성이야말로 오히려, 미국이 정착민 국가로 성장하는 과정에서 그가 결정적인 역할을 했다고 볼 수 있는 이유이기도 하다. 중앙의 정치지도자로서 종종 정착민들을 통제하려 했다 해도, 전체적으로 (제퍼슨을 비롯한) 이전 어느 대통령보다도 잭슨이 실제 정책과 정치적 수사 양면에서 주변부 정착민 식민주의를 적극 뒷받침했음은 부인하기 힘들다. 중앙 권력을 강화하면서도 주변부 식민 팽창을 최대한 옹호하려는 잭슨의 태도는 정착

정착민들의 폭발적이고 자발적인 식민 활동은 원주민뿐 아니라 인접 유럽 제국들 상대로도, 미국이 늘 가져온 가장 큰 힘의 원천이었다고 할 수 있다. 그러나 중앙 권력의 통제를 잘 받아들이지 않으며 또 문명화된 주권국으로서 용인하기 힘든 무질서한 폭력을 수반하곤 하는 정착민들의 활동은, 미국이 국제사회에서 주권국으로 인정받도록 하려는 건국기 지도자들에게 늘 골칫거리였다. 잭슨은 그나마 범인류적 가치를 강조하던 18세기까지의 국제법을 무시한 채, 백인성을 문명의 근간으로 삼는 인종주의적 문명론을 통해 정착민들의 공격적 식민활동을 정당화하고, 이를 적극 뒷받침하는 것이 오히려 주권적 문명국가의 역할이라는 논리를 펼치는 한편, 북미에서 힘으로 장악한 헤게모니를 근거로 미국이 국제사회에 강자로 자리 잡게 하려 했다. 나폴레옹 전쟁 이후 유럽국들도 점차 이전의 이상주의적 국제관계보다 실정법 위주의 현실주의적 국제법 체제로 전환하고 있던 시점에서, 잭슨의 접근은 실제로 미국이 폭력적 정착민 식민주의를 적극 수용하고 오히려 국력의 근원으로 삼으면서 국제사회에 주권국으로 자리 잡게 하는 데 성공했다. 역사학자 레오나드 사도스키의 표현대로, '잭슨 독트린(Jackson doctrine)'이야말로 국제사회에서 미국의 위상을 정립한 중대한 국정운영 원리였다.

잭슨 독트린이 수립한 미국의 주권 행사 형태는 영토와 관련

민 식민주의를 미국 정치의 주류로 확고히 끌어들이는 데 기여했으며, 긴 역사적 흐름상으로 보자면, 미국이 분산된 정착민 사회들의 연합체에서 출발하여 점차(식민 팽창 역시 국가 주도로 수행하는) 중앙화된 정착민 국가로 거듭나는 과정에서 중요한 가교 역할을 했다고 평가할 수 있다(Rogin 1975 ; Ostler 2019, 191-250).

하여 유럽국들과 대조되는 특질을 가졌다. 유럽국들도 19세기에 점차 앞서 논한 '점과 선' 중심의 느슨한 제국 통치 체제에서 '면'까지 확고히 통치하는 국민국가 체제로 전환하기 시작했으나, 대부분의 곳에서 이는 19세기 후반에야 본격화된 점진적인 변화였다(Benton 2009). 미국도 어떤 면에서는 오히려 더욱 느슨한 통치 체제를 오래도록 견지했으나, 다만 사유지를 찾아 스스로 곳곳으로 찾아가는 정착민들의 존재는 미국이 '면'을 채워나가며 실효적으로 통치하는 체제를 일찌감치 구성할 여지를 만들어 주었다. 문제는 정착민들이 중앙 권력으로 잘 통제되지 않는다는 점이었는데, 잭슨 독트린은 원주민 및 인접 유럽 제국을 상대로 한 정착민들의 폭력적이고 배타적 식민 활동을 적극 수용하고 보호함으로써 국가권력에 대한 그들의 자발적 지지를 이끌어 낼 수 있었다. 과세나 군 복무 같은 문제에 있어서는 여전히 중앙 권력의 강제력이 주변부 정착민들에게 잘 미치지 못했으나, 미국 영토를 팽창시키고 대외적으로 힘을 행사하는 데 있어서는 정착민들의 존재에 힘입어 '점과 선'만이 아닌 '면'들을 실효적으로 점거하고 미국의 주권이 미치는 곳으로 만들 수 있었다.

인종주의적 문명론을 통해 정착민들의 식민 활동을 지지하고 국가에 대한 그들의 충성을 이끌어 내기에, 잭슨 독트린은 국가가 계속 팽창하면서도 강력하고 실효적인 영토적 주권을 견지할 수 있게 해 주었다. 나아가 정착민들이 접경지대에 무법적으로 침입하여 분란을 일으킨 경우에도, 특히 분쟁 상대가 원주민 정치체이거나 미국보다 취약하다고 간주되는 국가라면, 잭슨 독트린은 미국 정착민을 보호한다는 명분 하에 미국이 궁극적으로 해당 지역을 점유하는 것을 손쉽게 정당화했다. 이런 정당화를 가능케 하는 전제는, 앞서 보았듯 문명인과 야만인을 본질주의적으로 구분하는 인종 관념이었다. 잭슨 독트린에서는 단지 국가나 집단 간의 문명-야만 구분만이 아니라, 개개인의 문명인 또는 야만인으로서의 본질이 팽창주의적 국가 주권 행사의 근거를 마련해 주었다. '문명인'인 백인 정착민들의 자발적 식민 활동을 따라가며 그들을 야만인들로부터 보호하려다 보면, 미국은 자연히 계속하여 국경을 넘어 통치권을 행사하며 궁극적으로 영토를 확장할 명분이 생겼기 때문이다.[4]

여러모로 연방파 엘리트의 세계관을 물려받은 존 마셜(John Marshall) 대법원장 주도 하에 미국이 1823년부터 1832년까지 원주민들의 권리에 대해 내린 일련의 역사적 판결들(Johnson v. M' Intosh, 1823; Cherokee Nation v. Georgia, 1831; Worcester v. Georgia, 1832)은, 한편으로는 주 정부들과 정착민들의 자의적 원주민 토지 수탈 및 처벌을 제재하려 하면서도 동시에 원주민 정치체들의 종속적 지위 및 불완전한 토지소유권을 명시했기에, 그 취지와 의의에 대해 지금까지도 해석이 분분하다. 본고에서는 이에 대해 상세히 논의하지는 않겠지만, 잭슨 독트린의 수립으로 이어지는 18세기 말-19세기 초의 역사적 흐름을 염두에 둘 때 이 판결들이 건국기 엘리트의 비전과 잭슨 독트린 사이의 절충을 꾀했다

4 건국기부터 남북전쟁기까지 미국인들 사이에서 필리비스터(Filibuster) 활동, 즉 자체적으로 군대를 조직하여 국경 바깥의 영토를 자의적으로 침략하는 일이 빈번했던 것 역시 이런 맥락에서 이해할 수 있다. 필리버스터 활동이 성행할 수 있었던 큰 이유 중 하나는, 적어도 미국 사회의 일부는 이런 사적 군사 활동을 공적인 영토팽창/보호와 명확히 구분하지 않았기 때문이다(Hahn 2016, 161-169).

는 해석을 제기할 수 있다. 이는 세 판결이 제시한 두 가지 중요한 법리에서 확인할 수 있다.

첫째, 판결들을 통해 마셜은 "사용권(occupancy)"이라는 개념을 내세워 토지에 대한 원주민들의 권리를 규정했는데, 이 개념에 의하면 원주민들은 토지에 대한 완전하고 영속적인 권리를 가지지 못한 채 한시적으로, 즉 문명화된 토지 사용을 할 줄 아는 사람들에게 양도할 때까지 점유하고 있는 것이었다. 마셜은 그렇더라도 원주민들이 스스로 물러나지 않는 이상 그들을 해당 토지로부터 몰아낼 권한은 누구에게도 없다고 단서를 달았다. 나아가 그들의 토지는 사적인 거래가 아니라, 오직 '국가들의 법'에 준하여 연방정부와 맺은 조약을 통해서만 양도될 수 있음을 강조했다(Banner 2007; Ablavsky 2014). 원주민들의 토지 소유가 불완전하고 한시적인 성격의 것이라 못 박음으로써 그들의 토지가 언젠가는 백인들의 수중에 넘어갈 것임을 암시하고 자연스럽게 만드는 한편, 단지 그 과정이 폭력적인 식민 수탈이 아니라 국제법에 따른 국가의 중앙화된 주권 행사에 의해 이루어져야 한다고 명시한 것이다. 정착민 식민주의가 거스를 수 없는 사회적 현실임을 인정하면서도, 건국기 엘리트들이 추구한 중앙화된 문명국의 비전을 최대한 견지하려 한 절충안이라 할 수 있다.

둘째, 마셜은 원주민 정치체들의 법적 지위에 대해 이들이 "내부의 종속적 네이션(domestic dependent nation)"이라 규정했는데, 건국기 엘리트들이 했던 것처럼 원주민들의 주권을 일정 부분 인정하면서도, 이것이 미국에 종속된 차등적 자치권임을 강조한 것이다. 제퍼슨 등 건국기 엘리트들 역시 원주민 네이션들이 주 정부나 개별 정착민 상대로는 불가침의 주권을 가진다고 강조하면서도, 동시에 그들이 보호자인 연방정부에 복종해야 한다고 함으로써 국내에서 원주민을 상대로 한 연방정부의 중앙화된 주권을 확립하려 노력했다. 대외적으로는, 원주민들이 여타 유럽국들과 동맹이나 조약을 맺지 못하게 하고 오직 미국 정부를 통해서만 교역과 외교, 토지 양도를 할 수 있게 제약하려 했다. 이는 어찌 보면 연방헌법상의 주들의 권한과 비슷하게, 즉 앞서 보았듯 주들의 독자적인 외교 및 통상권을 제한한 것처럼 원주민들의 차등적 주권을 설정한 것이었다(Banner 2007). 판결이 내려졌을 때 잭슨이 정권을 잡은 채 연방정부가 원주민 축출과 토지 수탈에 앞장서고 있었다는 점을 상기할 때, 마셜은 이런 법리를 세움으로써 정착민 식민주의를 제어하지는 못하더라도, 최소한 건국기 엘리트들의 구상대로 무질서하고 분산된 식민 폭력만큼은 억제하려 했다고 볼 수 있다.

물론 남동부 '문명화된' 원주민 네이션들마저 내륙으로 몰아낸 잭슨의 원주민 추방 정책이 강행된 데에서 볼 수 있듯, 대법원의 취지와 별개로 잭슨은 원주민들의 종속적 지위를 강조하며 정착민 식민주의를 정당화하는 데 치중했다. 연방정부가 원주민들을 '보호'할 의무가 있기에 그들에 대한 독점적 권한을 가진다는 관념 또한, 잭슨은 폭력적 식민 팽창을 정당화하는 식으로 비틀었다. 즉 거스를 수 없는 문명의 약진 앞에 야만적인 원주민들이 소멸되는 '자연스러운' 역사의 전개를 막으려면, 그들을 멀리 내륙으로 보내 따로 보호해 주어야 하고 그래서 축출한다는 것이었다(Seeley 2021; Saunt 2020). 이렇게 볼 때, 19세기 중엽까지 미국은

책은 독트린 기조로 주권국으로서 국가 정체성을 수립하면서, '국가들의 법'에 의거한 건국기 엘리트와 마셜 대법원의 국가관은 필요에 따라 선택적으로 수용하고 비틀어 해석했다고 할 수 있다. 그러나 1860년대의 남북전쟁 및 그에 따른 중앙집권화를 거치며, 원주민에 대한 정책도 다시 건국기 엘리트들의 비전처럼 질서정연하고 중앙화된 방식으로 수행하는 것이 강조되었다. 다만 비약적으로 강화된 국가폭력 역량을 앞세워, 이제는 연방정부가 원주민을 대상으로 한 식민 폭력에 앞장서는 상황이 전개되었다. 19세기 후반이 되면, 의심의 여지없는 강대국으로서 미국은 이전처럼 문명화된 주권국으로 인정받으려 애쓸 필요가 없어졌기 때문이리라.

V 나가며

미국이 독립혁명 후 19세기 초까지 국제법상 주권국으로 자리매김하려 한 과정은 곧, 건국기의 지난한 사회정치적 갈등과 타협을 거쳐 새로운 유형의 영토적 주권을 수립하는 과정이었다. 미국이 만들어 낸 새로운 형태의 주권 행사는, 영제국으로부터 물려받은 근대 초 제국 특유의 확장적이면서도 느슨한 통치 체제와 주변부 정착민 주도의 촘촘한 영토 점유 기제가 결합되어 탄생한 것이었다. 정착민 국가로서 미국의 영토적 주권 행사가 가진 특성은, 중앙의 기획에 의하지 않은 분산된 방식으로 끊임없이 팽창하면서도, 중앙과 주변 사이의 통치권 조율에 힘입어 새로 획득한 영토에 곧바로 실효적 주권을 행사하곤 했다는 점이다. 또한 한번 획득한 영토에 대해서는 확고한 배타적 주권을 행사하면서, 동시에 접경지대에 대해서는 국제법상 모호한 '예외적 공간'으로 치부하며 '제국의 신민 보호' 의무를 앞세워 수시로 개입하고 점령할 여지를 만들어 내곤 했다.

이러한 지속적 팽창과 점유를 국제법상 유효한 주권 행사로 자리매김하는 데 있어, 미국은 다른 유럽 제국들과 마찬가지로 주권적 통치를 할 줄 아는 '문명국'과 그렇지 않은 정치체들 사이의 대비를 일찍부터 강조했다. 또한 정착민 국가라는 특성상 미국은 한 걸음 나아가, 문명국이라는 국가적 정체성뿐만 아니라 구성원 개개인의 '문명인'으로서의 정체성을 확장적인 영토적 주권 천명의 한가운데 위치 지음으로써, 주변부 정착민들이 자발적으로 '야만적인' 원주민의 토지를 수탈하며 사유지를 만들어 가는 과정을 국제법상 유효한 미국의 주권 행사로 이념화했다. 자연법에 의거한 '국가들의 법'과 새로 태동하기 시작한 실정법적 국제법 개념 양 쪽을 선택적으로 원용하며 정착민 국가의 팽창주의에 합법성을 부여하려 한 미국의 선례는, 이후 호주, 뉴질랜드, 캐나다, 남아프리카공화국 등의 여러 정착민 정치체가 폭력적 식민팽창을 지속하면서도 국제법의 일원으로 자연스럽게 받아들여지게 하는 단초를 놓았다고도 추측해 볼 수 있다.

참고문헌

Ablavsky, Gregory. 2014. "The Savage Constitution." *Duke Law Journal* 63(5): 999-1089.

______. 2019a. "Empire States: The Coming of Dual Federalism." *Yale Law Journal* 128: 1792-1868.

______. 2019b. "Species of Sovereignty: Native Nationhood, the United States, and International Law, 1783 - 1795." *Journal of American History* 106(3): 591-613.

______. 2021a. "Two Federalist Constitutions of Empire." *Fordham Law Review* 89(5): 1677 - 1706.

______. 2021b. *Federal Ground: Governing Property and Violence in the First U.S. Territories*. Oxford: Oxford University Press.

Anderson, Fred. 2001. *Crucible of War: The Seven Years' War and the Fate of Empire in British North America, 1754-1766*. New York: Vintage.

Anghie, Antony. 2005. *Imperialism, Sovereignty, and the Making of International Law*. Cambridge: Cambridge University Press.

______. 2006. "The Evolution of International Law: Colonial and Postcolonial Realities." *Third World Quarterly* 27: 739 - 753.

Armitage, David. 2002. "The Declaration of Independence and International Law." *The William and Mary Quarterly* 59(1): 39 - 64.

Banner, Stuart. 2007. *How the Indians Lost Their Land: Law and Power on the Frontier*. Cambridge, MA: Harvard University Press.

Benton, Lauren. 2008. "From International Law to Imperial Constitutions: The Problem of Quasi-Sovereignty, 1870 - 1900." *Law and History Review* 26(3): 595 - 619.

______. 2009. *A Search for Sovereignty: Law and Geography in European Empires, 1400–1900*. Cambridge: Cambridge University Press.

Benton, Lauren, Adam Clulow and Bain Atwood. eds. 2017. *Protection and Empire: A Global History*. Cambridge: Cambridge University Press.

Benton, Lauren, and Lisa Ford. 2016. *Rage for Order: The British Empire and the Origins of International Law, 1800–1850*. Cambridge, MA: Harvard University Press.

Calloway, Colin G. 2007. *The Scratch of a Pen: 1763 and the Transformation of North America*. New York: Oxford University Press.

Cavanagh, Edward and Lorenzo Veracini eds. 2017. *The Routledge Handbook of the History of Settler Colonialism*. New York: Routledge.

Duchhardt, Heinz. 2012. "From the Peace of Westphalia to the Congress of Vienna." *The History of International Law*. ed. by Bardo Fassbender and

Anne Peters. Oxford: Oxford University Press: 628-653.

DuVal, Kathleen. 2006. *The Native Ground: Indians and Colonists in the Heart of the Continent*. Philadelphia: University of Pennsylvania Press.

Elkins, Stanley and Erick McKitrick. 1993. *The Age of Federalism: The Early American Republic, 1788-1800*. Oxford: Oxford University Press.

Fassbender, Bardo, Anne Peters, Simone Peter, and Daniel Högger. 2012. *The Oxford Handbook of the History of International Law*. Oxford: Oxford University Press.

Fitzmaurice, Andrew. 2012. "Liberalism and Empire in Nineteenth-Century International Law." *The American Historical Review* 117(1): 122-140.

______. 2014. *Sovereignty, Property and Empire, 1500–2000*. Cambridge.

______. 2017. "Scepticism of the Civilizing Mission in International Law." *International Law and Empire: Historical Explorations.* ed. by Martti Koskenniemi. Oxford: Oxford University Press: 359-384.

Ford, Lisa, 2011, *Settler Sovereignty: Jurisdiction and Indigenous People in America and Australia 1788-1836*. Cambridge, MA: Harvard University Press.

______. 2021. *The King's Peace: Law and Order in the British Empire. Cambridge*. MA: Harvard University Press.

Frymer, Paul. 2017. *Building an American Empire: The Era of Territorial and Political Expansion*. Princeton: Princeton University Press.

Gerstle, Gary. 2017. *Liberty and Coercion: The Paradox of American Government from the Founding to the Present*. Princeton University Press.

Golove, David M. and Daniel J. Hulsebosch. 2010. "A Civilized Nation: The Early American Constitution, the Law of Nations, and the Pursuit of International Recognition." *New York University Law Review* 85(4): 932-1066.

______. 2017. "The Law of Nations and the Constitution: An Early Modern Perspective Symposium: The Law of Nations and the United States Constitution." *Georgetown Law Journal* 106(6): 1593-1658.

______. 2021. "The Federalist Constitution as a Project in International Law." *Fordham Law Review* 89(5): 1841-76.

Gould, Eliga H. 2003. "Zones of Law, Zones of Violence: The Legal Geography of the British Atlantic, circa 1772." *William and Mary Quarterly* 60(3): 471-510.

______. 2014. *Among the Powers of the Earth: The American Revolution and the Making of a New World Empire*. Cambridge, MA: Harvard University Press.

Griffin, Patrick. 2007. *American Leviathan: Empire, Nation, and Revolutionary*

Frontier. New York: Hill and Wang.

Hahn, Steven. 2016. *A Nation Without Borders: The United States and Its World, 1830-1910*. New York: Penguin Random House.

Hendrickson, David. 2003. *Peace Pact: The Lost World of the American Founding*. Lawrence: University Press of Kansas.

Hinderaker, Eric. 1999. *Elusive Empires: Constructing Colonialism in the Ohio Valley, 1673-1800*. Cambridge: Cambridge University Press.

Hulsebosch, Daniel J. 2005. *Constituting Empire: New York and the Transformation of Constitutionalism in the Atlantic world, 1664-1830*. Chapel Hill: University of North Carolina Press.

Jasanoff, Maya. 2011. *Liberty's Exiles: American Loyalists in the Revolutionary World*. New York: Penguin Random House.

Klarman, Michael J. 2016. *The Framers' Coup: The Making of the United States Constitution*. New York: Oxford University Press.

Koskenniemi, Martti. 2001. *The Gentle Civilizer of Nations: The Rise and Fall of International Law 1870–1960*. Cambridge: Cambridge University Press.

______. 2017. "Sovereignty, Property and Empire: Early Modern English Contexts." *Theoretical Inquiries in Law* 18(2): 355-89.

Kramer, Larry. 2004. *The People Themselves: Popular Constitutionalism and Judicial Review*. Oxford: Oxford University Press.

Landsman, Ned. 2000. *From Colonials to Provincials: American Thought and Culture 1680-1760*. Ithaca: Cornell University Press.

Leonard, Gerald and Saul Cornell. 2019. *The Partisan Republic: Democracy Exclusion and the Fall of the Founders' Constitution 1780s-1830s*. Cambridge: Cambridge University Press.

Lester, Alan and Fae Dussart. 2014. *Colonization and the Origins of Humanitarian Governance: Protecting Aborigines Across the Nineteenth-Century British Empire*. Cambridge: Cambridge University Press.

Morgan, Edmund. 2003. *American Slavery, American Freedom: The Ordeal of Colonial Virginia*. New York: W. W. Norton & Company.

Nichols, David Andrew. 2008. *Red Gentlemen & White Savages: Indians, Federalists, and the Search for Order on the American Frontier*. Charlottesville: University of Virginia Press.

Onuf, Peter S. 2001. *Jefferson's Empire: The Language of American Nationhood*. Charlottesville: University of Virginia Press.

Ostler, Jeffrey. 2019. *Surviving Genocide: Native Nations and the United States from the American Revolution to Bleeding Kansas*. New Haven: Yale University Press.

Pashman, Howard. 2013. *Building a Revolutionary State: The Legal Transforma-*

tion of New York, 1776-1783. Chicago: University of Chicago Press.
Pitts, Jennifer. 2013. "Intervention and Sovereign Equality: Legacies of Vattel." *Just and Unjust Military Intervention: European Thinkers from Vitoria to Mill*. ed. by Stefano Recchia et al. Cambridge: Cambridge University Press: 132–53.
______. 2018. *Boundaries of the International: Law and Empire*. Cambridge, MA: Harvard University Press.
Rogin, Michael P. 1975. *Fathers and Children: Andrew Jackson and the Subjugation of the American Indian*. New York: Alfred A. Knopf.
Rosen, Deborah A. 2015. *Border Law: The First Seminole War and American Nationhood*. Cambridge, MA: Harvard University Press.
Sadosky, Leonard J. 2010. *Revolutionary Negotiations: Indians, Empires, and Diplomats in the Founding of America*. Charlottesville: University of Virginia Press.
Saler, Bethel. 2015. *The Settlers' Empire: Colonialism and State Formation in America's Old Northwest*. Philadelphia: University of Pennsylvania Press.
Saunt, Claudio. 2020. *Unworthy Republic: The Dispossession of Native Americans and the Road to Indian Territory*. New York: W. W. Norton & Company.
Seeley, Samantha. 2021. *Race, Removal, and the Right to Remain: Migration and the Making of the United States*. Chapel Hill: University of North Carolina Press.
Sheehan, James. 2006. "The Problem of Sovereignty in European History." *American Historical Review* 111(1): 1–15.
Skinner, Quentin. 2010. "The sovereign state: a genealogy." *Sovereignty in Fragments: The Past, Present and Future of a Contested Concept*. ed. by Hent Kalmo and Quentin Skinner. Cambridge: Cambridge University Press: 26–46.
Spero, Patrick. 2018. *Frontier Rebels: The Fight for Independence in the American West, 1765-1776*. New York: W. W. Norton & Company.
Taylor, Alan. 2007. *The Divided Ground: Indians, Settlers and the Northern Borderland of the American Revolution*. New York: Vintage.
______. 2022. *American Republics: A Continental History of the United States, 1783-1850*. New York: W. W. Norton & Company.
Veracini, Lorenzo. 2010. *Settler Colonialism: A Theoretical Overview*. Basingstoke: Palgrave Macmillan.
White, Richard. 1991. *The Middle Ground: Indians, Empires, and Republics in the Great Lakes Region, 1650-1815*. Cambridge: Cambridge University Press.

Wolfe, Patrick. 2006. "Settler Colonialism and the Elimination of the Native." *Journal of Genocide Research* 8(4): 387-409.

필자 소개

김성엽 Sung Yup Kim

서울대학교 역사학부 부교수
미국 스토니브룩대학교 역사학 박사

논저 "보편적 기본권을 향한 긴 여정: 19세기 흑인들의 권리 투쟁과 재건기 개헌, 그리고 미국의 국가적 시민권 수립", "북미 대륙사와 정착민 식민주의에 비추어 재해석한 미국 연방제의 기원", "영국인의 자유, 식민자의 권리: 영국 헌정주의, 정착민 식민주의, 그리고 미국 독립혁명의 대의(大義)", "'In a Summary Way, with Expedition and at a Small Expence': Justices of the Peace and Small Debt Litigation in Late Colonial New York"

이메일 sungyupkim@snu.ac.kr

제3장

사회주의, 실증주의, 자유주의

— 프랑스혁명과 민주주의의 19세기 결산

Socialism, positivism, and liberalism: Coming to terms with the French Revolution and democracy in the nineteenth century

김민철 | 성균관대학교 사학과

* 이 글은 『사림』 78(2021, 507-538)에 게재된 논문 "프랑스혁명에 대한 결산으로서의 19세기 정치사상"을 수정한 것이다.

자유주의나 사회주의처럼 19세기 서구 사상을 지배한 조류들은 고대나 중세에 그 "기원"을 갖는 유구한 전통들의 단선적 발전을 통해 탄생했다기보다 직전 세기에 발생한 프랑스혁명이라는 대사건의 자장에서 기인했다. 이 관점에서 19세기를 조망하면, 그 시대의 정치적 균열선을 그은 기준이 바로 프랑스혁명의 정치적·사회적 실험들과 나폴레옹 전쟁의 공과에 대한 평가, 그러한 평가에 따른 미래 전망과 단계별 과제 설정, 그리고 설정한 과제 목표를 달성하기 위한 수단으로서의 이행 기제 구상이었다는 점을 확인할 수 있다. 이 장은 쿠오코, 마레샬, 생시몽, 콩트, 기조, 토크빌, 밀, 콩스탕을 비롯한 여러 19세기 사상가들을 경유하여 위와 같은 조망을 펼쳐보인다.

The dominant political currents of nineteenth-century Europe such as liberalism or socialism emerged less from a linear development of intellectual traditions stretching far back to their putative origins in antiquity or the Middle Ages than from the shockwaves of the French Revolution. In the nineteenth century the dividing lines between political positions were thus drawn according to a variety of assessments of the political and social experiments of the Revolution and the Napoleonic Wars. This means that the lines were drawn in response to what were perceived to be the necessary transition mechanisms to reach a future of liberty and welfare without a re-run of the preceding century's revolutionary upheavals and wars. The story of this chapter is told by means of an examination of various nineteenth-century intellectuals including Cuoco, Maréchal, Saint-Simon, Comte, Guizot, Tocqueville, Mill and Constant.

KEYWORDS 프랑스혁명 French Revolution, 19세기 정치사상 nineteenth-century political thought, 사회주의 socialism, 자유주의 liberalism, 공화주의 republicanism

I 서론

프랑스혁명은 1789년 전국신분회 소집으로 시작되어 1799년 무월정변으로 일단락되었으나, 1792년에 발발한 혁명전쟁은 1814~1815년 빈 체제가 성립하기까지 유럽 전역을 피로 물들였다. 마땅히 당대에 혁명의 성과와 전쟁의 폐해에 관한 깊은 성찰과 격렬한 논쟁이 있었다. 그러나 오늘날 19세기 연구는 프랑스혁명이라는 사건이 후대에 부과한 무게를 충분히 헤아리지 못하는 면이 있다. 이 글은 19세기 유럽, 그중에서도 특히 프랑스의 정치사상을 1789~1799년 프랑스혁명에 대한 결산이자 대응으로서 이해하고자 하는 지성사적(知性史的) 접근의 일환이다. 그런데 일반적인 19세기 사상사 연구 방향과 달리, 필자는 메테르니히(Klemens von Metternich) 같은 복고왕정과 보수주의의 전도사들이 아니라 당시 프랑스의 진보적 혹은 주류적 사상가로 꼽히는 인물들에 초점을 맞추면서도, 뜻밖에도 그들이 지나간 18세기의 "계몽"과 혁명에 대해 보인 반응은 대체로 민주주의의 전망을 두려워하면서 그것을 억누르고자 노력하는 것이었다는 점을 보이고자 한다(Rosanvallon 1985, 2004; Craiutu 2003).

1799년 11월, 군사쿠데타가 성공하면서 프랑스혁명의 막이 내려갔다(Gueniffey 2008; 이용재 2011; 김민철 2023). 보나파르트는 쿠데타를 성공시킨 뒤 통령정부(Consulat)를 수립했다. 이 정부는 민주주의를 철저하게 배제하고 법과 권위에 기초한 공화국을 운영하는 것을 목표로 삼았다(Jainchill 2008). 경제·군사·법률 전문가들이 정부를 주도했고, 보나파르트가 각종 군사, 경제, 입법, 정치 현안에 대한 최종결정권을 독식했다. 보나파르트는 1802년에 종신 통령이 되었고, 결국 1804년에 공화정을 폐지하고 프랑스제국을 선포한 그는 황제 나폴레옹 1세로 즉위했다. 다수 혁명가들이 지지했던 공화정의 기획, 그리고 일부 혁명가들이 주창했던 민주정의 기획은 나폴레옹의 청사진에서 제외되었다. 파리에 머물던 민주파 인사 멧주(Bernard Metge)는 민주정을 수립하려는 의도로 비밀리에 새로운 헌법 초안을 작성하고 있었다는 이유로 총살형에 처해졌다. 때는 1801년 1월, 공화정의 외피가 벗겨지기도 전이었다(Gainot 1995; Gainot 1998). 그렇지만 나폴레옹이 혁명의 유산을 모두 폐기했다고 평가하기는 어렵다. 15년의 집권기 동안 그는 혁명가들의 여러 기획을 단단한 초석 위에 올려놓으면서 전국의 행정체계를 정비했고 중앙집권적 국가조직을 확립했으며 비밀경찰이 내치(內治)의 근간을 떠받치는 군사정권을 운영했다. 그리고 내치의 2인자였던 캉바세레스(Jean-Jacques-Régis de Cambacérès)의 지휘 아래 민법전(Code civil)을 펴냈다. 또한 각양각색의 민족으로 구성된 군대를 이끌고 유럽을 제패했다.

1815년, 워털루 전투에서 나폴레옹이 패배하면서 마침내 혁명가들이 이루려고 했던 모든 것이 대단원에 이른 것처럼 보였다. 폭풍이 휩쓸고 간 자리에는 많은 상처의 잔해가 남았다. 내전을 포함한 전쟁은 수백만 명을 집어삼켰다. 좌파의 공포정치와 그에 대한 반동인 우파의 백색공포를 거치며 전국의 프랑스인들은 피를 나눈 동지와 불구대천지 원수로 나뉘었다. 그 모든 격변과 개혁에도 불구하고 구체제의 습속(習俗, mœurs)은 일거에 쇄신되지 않았고, 공화정과 민주정 기획은 실패했다(Whatmore 2000, 61-107).

왕당파가 돌아왔다. 1793년 1월에 처형당한 루이 16세의 동생 프로방스 백작은 23년의 망명 생활에 종지부를 찍고 루이 18세로 즉위했다. 그는 혁명가들이 창안하고 나폴레옹이 다져놓은 새로운 통치기구와 행정체계를 거의 바꾸지 않고 사용했다. 복귀한 군주정의 이른바 헌장은 프랑스 왕이 공화국의 시민이 아닌 왕국의 "신민"에게 각종 자유를 "허가"하는 형태를 취했으나, 제1조에서 "작위와 신분을 불문하고 모든 프랑스인은 법 앞에 평등하다"라고 선언함으로써 왕가의 지도자들이 구체제를 완전히 되살려내려는 야심을 포기했음을 보여주었다(Sellin 2015 ; Delpu 2015).

무엇보다도, 구체제의 복원을 막겠다는 의지로 충만한 혁명가들이 살아 있었다. 여러 세대로 구성된 이 노련한 옛 혁명가들은 대부분 왕정이 복구된 프랑스의 정치인, 행정관, 법률가, 경제 전문가로 복무했다. 추방당한 몇몇을 제외한 대부분의 공화파·민주파는 프랑스 왕국이 국가 간 경쟁 체제에서 영국, 프로이센, 오스트리아, 러시아에 밀리지 않는 강대국으로 머무르게 만들기 위해 힘을 모았다. 장-바티스트 세(Jean-Baptiste Say)는 강고한 공화주의자임에도 불구하고 왕정에 봉사하며 영국에서 산업스파이 역할을 수행했다(Whatmore 2000, 170-216). 살아남은 혁명가들은 당장 프랑스의 정부형태가 공화정이 아닌 왕정이라는 이유로 조국에 등을 돌리지는 않았다. 그들의 관점에서 보면, 어차피 혁명은 1799년에 이미 끝났으므로, 루이 18세가 나폴레옹을 대체한 것이 꼭 나쁜 일이기만 한 것은 아니었다. 무엇보다도 끝날 것 같지 않던 전쟁이 종식되었다. 루이 18세의 군주정은 나폴레옹의 군사제국보다 오히려 인신·표현·언론의 자유를 더 잘 보장해 주었다. 이제 주어진 환경을 받아들이고 그 안에서 인류의 진보를 위한 실험을 지속하는 것, 이것이 살아남은 혁명가들과 그 후예들에게 주어진 과제였다(Jullien 1815; Meriggi 2000; Alexander 2003).

신분을 따지지 않는 '법 앞의 평등' 같은 혁명의 여러 핵심요소가 굳건히 살아남았다고 해서 '민주공화국'의 전망이 살아남은 것은 아니었다. 돌아온 왕족과 귀족은 물론이고 살아남은 혁명가들조차 당장 민주주의의 불씨를 되살려내는 것이 가능하거나 바람직하다고 생각하지 않았다. 일부 민주파와 사회주의자들은 민주주의를 계승하려는 입장에서 그것이 바람직하지만 즉시 실현할 수는 없으므로 미래의 민주정을 위해 준비해야 한다고 믿었다. 그러나 그들은 소수였다. 나머지 대다수는 민주주의가 인류의 진보를 방해한다고 확신했다. 실증주의자들은 민주주의의 도래를 확실하게 방지할 수 있다고 생각했다. 또 일부 자유주의자들은 중장기적으로 민주주의가 대세를 이루는 상황을 방지하는 것이 불가능하다고 판단했기에, 자신들이 인민 통치의 폐해라고 생각하는 요소들을 교정할 방법을 찾아서 민주주의 체제에 삽입하고자 했다. 프랑스혁명이 낳은 민주적 전망에 대한 민주파와 사회주의, 실증주의, 자유주의의 입장을 역사적으로 조명하면 혁명과 20세기를 이어주는 19세기의 관점들을 이해할 수 있게 된다.

II 민주파와 사회주의: 혁명의 가치를 이어갈 방법

18세기 말 프랑스의 혁명가들은 노예노동 체제를 갖지 않은 근대 사회에도 평등하고 민주적인 습속을 정착시키기만 하면 민주공화국을 수립하는 일이 얼마든지 가능하다고 생각하기 시작했다(Robert 1790; Lavicomterie 1792; Antonelle 1795; Antonelle 1798; Monnier 2001; Kim 2018, Kim 2019). 여기에 더해, 같은 시기 이탈리아의 몇몇 혁명가들은 이미 소국 공화정을 채택하고 있던 지중해 도시국가들의 전통에 민주파의 대의민주주의 이론을 결합시키면 빠른 속도로 유럽 남부에 민주정을 확산시킬 수 있으리라고 기대했다. 그러나 1799년 11월 쿠데타와 함께 이들의 꿈은 즉각적인 실현의 전망을 모두 상실했다. 민주파 혁명가들은 추방당하거나 체포를 피해 망명을 떠났다. 이탈리아에서는 1년 사이에 여러 차례 정복자가 바뀌었고, 그 과정에서 셀 수 없이 많은 혁명가들이 처형되었다. 특히 나폴리와 로마에서 이탈리아 혁명가들이 대대적으로 학살되었고, 살아남은 사람들은 밀라노로 피신해서 프랑스의 군사적 보호 아래 정치적 활동을 이어나갔다(Rao 1998; Rao 1999; Rossi 1998; Broers 2017).

민주파 혁명가들 중 일부는 1800년부터 보나파르트 정권과 타협하여 그 내부에서 정치인이나 행정가로 활동했으며 나머지는 언론인, 소설가, 교육자로 방향을 틀었다. 그러나 이들이 활동한 방식은 달랐을지라도 겨냥한 목표는 같았는데, 그것은 바로 혁명기의 실책을 바로잡고 미래를 준비하는 것이었다. 혁명기의 실책이란 바로 민주적 습속이 미처 형성되지 않은 프랑스에 성급하게 민주정을 수립하려고 했던 시도를 가리켰다. 나폴레옹의 군사정권과 루이 18세의 복고왕정 치하에서, 이제 노장이 된 민주파 인사들은 수십 년 전 젊은 시절의 혁명을 복기하며 미래의 민주주의를 준비해야 할 필요성을 느꼈다. 어떻게 하면 프랑스에, 나아가 유럽 전체에 민주정이 뿌리내릴 터전을 마련할 수 있겠는가? 혁명기로부터 이어진 이 질문을 마주한 민주파는 여전히 민주적 습속을 강조했다(Dayet 1954, 140-157; Pomponi 2003a; Boudon & Bourdin 2006; Petiteau 2006).

습속을 개선하고 민주주의의 토대를 닦기 위해 가장 중요한 일은 인민이 기본적으로 보수적이라는 사실을 받아들이고 그들을 부드럽게 설득할 장기적인 전술을 수립하는 것이었다. 공교육 제도를 확립하고, 신문 지면이나 마을회의 같은 곳에 사회적인 토론 공간을 마련하는 방안이 제시되었다. 특히 민주파는 많은 양의 저술을 내놓았는데, 대개 습속을 개선하기 위한 온갖 교훈을 담은 소설이거나 교육에 관한 이론서 또는 정책집이었다. 한 예로 민주파의 경제사상을 구축했던 쇼사르(Pierre-Jean-Baptiste Chaussard)는 예술 비평가이자 문학과 고전학 교수로서 생계를 이어나갔는데, 1823년에 사망하기까지 18세기에 유행했던 문학 장르를 차용해서 고대 그리스의 축제들, 엘라가발루스(Elagabalus) 황제 치하 로마제국과 같은 주제들에 대한 저술, 그리고 도덕주의 소설 『행운과 불운(*Heur et malheur*)』에서처럼 고대의 예시들에서 이끌어낸 교훈들을 중심적으로 다루는 저술을 남겼다(Chaussard 1801; Chaussard 1802; Chaussard 1806). 또 다른 예로 한때 로베스피에르의 총아였고 총재정부기(Directoire)에는 민주파의 선전과 언론 전략에 집중했던 쥘리앵(Marc-Antoine Jullien)은 19세기 전반기에 스위스의 저명한 교육이론가 페스탈로치의 사상을 프랑스에 소개하는 책을 쓰고, 유럽에서 출판되는 모든 학술서에 대한 서평을 싣는 신문인 『백과사전지(*Revue encyclopédique*)』를 간행하는 데에 여생을 바쳤다(Chappey 2015). 밀라노로 피신한 나폴리의 혁명가 쿠오코(Vincenzo Cuoco)는 처형당한 동지들을 기리며 왜 이탈리아에서 1799년의 혁명들이 실패했는지를 분석하는 글을 출판했다. 그는 인민이 혁명을 받아들일 준비가 되어 있지 않은 상태에서 단기적으로 혁명을 강행하면 반드시 실패할 뿐이며, 이 실패는 전보다 더 격렬한 반동을 초래한다고 판단했다. 또 이탈리아뿐 아니라 유럽 각지에서 개혁과 진보를 이루기 위해서는 첫째로 인민을 교육하는 일과 둘째로 큰 변화가 느껴지지 않을 정도로 조심스럽고 점진적인 행정적 개혁 작업이 반드시 선행되어야 한다고 진단했다(Losurdo 1989; De Francesco 1997; Girard 2001; Del Vento 2001).

교육과 점진적인 습속 개혁보다 더 신속히 민주주의의 토대를 닦을 직접적인 방법으로서 경제적 평등도 거론되었다. 혁명기에 민주파가 주창했던 '온건한 평등'이 무색할 정도로, 19세기 프랑스 경제의 재산 불평등은 심각했다. 사회주의자들은 이 상황을 타파해야만 민주정의 도래를 기대해 볼 여지가 있을 것이라고 주장했다(Leroux 1848). 그들은 프랑스 사회가 자연적인 경향만으로는 빈민이 영원히 빈곤을 면할 수 없는 단계에 도달했다고 보았고, 인류가 이 상태를 벗어나 도약하려면 새로운 혁명 또는 급진적인 경제개혁을 통해 인위적으로라도 평등한 상태로 이행해야 한다고 믿었다. 이들 중 일부는 즉시 혁명을 일으켜 정치권력을 잡기 위해 비밀결사를 꾸렸다(Serna 2003; Di Rienzo 2003; Pomponi 2003b). 그러나 대부분은 소규모 공동체를 만들어 평등을 실험하는 기획에 우선순위를 두었다. 실제로 19세기 당시 이들이 출판한 기획에 따라 아메리카 곳곳에 작은 평등주의 공동체가 건설되었다. 그러나 어느 것도 대규모 사회운동을 촉발시킬 정도로 성공적인 결과를 만들어내지 못했으며, 오히려 대부분이 공개적인 실패로 끝났다. 다만 장기적인 역사적 관점에서 이것들이 모두 실패였을 뿐이라고 평가할 수만은 없겠다(Manuel 1962; Taylor 1982; Hecht 1988). 이들이 혁명적 민주주의 전통을 가장 온전히 계승했으며, 세계사에 지대한 영향을 미치게 되는 마르크스(Karl Marx)와 마르크스주의의 탄생에 일정한 밑거름을 제공했고, 1871년에 노동자와 민중이 프랑스 수도의 정권을 무력으로 장악한 파리코뮌을 넘어 1917년 러시아혁명에 이르기까지 거대한 흐름을 이루는 새로운 운동에 발판을 제공하게 되기 때문이다(Price 1972; 현재열 2003; Nicholls 2019). 이처럼, 혁명의 시대를 지나온 19세기 유럽의 급진파에게 민주주의 실현을 위한 준비 작업은 지루하고 긴 교육과 점진적 개혁의 길이거나 즉각적인 경제적 평등을 추구하는 혁명적이고 실험적인 길이었다(Serna 2001).

III 실증주의: 환멸과 새로운 전망

혁명기에 탄생한 민주적 전망을 계승하려고 노력한 자들은 19세기 유럽 사회에서 소수파였다. 민주주의가 바람직하지 않다고 생각한 지식인이 훨씬 더 많았고, 그들 중 일부는 민주주의라는 위험한 파도를 막을 방파제를 세우려고 시도했다. 이 방파제 기획에는 옛것과 새것이 있었는데, 전자는 전통적 공화주의였다. 총재정부기 『평등주의자 선언(*Manifeste des Égaux*)』에서 "진정한 평등이 아니면 죽음을 원한다"고 외쳤던 마레샬(Sylvain Maréchal)은 1796년의 평등파 음모(Conjuration des Égaux)가 실패로 돌아간 뒤 인민의 정치적 능력에 크게 실망하여 극적인 전향을 경험했다. 그는 철저한 엘리트주의자로 탈바꿈해서 1799년 『피타고라스의 여행(*Voyages de Pythagore*)』이라는 6권짜리 역사적 허구를 출판했으며, 이 책에서 짐승떼나 마찬가지인 인민의 습속이 개선되기를 기대하거나 그들에게 권력을 쥐어줄 것이 아니라 그들을 지도할 훌륭한 인물들을 찾아내는 일이 시급하다고 주장하기에 이르렀다(Dommanget 1950; Mannucci 2008; Mannucci 2012): "현인에게는 법을, 인민에게는 왕을 주어야 한다. … 법이 말할 때 인민은 입을 다물어야 한다. … 인민에게 자유에 대해 말해주지 마라. 부유한 인민은 허황된 욕구의 노예이며, 가난한 인민은 실제적 욕구의 노예이므로(Maréchal 1799, vol. 6: 53, 290-293, 326, 385)." 혁명을 되돌아보며 그가 내린 결론은, 인민이 법을 만들도록 허락해서는 안 되며 오히려 우매한 인민에게 현명한 법의 통치를 제공하기 위해서 어떤 기술적인 수단을 강구해야 하는지를 고민해야 한다는 것이었다(Mucignat & Perovic 2016). 당시 저명한 정치경제학자 시스몽디(J.-Ch.-L. Simonde de Sismondi)를 비롯해 많은 공화주의자들이 이와 비슷한 입장을 취했으며, 혁명의 대이론가들 중 시에예스(Emmanuel Joseph Sieyès)와 같은 몇몇은 19세기에 침묵을 지켰다(Whatmore 2004a; Whatmore 2019; Urbinati 2012).

방파제 기획 중 새것은 산업주의(industrialisme)와 실증주의

(positivisme)의 사회사상이었다. 산업주의의 설계자로 꼽히는 생시몽(Henri de Saint-Simon)과 실증주의의 설계자이자 오랜 세월 사회학의 아버지로 불린 콩트(Auguste Comte)는 각자 종교집단이나 마찬가지인 유파를 세웠고, 수많은 제자와 신도를 거느렸다. 본고에서는 민주주의에 대한 그들의 태도와 그 방파제의 작동방식을 이해하기 위해서 그들의 역사관과 세계관을 간략하게 살펴볼 것이다. 산업주의·실증주의 역사관에 따르면, 프랑스혁명을 기점으로 유럽의 역사는 새로운 전기를 맞이했다. 기독교가 지배한 중세를 종식시키고 근대 사회를 탄생시킨 것은 농노제 폐지, 상업의 발전, 계몽의 전파였다. 그런데 계몽사상의 합리주의는 중세의 잔재를 모두 쓸어내겠다는 일념으로 파괴 작업만을 수행했으며, 그 정점이 바로 프랑스혁명이었다. 계몽과 혁명은 유럽 사회에서 중세의 때를 씻어내는 역할을 담당했고, 그 역할을 훌륭하게 완수했다. 그러나 계몽과 혁명은 파괴에만 집중했기에 인류의 진보를 위한 새로운 사회를 건설하지 못했다. 바야흐로 중세 기독교의 시대도 지나갔고, 계몽과 혁명의 시대도 지나갔다. 인류가 진보하기 위해 기독교도 계몽도 혁명도 아닌 새로운 설계도면이 필요해졌다. 체계적인 학문적 작업을 통해 그 설계도를 그려내고, 진보한 상태에 도달하기 위해 인류가 지나야 할 터널을 건설하는 것이 19세기 유럽인에게 주어진 과제이다. 생시몽의 산업주의와 콩트의 실증주의는 바로 이와 같은 역사 해석 위에 세워졌다. 이 역사관은 계몽의 시대 역사관과 달리 중세 기독교의 지배구조에서 배울 점이 있다고 믿었다. 세계는 물질과 정신으로 구성되는데, 기독교가 정신의 영역에서 인민을 지도함으로써 안정적 사회 발전에 필요한 토

대를 제공했으며, 그러한 발판 위에서 중세는 종국에는 스스로를 내파할 발전을 이룩했고 결국 근대로의 이행이 이루어졌다는 것이다(Simon 1956; Pickering 1993, vol. 1: 60-244; 양재혁 2015).

그러나 생시몽과 콩트는 기독교의 권력을 19세기에 되살려내자고 주장하지는 않았다. 그들은 기독교의 세속권력을 복원시키는 것이 명백한 시대착오라고 생각했다. 새로이 도래한 산업사회가 기독교와 궁합이 맞지도 않고, 혁명을 지나면서 기독교 조직의 권위가 땅에 떨어져서 사회를 이끌 영적 능력을 상실했다는 이유에서였다. 이런 관점에서, 생시몽과 콩트는 19세기 이후 인류의 진보를 책임질 영적 지도집단을 새롭게 창설해야 한다고 주장했다. 생시몽은 은행가, 기업인, 노동자 대표들로 그 집단을 구성해야 한다고 생각했다. 그와 달리 콩트는 자신이 확립한 실증주의 철학을 공부한 지식인들이 그 집단을 구성해야 한다고 주장했다. 그는 이 집단이 더욱 확고한 권위를 갖고 인민을 지도할 수 있도록 "인류교(人類敎, Religion de l'Humanité)"를 창시했다. 콩트의 인류교는 내세를 인정하지 않는 현세 종교였지만 그는 가톨릭의 성 축일을 본따 실증주의 달력을 만들었다. 이 달력에는 콩트가 판단할 때 인류사에 족적을 남긴 것으로 보이는 558명의 인물이 새겨졌다. 1월, 2월, 3월과 같은 달의 명칭은 모세月, 호메로스月, 아리스토텔레스月, 카이사르月, 단테月, 구텐베르크月, 셰익스피어月, 데카르트月 따위로 바뀌었다. 그런데 이 체계에서 중요한 사항은 인민이 지도집단을 신뢰, 심지어 신봉해야 한다는 점이다. 인민이 이 영적 지도자들을 철저하게 믿는 경우에만 사회가 프랑스혁명 같은 격변을 겪지 않고 진보를 향해 안전하게 전진할 수 있다는 것이 그 이유였다. 다른 수많은 19세기 사상가들과 마찬가지로, 생시몽과 콩트는 혁명이 한 번만 더 반복되면 유럽은 회복할 수 없을 만큼 파괴될 것이라고 판단했다. 그들의 관점에서는, 혁명의 반복을 막고 민주주의의 가능성을 차단하는 것만이 인류가 진보할 수 있는 방법이었던 것이다(Wernick 2001; Pickering 2009, vol. 2: 453-515).

IV 자유주의: 민주주의에 대한 두려움과 교정책

자유주의자들은 이 전망을 부정했다. 무엇보다도 자유주의자들은 산업주의와 실증주의가 추구하는 진보의 조건이 인간의 지성을 과도하게 억압한다고 생각했다. 자유주의자들은 진정한 진보를 이룩하기 위해서 강력한 영적 지도체제를 구축할 게 아니라, 오히려 사람들이 자유롭게 생각하고 실험할 수 있는 환경을 조성해야 한다고 판단했다. 그렇다고 해서 자유주의자들이 민주주의에 호의적이었다고 생각해서는 안 된다. 자유주의자들은 어느 정도 "귀족적" 사고방식을 고수했으며, 민주주의가 바람직한 사회적 환경을 조성하기보다는 산업주의·실증주의만큼이나 강력한 억압을 만들어낼 것이라고 우려했다. 즉 그들은 산업주의, 실증주의, 민주주의를 모두 배격했고, 인간이 전적으로 자유롭게 정신을 계발하도록 허용되는 경우에만 진보가 가능하다고 생각했다. 그리고 민주주의 사회에서 다수의 목소리가 사회 전체의 사고방식을 획일화하고 소수의 목소리를 짓누를 것이 확실하다고 염려했다. 그러나 동시에 자유주의자들은 민주주의가 막을 수 없는 역사의 거대한 물결이라고도 생각했다. 이처럼 원치 않는 민주주의라는 숙명 앞에서, 19세기의 이름난 자유주의자들은 그들이 "조용한 전제정치"라고 부른 상황, 즉 다수의 목소리가 소수의 의견을 묵살하고 탄압하는 상황이 오는 것을 막기 위해 깊은 성찰을 개진했다(Kahan 1992; Maletz 2002; Toloudis 2010).

먼저 콩스탕(Benjamin Constant)은 "고대인의 자유"와 "근대인의 자유"를 엄격하게 구분하자고 주장했다. 이를 통해 그는 몇 가지 목표를 이루고자 했는데, 첫째는 19세기 유럽이 고대인의 자유를 추구하는 잘못을 저지르지 않도록 하는 것이었다. 즉 사람들로 하여금 정치적 자유보다 경제적 자유를 중시하고, 국가적 개혁보다 개인적 성취에 집중하게 만들고자 했다. 둘째는 정부가 시민사회에 간섭하지 않고 언론의 자유, 상업의 자유, 종교의 자유, 직업 선택의 자유와 같은 원칙을 확실하게 보장하도록 만드는 것이었다. 그 근거는 18세기 상업사회 개념에서 유래했다. 즉 고대와 달리 근대에 이르러 상업사회라는 역사적 발전단계를 거친 뒤에는 사회가 너무나 복잡해져서 정부가 인위적으로 사회를 설계·조종하려는 시도는 실패할 수밖에 없다는 것이었다. 콩스탕이 볼 때 민주정은 오직 고대인을 위한 정부형태였고, 근대인에게 필요한 것은 자유주의 원칙에 입각한 정부였다. 그것이 공화정인지 왕정인지는 중요하지 않았다(Constant 1815; Constant 2014; Whatmore 2004b; Paoletti 2006).

이는 기조(François Guizot)에게도 마찬가지였다. 기조는 유럽사, 그중에서도 영국사에 정통한 젊은 역사가로 이름을 날렸고 프랑스 정부를 이끄는 자리에까지 올라갔는데, "이성의 주권(souveraineté de la raison)"이라는 개념을 제시해서 이목을 끌었다. 중요한 것은 사회가 이성에 의해 통치되는 것이었다(Rosanvallon 2006). 그 통치의 정점에 세습군주가 있는지 여부는 문제가 되지 않았다. 모든 사회가 자연스럽게 통치 구조를 갖추게 되므로 어떤 사회계약도 필요하지 않다고 말한 뒤, 이 통치의 원리를 올바로 이해해야만 또 다른 혁명과 같은 정치적 재난을 피할 수 있다고 주장했다. 그의 역사관에서, 프랑스혁명은 17세기 영국혁명을 계승하여 완성한 것이었다. 계몽은 혁명에 이르렀고, 구체제를 파괴했다. 혁명이 많은 사람들에게 고통을 줬지만, 혁명으로 인해 파괴된 구체제는 그에 비할 바가 아닐 만큼 크나큰 구조적 폭력과 고통을 주었기 때문에 혁명의 발생은 정당한 것이었다. 그럼에도, 어쨌든 혁명이 초래한 재난이 사회를 기저에서부터 파괴했기 때문에, 기조는 다시는 혁명이 반복되지 않도록 해야 한다고 생각했다. 그리고 이를 위해서는 혁명가들이 채택했던 원칙, 즉 인민주권의 원칙과 일반의지에 의한 입법이라는 원칙을 폐기하고 이성의 주권이라는 원칙을 따라야 한다는 것이었다(Guizot 1846; Guizot 2014).

이 주장의 논리는 다음과 같이 요약할 수 있다: 모든 사회는 언제나 특정한 존재의 절대적인 권력 아래에 놓인다. 그런데 이 절대적인 권력을 쥐는 것은 1인도, 소수도, 다수도, 전체도 아니다. 절대적인 권력이 소재하는 바로 이성이다. 개인의 행동을 규제하는 원칙이 그의 의지가 아니라 그에게 부과된 법인 것처럼, 개개인의 합계에 불과한 사회도 마찬가지로 사회적 의지가 아니라 사회에 부과된 법에 의해 규제되어야 한다는 것이다. 아무리 도둑질을 하고 싶어도 도둑질하지 말라는 법은 지켜져야 한다. 특정 집단이 이 법을 지키지 않기로 결의하더라도 법은 여전히 법이다. 신이 인류에게 내려준 영원불변의 법률들이 있다. 이 법률들이 이성과 도덕이다. 이 법률들이 주권을 갖는다. 어떤 개인이나 집단도 주권을 가질 수 없다. 의지는 주권과 무관하다. 주권은 의지가 아닌 이성에서 나오는 것이며, 사회는 이성의 절대적 통치권 아래에 놓인다(Guizot 1851, vol. 1: 83-98). 기조는 이런 방식으로 인민의 의지에 어떠한 통치권도 부여하지 않을 이론적 방법을 고안해 냈는데, 이것이 근대 초기 "자연법학(natural jurisprudence)" 전통이 구축한 세계관에 뿌리를 두고 있다는 점은 분명해 보인다(Pocock 1981).

여기서 문제가 되는 것은 이성의 내용을 확인하고 그로부터 유래하는 법률들을 확정할 방편이 무엇인가 하는 점이다. 기조는 '이성'에 기입된 구체적 내용을 확인하는 과정에서 절대적으로 필요한 것이 바로 자유라고 말한다. 즉 자유가 가장 중요하기 때문이 아니라, 자유를 가져야만 사람들이 독서, 사색, 토론, 선거를 통해서 진정으로 이성과 도덕에 부합하는 신적 법률이 무엇인지 발견할 수 있다는 것이다. 인간의 본성은 불완전하며, 신이 부여한 완전한 법률을 발견하는 일은 언제나 완벽하게 달성될 수 없으므로 사회 전체가 꾸준히 노력해야만 한다. 자유는 목적이 아니라 수단이다. 이처럼 자연법을 계승한 기조의 자유주의는 투표의 성격을 다음과 같이 규정한다: "선거인은 선출된 대표들에게 '이것이 우리의 의지이니 이것이 법이 되게 하라'고 말하지 않는다. 선거인은 대표들에게 어떠한 구체적인 의무도 부과하지 않는다. 선거인은 다만 대표들에게 이성에 따라 사안을 검토하고 결정할 임무를 부여할 뿐이다. 선거인은 반드시 자신이 뽑는 대표들의 계몽된 정신을 신뢰해야 한다(Guizot 1851, vol. 1: 95-96).”

이것이 17세기 자연법 전통 위에 세워진 19세기 자유주의 대의정부 이론의 핵심이다. 여기서 투표는 유권자가 자신의 주권을 행사하는 것도 아니고, 자신의 의지에 따라 법을 만들기 위해 대리인을 뽑는 것도 아니다. 기조의 자유주의에서 투표는 선거인이 자신보다 우월한 지성을 가진 자들을 선출해서 그들이 이성의 목소리를 듣고 그에 따라 자신을 통치해 주기를 바라며 단체로 치르는 시험이다. 비록 개념어들의 명칭은 다를지언정, 이는 시에예스가 1789년부터 일관되게 주장한 프랑스혁명기 ‘대의정부론’의 핵심과 일맥상통한다. 시에예스와 혁명기 대의정부론자들에게 국회는 대표들이 모여서 토론 끝에 진정한 일반의지의 내용을 확인하는 곳이었고, 기조에게 국회는 대표들이 모여서 토론을 통해 이성의 법칙을 밝히는 곳이었다. 선출된 대표는 계몽, 이성, 능력의 차원에서 자신을 뽑아준 사람을 뛰어넘는다. 그러므로 선출된 대표는 어떠한 이유로든 투표자의 뜻에 구속되지 않는다는 것이다. 이 원칙을 고수하지 않으면 사회는 민주주의의 늪으로 끝없이 빠져들고, 혁명과 공포정치와 파리 민중의 봉기라는 망령이 되살아날 것이라는 두려움이 혁명 전보다 더욱 강하게 19세기를 지배했다(Guizot 1851, vol. 1: 97-98; Frank 2011; Drolet 2013).

이 두려움에 대응하는 자유주의 전술의 또 다른 사례로 토크빌(Alexis de Tocqueville)과 밀(John Stuart Mill)을 들 수 있다. 토크빌은 정부형태나 대의제보다 습속에 더 큰 비중을 두고 민주주의의 겉과 속을 분석하였다. 그는 아메리카에 정착하여 미국을 건국한 사람들이 원주민을 밀어내고 서부를 향해 영역을 넓혀가는 과정이 유럽에서 민주주의의 세력이 확장되는 것과 유사한 구조를 보여준다고 진단했다. 명예와 용기를 중시하는 인디언의 문화는 유럽 구체제의 귀족적 가치와 흡사하고, 그들을 학살하는 미국인의 문화는 평등을 중시하지만 무지하고 무모한 민주주의의 본성과 비슷하다는 것이다. 토크빌은 이처럼 귀족적 가치에 대한 강한 향수를 내비쳤다. 그는 민주주의가 궁극적으로 승리할 수밖에 없다는 숙명론적 전망을 내비쳤지만, 그 승리로 말미암아 서구 사회는 여러 고전적 가치를 상실하게 될 것이라는 강한 우려도 표시했다. 이 문제를 해결하기 위해서, 토크빌은 민주주의가 지배하는 사회가 도래하더라도 사람들이 자신과 가족의 안위에만 몰두하지 않고 공적인 문제에 관심을 가져야 하며, 의견의 대립을 억압하지 않고 오히려 그런 대립의 존재가 사회에 유익하다는 점을 인지해야 한다고 호소했다(Tocqueville 2018; Jaume 2013, 65-93, 199-225).

밀도 토크빌과 유사한 문제의식을 공유했다. 그는 민주주의가 획일적인 사회를 지향하게 만들고, 그 과정에서 하나의 다수 의견이 사람들의 다양한 의견을 억압하게 될 것이라 염려했다. 심지어 더 큰 문제는 사람들이 소외당하기 싫어서 자발적으로 다수의 견해를 내면화하게 되는 것이다. 그러나 밀은 토크빌과 달리 귀족적 가치에 대한 향수를 느끼지 않았다. 그는 역사가 긍정적인 방향으로 진보한다고 생각했고, 민주주의가 초래할 억압의 문제는 의견 대립의 자유를 강조하는 한편 대의정부를 적절하게 설계함으로써 해결할 수 있다고 판단했다. 자유주의자들이 우려한 것처럼 무지한 다수의 강압적 지배가 발생하지 않게 하려면 어떤 방식으로 통치의 원리를 설계해야 할 것인지가 여전히 핵심 문제였다. 밀은 자신이 내놓은 대의정부의 정치적 설계도에서 복수투표제를 제안했다. 모든 유권자가 최소 1인 1표를 행사할 권리를 갖되, 교육을 더 많이 받은 사람은 1인당 2표 또는 3표, 심지어 4표도 행사할 수 있도록 허용하자는 것이다. 그런데 노동자가 1표를 행사할 때 지식인은 4표를 행사하는 선거는 고대 그리스의 기준으로도, 15~17세기 르네상스와 자연법의 기준으로도, 18세기 상업사회론의 기준으로도, 19세기 사상가들의 기준으로도 전혀 "민주적"이지 않다. 이 제도는 "대의정부"를 통해 "민주적" 요소를 억누르기 위해 고안된 것이었다. 이 점에서 밀의 대의정부론은 기조의 대의정부론과 일맥상통한다. 비록 밀이 기조의 이성의 주권 개념에 비해서는 의견의 다양성을 존중했지만, 두 사상가 모두 투표를 주권자의 의지가 투사되는 과정이 아니라 여러 이른바 현명한 의견들을 수합·계량하는 과정으로 간주했다는 차원에서는 동일한 원리에 입각해 있었다(Mill 2003, 75-76; Mill 2012; Smart 1990; Hansson 2015; Miller 2015).

V 결론

프랑스혁명으로 인해 19세기 유럽의 새로운 역사적 참조지점이자 문제의식이 형성되었다. 특히 '민주주의'를 중심에 놓고 보면, 19세기의 문제의식은 그 전 세기들과 비교해 유사점과 차이점을 모두 지녔다. 먼저, 19세기 유럽의 사상가들은 18세기와 그 이전 시대의 지식인들과 마찬가지로 민주정에 대한 끝없는 공포에 시달렸다. 특히 무지몽매하고 변덕스러운 민중이 엘리트의 지도를 받아들이지 않고 저항하여 사회의 질서가 불안정해지거나 뒤집힐지도 모른다는 염려는 전혀 사라지지 않았다. 차이가 있다면 오히려 프랑스혁명이라는 경험으로 인해서 그 염려가 더욱 강해졌다는 점이다. 이제 통치 엘리트의 관점에서 민중의 봉기와 반란은 이전보다 훨씬 현실성을 갖게 되었다. 산업도시들에서 노동자들의 봉기가 빈발하고 옛 혁명가들이 망명객으로 유럽을 배회하는 상황에서, 민주주의의 위협은 역사적 교훈을 넘어 무서운 현실이 되어버린 것이다.

하지만 혁명 이전과 비교해서 19세기에 초점이 바뀐 면 또한 분명히 있다. 18세기와 혁명기까지만 해도, 지식인 계층이 민주주의를 두려워한 궁극적인 이유는 로마사의 교훈에 근거를 두고 있었다. 인민이 권력을 잡으면 결국 장군에게 정권이 넘어가고 군사적인 통치가 수립될 것이라는 문제의식이 핵심이었다. 그러나 19세기 지식인들은 민주주의로 인해 군사정권이 수립될 것을 염려하기보다는 의견의 다양성이 무시되고 교육받지 못한 다수의 견해가 획일적이면서 억압적인 힘을 갖게 될까 더 걱정했다. 18세기에는 여론이라는 단어가 일차적으로 지식인들의 생각을 가리켰다. 그러나 프랑스혁명기에 민중이 대거 정치에 참여한 경험을 쌓은 뒤, 19세기에 이르면 여론이라는 말이 사회 전체의 생각을 가리키기 시작했다. 18세기 지식인들은 여론의 통치를 주창했으나 19세기 지식인들은 여론에 맞선 실증주의 또는 자유주의 체제를 지지하게 되었다. 이제 "표현의 완전한 자유"는 "여론"을 형성하는 동시에 한층 더 "여론"에 저항하는 기제로 이해되었다. 양상은 바뀌었지만, 프랑스혁명과 민주주의라는 유령은 생생하게 살아남아 유럽 정치 기저에 도사리게 되었다.

참고문헌

1. 1차 사료

Antonelle, Pierre-Antoine. 1795. *Le contraste de sentimens, ou le citoyen Delacroix en présence d'un démocrate*. Paris: R. Vatar.

______. 1798. *La Constitution et les principes opposés aux Floréalistes*.

Chaussard, Pierre-Jean-Baptiste. 1801. *Fêtes et courtisanes de la Grèce, supplément aux voyages d'Anacharsis et d'Antenor*, 4 vols. Paris: Buisson.

______. 1802. *Héliogabale, ou Esquisse morale de la dissolution romaine sous les empereurs*. Paris: Dentu.

______. 1806. *Heur et malheur, ou Trois mois de la vie d'un fol et de celle d'un sage*, 2 vols. Paris: Buisson.

Constant, Benjamin. 1815. *Principes de politique applicable à tous les gouvernements représentatifs et particulièrement à la Constitution actuelle de la France 1815*. Paris: A. Eymery.

______. 2014. *De la liberté des Anciens comparée à celle des Modernes (1819)*. Préface de Gil Delannoi. Paris: Berg International.

Guizot, François. 1846. *History of the English Revolution of 1640: Commonly Called the Great Rebellion; from the Accession of Charles I to His Death*. trans. William Hazlitt. New York: D. Appleton and Co.

______. 2014. 『유럽 문명의 역사(*Histoire de la civilisation en Europe*)』. 임승휘 역. 아카넷.

______. 1851. *Histoire des origines du gouvernement représentatif en Europe*, 2 vols. Paris: Didier.

Jullien, Marc-Antoine. 1815. *Le Conservateur de l'Europe ou Considérations sur la situation actuelle de l'Europe*.

Lavicomterie, Louis-Charles de. 1792. *République sans impôt*. Paris: Cercle social.

Leroux, Pierre. 1848. *De l'égalité*. Boussac: Pierre Leroux.

Maréchal, Sylvain. 1799. *Voyages de Pythagore en Égypte, dans la Chaldée, dans l'Inde, en Crète, à Sparte, en Sicile, à Rome, à Carthage, à Marseille et dans les Gaules, suivis de ses Lois politiques et morales*, 6 vols. Paris: Deterville.

Mill, John Stuart. 2003. *On Liberty, ed. David Bromwich and George Kateb*. New Haven, CT: Yale University Press.

______. 2012. 『대의정부론(*Considerations on Representative Government*)』. 서병훈 역. 아카넷.

Robert, Pierre-François-Joseph. 1790. *Le républicanisme adapté à la France*. Paris: Les Marchands de Nouveautés.

Tocqueville, Alexis de. 2018. 『아메리카의 민주주의(*De la démocratie en Amérique*)』. 이용재 역. 전2권. 아카넷.

2. 2차 문헌

김민철. 2023. “1799년 11월 9일, 시에예스와 나폴레옹 보나파르트의 무월 18일 정변.” 『프랑스사연구』 48: 93-127.

양재혁. 2015. “유럽 문명에 대한 앙리 생시몽의 역사 분석.” 『서양사론』 127: 172-198.

이용재. 2011. “나폴레옹 보나파르트의 브뤼메르 18일.” 한국서양사연구회. 『서양사연구』 45: 37-64.

현재열. 2003. “1871년 파리 코뮈나르의 혁명전통의 계승과 이용.” 부산경남사학회. 『역사와 경계』 49: 115-138.

Alexander, Robert. 2003. *Re-Writing the French Revolutionary Tradition: Liberal Opposition and the Fall of the Bourbon Monarchy*. Cambridge: Cambridge University Press.

Boudon, Jacques-Olivier, and Philippe Bourdin. 2006. “Les héritages républicains sous le Consulat et l'Empire.” *Annales historiques de la Révolution française* 346: 3-15.

Broers, Michael. 2017. *The Napoleonic Mediterranean: Enlightenment, Revolution and Empire*. London: I. B. Tauris.

Chappey, Jean-Luc. 2015. “Penser les progrès de la civilisation européenne sous la Restauration: Marc-Antoine Jullien et la Revue encyclopédique (1819-1831).” in Jean-Claude Caron and Jean-Philippe Luis (eds.). *Rien appris, rien oublié? Les Restaurations dans l'Europe postnapoléonienne (1814-1830)*. Rennes: Presses universitaires de Rennes. pp. 143-155.

Craiutu, Aurelian. 2003. *Liberalism under Siege: The Political Thought of the French Doctrinaires*. Lanham, MD: Lexington Books.

Dayet, Maurice. 1954. “Pierre-Joseph Briot et l'organisation de l'Ile d'Elbe.” *Annales historiques de la Révolution française* 135: 140-157.

De Francesco, Antonino. 1997. *Vincenzo Cuoco, una vita politica*. Roma: Laterza.

Delpu, Pierre-Marie. 2015. “De l'État muratien à l'État bourbon: la transition de l'appareil étatique napolitain sous la Restauration (1815-1822).” in Jean-Claude Caron and Jean-Philippe Luis (eds.). *Rien appris, rien oublié? Les Restaurations dans l'Europe postnapoléonienne (1814-1830)*. Rennes: Presses universitaires de Rennes. pp. 37-50.

Del Vento, Christian. 2001. “La nouvelle historiographie sur la Révolution et le Saggio Storico de Vincenzo Cuoco.” *Laboratoire italien* 1: 169-179.

Di Rienzo, Eugenio. 2003. “Les sociétés secrètes militaires à la fin de l'Empire et pendant la première Restauration." in Bernard Gainot and Pierre Serna (eds.). *Secret et République, 1795-1840*. Clermont-Ferrand: Presses universitaires Blaise-Pascal. pp. 73-90.

Dommanget, Maurice. 1950. *Sylvain Maréchal: l'égalitaire, "l'homme sans dieu": sa vie, son œuvre*. Paris: Spartacus.

Drolet, Michael. 2013. "Democracy, Self, and the Problem of the General Will in Nineteenth-Century French Political Thought." in Joanna Innes and Mark Philp (eds.). *Re-imagining Democracy in the Age of Revolutions: America, France, Britain, Ireland 1750-1850*. Oxford: Oxford University Press. pp. 69-82.

Frank, Stephanie. 2011. "The General Will beyond Rousseau: Sieyès' Theological Arguments for the Sovereignty of the Revolutionary National Assembly." *History of European Ideas* 37: 337-343.

Gainot, Bernard. 1995. "Le projet de constitution de Bernard Metge." in Roger Bourderon (ed.). *L'an I et l'apprentissage de la démocratie*. Paris: PSD Saint-Denis. pp. 417-426.

______. 1998. "Un itinéraire démocratique post-thermidorien: Bernard Metge." in Christine Le Bozec and Eric Wauters (eds.). *Pour la Révolution française: en hommage à Claude Mazauric*. Rouen: IRED-CRHCT. pp. 93-106.

Girard, Pierre. 2001. "Peuple et politique dans la pensée de Vincenzo Cuoco." *Laboratoire italien* 1: 53-63.

Gueniffey, Patrice. 2008. *Le Dix-huit Brumaire: L'épilogue de la Révolution française*. Paris: Gallimard.

Hansson, Sven Ove. 2015. "Mill's Circle(s) of Liberty." *Social Theory and Practice* 41(4): 734-749.

Hecht, Jacqueline. 1988. "French Utopian Socialists and the Population Question: 'Seeking the Future City'." *Population and Development Review* 14: 49-73.

Jainchill, Andrew. 2008. *Reimagining Politics after the Terror: The Republican Origins of French Liberalism*. Ithaca, NY: Cornell University Press.

Jaume, Lucien. 2013. *Tocqueville: The Aristocratic Sources of Liberty. trans. Arthur Goldhammer*. Princeton, NJ: Princeton University Press.

Kahan, Alan S. 1992. *Aristocratic Liberalism: The Social and Political Thought of Jacob Burckhardt, John Stuart Mill, and Alexis de Tocqueville*. Oxford: Oxford University Press.

Kim, Minchul. 2018. "Pierre-Antoine Antonelle and Representative Democracy in the French Revolution." *History of European Ideas* 44(3): 344-369.

______. 2019. "Condorcet and the Viability of Democracy in Modern Republics,

1789-1794." *European History Quarterly* 49(2): 179-202.
Losurdo, Domenico. 1989. "Vincenzo Cuoco, la révolution napolitaine de 1799 et l'étude comparée des révolutions." *Revue historique* 281(1): 133-157.
Maletz, Donald J. 2002. "Tocqueville's Tyranny of the Majority Reconsidered." *The Journal of Politics* 64(3): 741-763.
Mannucci, Erica Joy. 2008. "Conformité et hétérodoxie chez Sylvain Maréchal." in Michel Biard (ed.). *Les politiques de la Terreur, 1793-1794*. Rennes: Presses universitaires de Rennes. pp. 379-389.
______. 2012. *Finalmente il popolo pensa: Sylvain Maréchal nell'immagine della Rivoluzione francese*. Napoli: Guida.
Manuel, Frank E. 1962. *The Prophets of Paris*. Cambridge, MA: Harvard University Press.
Meriggi, Marco. 2000. "State and Society in Post-Napoleonic Italy." in David Laven and Lucy Riall (eds.). *Napoleon's Legacy: Problems of Government in Restoration Europe*. New York: Berg. pp. 49-63.
Miller, Dale E. 2015. "The Place of Plural Voting in Mill's Conception of Representative Government." *The Review of Politics* 77(3): 399-423.
Monnier, Raymonde. 2001. "'Démocratie représentative' ou 'république démocratique': de la querelle des mots (République) à la querelle des anciens et des modernes." *Annales historiques de la Révolution française* 325: 1-21.
Mucignat, Rosa, and Sanja Perovic. 2016. "Narrating Revolutionary Failure in Sylvain Maréchal and Vincenzo Cuoco: The Legend of Pythagoras." *Early Modern French Studies* 38(2): 178-192.
Nicholls, Julia. 2019. *Revolutionary Thought after the Paris Commune, 1871-1885*. Cambridge: Cambridge University Press.
Paoletti, Giovanni. 2006. *Benjamin Constant et les Anciens: Politique, religion, histoire*. Paris: Honoré Champion.
Petiteau, Natalie. 2006. "Les fidélités républicaines sous le Consulat et l'Empire." *Annales historiques de la Révolution française* 346: 59-74.
Pickering, Mary. 1993. *Auguste Comte: An Intellectual Biography* 1. Cambridge: Cambridge University Press.
______. 2009. *Auguste Comte: An Intellectual Biography* 2. Cambridge: Cambridge University Press.
Pocock, J. G. A. 1981. "Virtues, Rights, and Manners: A Model for Historians of Political Thought." *Political Theory* 9(3): 353-368.
Pomponi, Francis. 2003a. "Pouvoir civil, pouvoir militaire et régime d'exception dans les 'régions' périphériques au temps du Consulat." *Annales historiques de la Révolution française* 332: 147-169.

______. 2003b. "La voie corse du passage du carbonarisme napolitain à la Charbonnerie française sous la Restauration," in Bernard Gainot and Pierre Serna (eds.). *Secret et République, 1795-1840*. Clermont-Ferrand: Presses universitaires Blaise-Pascal. pp. 91-128.

Price, R. D. 1972. "Ideology and Motivation in the Paris Commune of 1871." *The Historical Journal* 15(1): 75-86;

Rao, Anna Maria. 1998. "L'expérience révolutionnaire italienne." *Annales historiques de la Révolution française* 313: 387-407.

______. 1999. "Les exilés italiens et Brumaire." *Annales historiques de la Révolution française* 318: 713-725.

Rosanvallon, Pierre. 1985. *Le moment Guizot*. Paris: Gallimard.

______. 2004. *Le modèle politique français: La société civile contre le jacobinisme de 1789 à nos jours*. Paris: Seuil.

______. 2006. "François Guizot and the Sovereignty of Reason." in Pierre Rosanvallon. *Democracy Past and Future*. ed. Samuel Moyn. New York. NY: Columbia University Press. pp. 117-126.

Rossi, Lauro. 1998. "Giovanni Fantoni en exil à Grenoble." *Annales historiques de la Révolution française* 313: 515-543.

Sellin, Volker. 2015. "La Charte constitutionnelle et les restaurations du dix-neuvième siècle." in Jean-Claude Caron and Jean-Philippe Luis (eds.). *Rien appris, rien oublié? Les Restaurations dans l'Europe postnapoléonienne (1814-1830)*. Rennes: Presses universitaires de Rennes. pp. 21-26

Serna, Pierre. 2001. "Rigomer Bazin et la Restauration: penser la république dans la monarchie." *Annales historiques de la Révolution française* 325: 53-76.

______. 2003. "Pistes de recherches: Du secret de la monarchie à la république des secrets." in Bernard Gainot and Pierre Serna (eds.). *Secret et République, 1795-1840*. Clermont-Ferrand: Presses universitaires Blaise-Pascal. pp. 13-38.

Simon, Walter M. 1956. "History for Utopia: Saint-Simon and the Idea of Progress." *Journal of the History of Ideas* 17(3): 311-331.

Smart, Paul. 1990. "'Some Will Be More Equal Than Others': J. S. Mill on Democracy, Freedom and Meritocracy." *ARSP: Archiv für Rechts-und Sozialphilosophie/Archives for Philosophy of Law and Social Philosophy* 76(3): 308-323.

Spafford, Duff. 1985. "Mill's Majority Principle." *Canadian Journal of Political Science/Revue canadienne de science politique* 18(3): 599-608.

Speier, Hans. 1950. "Historical Development of Public Opinion." *American Journal of Sociology* 55(4): 376-388.

Swedberg, Richard. 1994. "Saint-Simon's Vision of A United Europe." *European Journal of Sociology/Archives Européennes de Sociologie/Europäisches Archiv für Soziologie* 35(1): 145-169.

Taylor, Keith. 1982. *The Political Ideas of the Utopian Socialists*. London: Frank Cass and Co.

Threet, Dan. 2018. "Mill's Social Pressure Puzzle." *Social Theory and Practice* 44(4): 539-565.

Toloudis, Nicholas. 2010. "Tocqueville's Guizot Moment." *French Politics, Culture & Society* 28(3): 1-22.

Urbinati, Nadia. 2012 "Republicanism after the French Revolution: The Case of Sismonde de Sismondi." *Journal of the History of Ideas* 73(1): 95-109.

Wernick, Andrew. 2001. *Auguste Comte and the Religion of Humanity: The Post-Theistic Program of French Social Theory*. Cambridge: Cambridge University Press.

Whatmore, Richard. 2000. *Republicanism and the French Revolution: An Intellectual History of Jean-Baptiste Say's Political Economy*. Oxford: Oxford University Press.

______. 2004a. "Democrats and Republicans in Restoration France." *European Journal of Political Theory* 3(1): 37-51.

______. 2004b. "The Politics of Political Economy in France from Rousseau to Constant." in Mark Bevir and Frank Trentmann (eds.). *Markets in Historical Contexts: Ideas and Politics in the Modern World*. Cambridge: Cambridge University Press. pp. 46-69.

______. 2019. "Rights After the Revolutions." in Ian Hunter and Richard Whatmore (eds.). *Philosophy, Rights and Natural Law: Essays in Honour of Knud Haakonssen*. Edinburgh: Edinburgh University Press. pp. 338-365.

필자 소개

김민철 Minchul Kim

성균관대학교 사학과 부교수
세인트앤드루스대학 역사학 박사

논저 『누가 민주주의를 두려워하는가』, "Republicanism in the Age of Commerce and Revolutions", "Volney and the French Revolution", "Condorcet and the Viability of Democracy in Modern Republics, 1789-1794"

이메일 minchul@skku.edu

제4장

1848 혁명 이래 독일에서의 민족주의

— 포젠 문제와 '문화투쟁'을 중심으로

Nationalism in Germany since the Revolution of 1848: 'Posen-Frage' and 'Kulturkampf'

이용일 | 대구교육대학교 사회과교육과

* 이 글의 일부(3장, 4장)는 『역사와 경계』 65(2007, 161-181)에 게재된 논문 "중심과 주변의 문제로서 영토와 국경 — 독일제국시기 독일동부 국경지방에서의 '문화전쟁'"을 수정한 것이다.

소규모 부르주아 엘리트 운동으로 시작한 독일 민족주의는 자유주의 이상을 좇았다. 그들은 통일보다 자유에 더 큰 가치를 두었다. 그렇지만 독일 민족주의 운동이 확산되고, 독일 통일에 대한 경제적, 정치적 요구가 거세어지면서, 독일 부르주아들은 자유와 통일을 동시에 추구하기 시작했다. 자유로운 민족들이 공존하는 유럽이라는 이상과 패권국가로서의 독일 민족국가 수립은 애당초 공존하기 어려운 목표였을지도 모른다. 1848년의 혁명 전개 과정에서 점점 많은 독일 부르주아들이 "건전한 민족이기주의"를 주장하며 자유주의 이상을 포기하기 시작했다. 그것은 이웃 나라들과의 분쟁과 국가 내 소수민족들과의 갈등을 초래했다. 연대와 형제애에서 시작해 유혈충돌로까지 확산되었던 포젠 문제와 독일 제국 시기 문화투쟁은 그 점을 잘 보여주는 사례가 되고 있다.

German nationalism, which began as a small bourgeois elite movement, pursued liberal ideals. They put greater value on freedom than on unification. However, as the German nationalist movement spread and economic and political demands for German unification grew, German bourgeoisie began to pursue freedom and unification at the same time. The ideal of Europe where free nations coexist and the establishment of a German national state as a hegemonic state may have been a difficult goal to coexist in the first place. During the development of the revolution in 1848, more and more German bourgeoisie began to abandon the ideals of liberalism in nationalism, advocating "healthy national egoism". It has led to conflicts with neighboring countries and minorities in the country. The Posen issue, which began with solidarity and brotherhood and spread to bloody conflict, and the cultural struggle in the German Empire are examples of that.

KEYWORDS 민족들의 봄 Spring of the peoples, 1848 혁명 1848 Revolution, 부르주아 bourgeois, nationalism 민족주의, liberalism 자유주의

I “민족들의 봄”으로서 1848 혁명

민족주의와 결합하여 괄목할 만한 성장을 거듭했던 독일 자유주의 운동에서 빚어진 은유적 서사 “민족들의 봄(Völkerfrühling)”은 특별히 1848 혁명기 여전히 자신들의 민족국가를 수립하지 못하고, 분단 상태에 있거나 타민족의 지배 아래 있었던 중남부 유럽 민족들의 높아진 기대감과 열망을 상징적으로 드러내 보여주었다. 1848 혁명의 메타포로 자리하게 된 이 개념은 원래 1830년대 독일의 저널리스트이자 작가였던 루디비히 뵈르네(Ludwig Börne)에 의해 처음 만들어졌다. 그는 파리에서 7월 혁명을 목도하며, 독일에서도 부르주아적, 자유주의적 혁명을 열망했던 독일 1848 혁명 전시대(Vormärz)의 선각적인 지식인들 중 하나였다. 유행어로 두루뭉술하고 모호하게 사용된 측면이 없진 않지만, 독일 자유주의 운동 내부에서 이 개념은 대체로 민족적 통일(nationale Einheit), 정치적 자유(politische Freiheit), 국제적 연대(internationale Verbundenheit)라는 세 가지 방향성을 내포하고 있었다. 통일과 자유라는 측면에서 여전히 불만족스러운 정치적 상황에 직면해 있었던 많은 독일 부르주아들은 자유와 독립을 쟁취하기 위한 다른 유럽 민족들의 투쟁을 적극적으로 옹호했는데, 그것은 그들에게 독일 현실정치의 암울함을 다소 완화시키거나 잊게 만드는 대체 기능을 감당했다. 폴란드인들의 자유주의 투쟁에서 그들은 폴란드 문제를 직시했다기보다 독일 문제의 해결을 위한 동력을 찾으려 했다. 특별히 1830년, 31년 러시아령 폴란드에서 일어났던 봉기에 대한 독일 부르주아들의 열광은 그것을 잘 보여주었다(Kleßmann

1979).

소위 폴란드 11월 봉기와 그것으로부터 파생한 러시아-폴란드 전쟁에 적극적으로 가담했던 폴란드인들은 권위적이고, 폭압적인 러시아 전제군주정에 맞서 싸우는 자유주의 투사들이자 순교자들로까지 추앙되었다(Brudzyńska-Němec 2011). 이 사건을 계기로 러시아령 폴란드를 떠나야 했던 망명자들과 난민들 역시 독일어권 국가들에서 열렬한 환영을 받았다. 물론 이러한 1830년대 초의 '폴란드 열광'은 독일어권에만 국한되지 않은 유럽적 현상이었다. 폴란드 난민들을 가장 많이 받아들였던 프랑스에서의 열광은 여전히 정치적 셈법에 따라 '영방국가별 편차'를 보였던 독일에 비해 결코 뒤처지지 않았다. 폴란드 난민의 수용에 관한 한, 독일은 대개 중간 기착지 역할을 담당했다. 러시아와 함께 폴란드를 분할하고 있었던 프로이센과 오스트리아에서 부르주아들의 지지는 독일 서부와 남부의 영방국가들에 비해 훨씬 미온적이었다. 그것은 독일의 '폴란드 열광'이 현실정치보다 자유주의 이상에 기인했다는 것의 방증이기도 했다. 폴란드의 자유주의 투쟁 아래서 서로 연대하는 새로운 유럽 감정(Neues Europasgefühl)이, 가족 같은 유럽 민족들이 이야기되어졌고, 투쟁의 승리를 기원하는 시와 노래가 만들어지기도 했다(Langewiesche 1999). 독일 자유주의자들의 폴란드 열광은 1832년 5월 라인란트팔츠의 함바흐(Hambach)성에서 열린 축제에서 그 절정을 이루었다. 비정치적인 행사를 표방했지만, 실상은 독일 부르주아의 민족주의적, 자유주의적 저항운동의 시발점이 되었던 함바흐 축제에서 폴란드기가 독일 삼색기와 함께 휘날렸고, "그대들과 우리들의 자유를 위하여", "폴란드의 자유가 없다면 독일의 자유도 없다. 폴란드의 자유가 없다면 다른 모든 유럽 민족들의 지속적인 평화와 치유도 없을 것이다"라는 독일적, 유럽적 지지와 연대의 메시지가 널리 울려 퍼졌다(Koselleck 2000; 윤용선 2014).

폴란드의 자유와 자유로운 유럽 민족들의 평화에 대한 이러한 전폭적인 지지와 열광은 1830년대 여전히 자유주의 이상에 충실하고자 했던 독일 부르주아 저항운동의 방향성 속에서 나왔다. 자유와 통일은 독일 부르주아 자유주의 저항운동의 핵심목표로서 1848 혁명을 사실상 추동했지만, 운동 초기 독일 부르주아들은 통일보다 자유에 더 큰 방점을 두었다. 1832년 7월 바덴바일러 축제(Badenweiler Fest)에 연사로 나섰던 자유주의자 카를 폰 로텍(Karl von Rotteck)은 이러한 운동의 방향성을 분명히 했다: "저는 자유가 동반된 통일을 원합니다. 자유 없는 통일보다는 차라리 통일 없는 자유를 원합니다… 프로이센 귀족 진영이나 오스트리아 귀족 진영 아래서의 통일을 저는 원치 않습니다… 역사적 증거를 보면, 자유를 수호하기 위해서는 국가연합이 통일된 거대제국보다 더 적합합니다"(von Rotteck 2002).

그런데 1840년대부터는 우선순위가 바뀌기 시작했다. 적어도 통일이 자유와 등치되는 중요한 목표로 올라섰다. 1840년 라인위기가 그러한 변화에 직접적인 계기가 되었고, 1834년 발효된 독일 관세동맹으로 탄력을 받았던 독일 산업화의 열망이 거대한 내수시장을 가진 통일된 독일 민족국가의 탄생을 자극했다. 때문에 자유와 통일이라는 이 두 목표는 처음부터 1848년 독일 혁명의 중요한 의제가 되었다. 물론 이것은 절대주의 과거와의 매몰찬 단절과 국가 권력에 반하는 '과격한' 혁명을 통한 개혁에 미온적이었던 독일 자유주의자들이 주도적으로 실현하기에는 버거운 과제였다. 프랑스의 혁명가들에게는 개혁해야 할 민족국가가 이미 존재했다면, 독일 부르주아 자유주의자들은 자유주의적 개혁과 민족국가의 수립을 동시에 진행해야 했기 때문이었다. 혁명의 여파로 구성되어진 프랑크푸르트 국민회의라는 현실정치의 토대에서 처음으로 새로운 독일 민족국가의 청사진이 진지하게 논의되었다. 독일 민족국가의 영토경계가 어떠해야 하고, 누가 그곳의 국민이 될 수 있을 것인가? 폴란드인, 덴마크인, 체코인, 슬로베니아인, 이탈리아인 등과 같은 독일연방의 영토에 사는 다른 민족들이 과연 '독일인들의 국가'의 국민이 될 수 있을 것인가? 독일 통일에 참여할 수 없거나 참여하기 싫어하는 오스트리아 제국의 일부와 독일 민족국가는 어떠한 관계를 맺어야 하는가?(Winkler 1998). 무엇보다 독일인들과 폴란드인들의 문화적 혼종지역이었던—폴란드 민족운동의 중심지가 되었던—포젠의 문제는 1848 혁명기 독일 자유주의적 민족주의 운동의 시험대가 되었다. 이곳에서 폴란드 '민족의 봄'이 야기했던 갈등 상황으로 인해 민족주의 운동의 평화로운 국제적 연대는 독일 자유주의자들의 망상임이 만천하에 드러났다(Nipperdey 1998). 그들은 이상과 현실, 국제적 연대와 민족적 이익 사이에서 어떠한 결정을 해야 했다. 독일 민족의 이해관계를 침해하지 않는다는 전제하에서만 폴란드 민족의 자유와 독립이 이야기되었다. 혁명이 진행되면 될수록, 자유로운 민족들의 국제적 연대는 일부 급진적 민주주의자 내지 자유주의자들의 소수 의견에 그치게 되었다. 자기 민족의 자유와 권리를 주장하며, 다른 민족들의 자유를 짓밟는 것을 꺼리는 않는 독일 부르주아들의 이중성이 드러나기 시작했고, 민족문제가 강하게 제기된 곳에서는 민족들 간의 갈등이 첨예하게 일어났다. 이것이 독일 자유주의자들을 분열시켰고, 구세력과 보수주의자들에게 반혁명의 빌미를 제공했다 (Rapport 2008).

1848년의 독일 부르주아 자유주의 혁명은 실패로 끝났다. 이와 함께 자유로운 민족들이 평화롭게 사는 유럽이라는 독일 부르주아의 이상 역시 좌초하게 되었다. 이미 혁명 과정에서 많은 부르주아 자유주의자들은 자유보다는 일치, 혹은 공동체의 이익에 가치를 두는 통일 민족주의자들로 돌아섰다. 중부유럽의 강력한 패권국가로서 독일 민족국가의 탄생에 대한 염원과 열망은 부르주아들과 독일의 구체제 귀족들 사이의 접점으로 작용했다. 그럼에도 독일 부르주아들의 주도하에 독일 민족국가가 만들어진 것은 아니었다. 근대화와 산업화의 도전에 결코 최적화되었다고 할 수 없었지만, 3차례의 헤게모니 전쟁을 통해 통일의 대업을 주도했던 프로이센의 융커들은 새로운 민족국가에서 여전히 지배적인 계급으로 군림할 수 있었다. 독일 부르주아들은 경제적 영역에서 자유롭게 활동할 수 있는 것을 위안 삼아야했다. 이러한 신구의 불안하고 위태로운 동거 속에서 발전했던 독일 민족주의는 본래 가지고 있었던 자유주의적, 평등주의적 요소들을 지워버리고, 종족적이고, 인종적이고, 배타적인 통합이데올로기로 발전하며 독일 역사에 많은 오점을 남겼다. 실패한 부르주아 혁명으로서 독일 1848은 이러한 독일 민족주의 발전에 결정적인 전환점이 되었다.

II 포젠 문제와 건전한 민족이기주의

독일 부르주아들의 "원치 않은 혁명(ungewollte Revolution)"이라는 볼프강 쉬더(Wolfgang Schieder)의 테제를 1848 혁명에 관한 그의 책 제목으로 사용했던 볼프강 몸젠은 역사가 야콥 부르크하르트(Jakob Burckhardt)의 불안을 언급하며 책을 시작했다. 이 책에서 혁명의 파괴적 효과를 두려워하며, 구세계 질서와의 여전한 결속을 원했던 독일어권 부르주아의 상징인물로 상정된 그가 목도했던 것은 다름 아닌 1846년 러시아, 오스트리아, 프로이센의 분할 통치에 맞서 폴란드의 자유와 독립을 선포했던 폴란드인들의 봉기였다. 그에게 이 사건은 단순한 '민족 봉기'를 넘어 도처에서 파열음을 내게 될 사회적 혁명의 전조와도 같은 것이었다(Mommsen 2006; Burckhardt 2015). 이것은 앞선 1831년과 달리 러시아령 폴란드의 외부, 즉 오스트리아와 프로이센의 '독-폴란드 경계지역'인 갈라치아, 크라쿠프, 포젠대공국 등에서 전체 폴란드 민족운동의 동력을 이끌어내려 했던 봉기였다. 앞서 첨예한 충돌과 무자비한 진압으로 종결되었던 크라쿠프 폴란드 봉기에 비해 포젠에서는 대규모의 저항이 계획 단계에서 실패로 끝났다. 주모자들과 가담자들은 체포되어 재판에 회부되었다. 1772년 분할 이전의 영토 회복을 의미하는 폴란드 국가 재건을 모의했다는 반역 혐의로 총 254명의 폴란드인들에 대한 재판이 1847년 베를린 모아비트 감옥에서 총 91일간 열렸다. 재판 결과 풀려난 이들도 있었지만, 루드비흐 미에로슬랍스키(Ludwik Mierosławski)를 위시한 주모자 8명은 1급 국가반역죄로 참수형, 3명은 25년의 중형을 선고받았다. 97명은 역시 크고 작은 형을 받고 감옥에 수감되었다(Julius 1848).

독일의 3월 혁명은 이들 폴란드인 정치범들에게 사면의 기회를 안겨주었다. 종신형으로 감형을 받고 갇혀 있었던 미에로슬랍스키를 위시한 모아비트 감옥의 폴란드인 수감자들은 1848년 3월 20일 베를린에서 열광적인 환영을 받으며 자유의 몸이 되었다. 같은 날 포젠대공국에서 일어난 폴란드 민족저항운동은 혁명기 권력 공백 상태의 폴란드 지역의 사실상의 정부 역할을 하게 될 폴란드 민족위원회를 구성하였다. 이 위원회는 프로이센 왕 프리드리히 빌헬름 4세에게 프로이센의 지배하에 있는 폴란드 영토의 독립을 정식으로 요청했다. 실제 베를린에 파견된 폴란드 대표단은 초기 혁명의 기세에 눌려 있던 프로이센 정부로부터 포젠의 동부에 폴란드 국가를 건설할 수 있게 해주겠다는 약속을 받아냈다(Hein 2015).

혁명 초기 분위기는 폴란드 측이나 독일 측 모두에게 우호적으로 흘러갔다. 1830년대 폴란드 열광 때와 같이 독일 부르주아들의 다수는 여전히 자유주의의 이상을 추구하는 듯 보였다. 폴란드 독립을 지지하기 위해 열린 독일 부르주아들의 집회들에서 독일인들과 폴란드인들의 형제애가 강조되었고, 심지어 러시아에 대한 공동투쟁이 이야기되기도 했다. 실제 프로이센 정부 내에서도 폴란드 문제에 관해 의견이 갈리기는 했지만, 새로운 외무대신 아르님 남작(Freiherr von Arnim)의 자유주의 노선이 더 탄력을 받고 있었다. 그는 프로이센 중심으로 통일될 독일 민족국가를 꿈꾸며, 독일과 협력하는 폴란드 국가의 탄생을 지지했다.

이것은 러시아와의 전쟁도 불사할 수 있는 위험천만한 방안이기도 했다(Trzeciakowski 1979). 적지 않은 독일인들이 러시아의 개입을 두려워하기도 했는데, 새로 만들어지는 폴란드 국가가 러시아의 공격을 막는 방패 역할을 하리라는 기대감 또한 존재했었다(Mommsen 2006).

이러한 독-폴 사이의 우호적 분위기는 1848년 3월 31일 개원한 프랑크푸르트 예비의회(Frankfurter Vorparlament)에서도 이어졌다. 개원 첫날부터 폴란드 문제에 대한 안건이 다루어졌다. 여기서는 폴란드인 대표자들의 국민의회 의원 자격에 관한 결정은 미루어졌지만, 폴란드 독립 지지와 같은 중요한 사안이 결정되었다. 폴란드의 분할이 절규할 만한 부당한 처사임으로, 폴란드의 재건은 신성한 의무라는 선언이 거의 만장일치로 이루어졌다. 물론 이 결정이 포젠의 독일인들에게 불이익을 초래할 수 있다는 것을 모르지는 않았겠지만, 독일 부르주아의 다수는 혁명 초기 이상을 더 따르려 했던 것 같다(Kötschke 1921).

그러나 그 목표가 독립이 되었든, 통일이 되었든, 가열된 민족주의 운동들 간의 마찰과 충돌은 피할 수 없었다. 봉기가 과열되면서 독일인들에 대한 폴란드인들의 폭력도 늘어났지만, 포젠의 독일인들이 분노했던 것은 폴란드인 중심의 민족위원회의 전횡 때문이었다. 포젠의 폴란드 민족위원회는 독일령 폴란드 지역뿐만 아니라 러시아령과 오스트리아령 폴란드 지역 모두를 대표하는 기구를 표방했기에, 독일인들과 유대인들의 참여를 배제했다. 1846년 포젠대공국의 인구는 폴란드인 841,000명(62.7%), 독일인 420,000명(31.1%), 유대인 81,000(6%)명으로 집계되었다.

폴란드인들의 절반 규모 정도 되었던 독일인들은 대개 프로이센의 정복 정책의 일환으로 이곳에 들어온 이주민들이었다. 이미 폴란드 문화와 섞인 사람들 역시 드물지는 않았지만, 다수의 독일인들은 여전히 폴란드인들과 구별되는 정체성을 지니고 있었다(Trzeciakowski 1979). 이들은 스스로 독일-포젠 위원회를 만들어 폴란드인들과 대척점에 섰다. 더욱이 러시아의 전쟁 위협이 잦아지자, 포젠대공국에서의 독일인들과 폴란드인들 사이의 갈등과 충돌은 더욱 증폭되었고, 폴란드인들은 스스로의 보호와 전체 폴란드 독립 투쟁을 위한 목적으로 의용군을 조직했다. 이미 '반폴란드' 정책으로 선회한 프로이센의 군대가 적극 개입해서 폴란드 봉기를 무자비하게 진압하기 시작했다. 많은 희생자들을 내고, 1848년 5월 9일 폴란드 의용군들이 항복함으로써, 양자 간의 무력충돌이 종식되었다. 이 사건은 국제사회에 큰 반향을 일으켰다. 폴란드 문제 해결에 미온적이었고, 무기력했던 프랑스 정부에 대한 항의로 파리의 노동자들과 급진좌파들이 의회에 난입해 폴란드에 대한 군사적 지원을 요구하기도 했다(양희영 2023). 포젠대공국은 프로이센에 속하는 포젠주와 그네젠대공국으로 분할되었고, 이곳에서 시작된 전체 폴란드 독립국가 재건의 꿈은 그렇게 물거품이 되었다(Mommsen 2006).

7월 24일부터 27일까지 프랑크푸르트 국민회의에서 포젠 문제에 대한 논쟁이 벌어졌지만, 이것은 혁명과 반혁명, 개혁과 반동의 과정에서 이미 대세가 되어버린 독일 민족주의와 반폴란드 정서가 다시금 확인되는 순간이었다. 여전히 유럽의 자유주의 선구자로서의 폴란드인들을 칭송하며 그들의 독립을 지지하거나, 폴란드인들에게 아주 불리하게 작용할 수 있는 분할을 비판하는 좌파 의원들도 있었다. 영국, 프랑스와 공동으로 자유롭고 독립적인 폴란드의 재건을 위한 공회를 만들 것을 제안했던 극좌파도 있었다. 이들 모두는 소수 의견에 그쳤다(Kötschke 1921). 급진적인 자유주의 개혁을 꿈꾸었지만, 이후 처형당하며 1848 혁명의 상징적인 인물들 가운데 하나로 추앙받았던 로베르트 블룸(Robert Blum)의 '친폴란드 주장' 역시 같은 운명이었다. 그럼에도 영토 문제와 민족 문제에서 독일 자유주의 부르주아들이 보여주었던 이중성과 양가성에 대한 그의 비판은 무척이나 인상적이다: "여기서 우리가 단지 조국만이 아니라 전체 유럽을 위해 유럽 정치 사안, 가장 중요한 사안을 결정해야 한다면, 여러분은 어떠한 원칙에 따를 것인지를 물어보고 싶습니다. 예를 들어 슐레스비히-홀스타인, 슬라브, 트리에스트의 경우에서처럼, 영토적 견해가 결정적입니까? 그렇다면 왜 여러분들은 우리 안에 있는 소수민족인 덴마크인들, 슬라브인들, 이탈리아인들에게 적용되는 동일한 원칙을 소수의 독일인들이 편입되어 있는 다른 민족을 판단할 때는 따르지 않는 것입니까? 또는 민족 관점이 결정적입니까? 그렇다면 다른 측면에서 여러분들은 공정해지십시오. 독일인들을 위해 포젠을 난도질한다면, 마찬가지로 슐레스비히를 그렇게 하시고, 오스트리아에 속하는 슬라브인들을 해방시키시고, 남티롤을 독일로부터 분리시키십시오. 더 이야기를 해 보자면, 여러분들이 그렇게 활발한 민족감성을 가지고 있고, 그것에만 이끌리길 원하시면, 독일 동해 지역을 러시아의 지배로부터 자유롭게 하시고, (프랑스)공화국의 지배 아래서 고생하고 있는 60만의 불행한 알자스의 독일인들을 해방시키십시오"(Wigard 1848; Mommsen 2006).

어쩌면 독일 부르주아들은 앞서 언급된 자신들의 이중성 내지 갈지자 행보를 민족적 이익 내지 국익이라는 이름으로 정당화했을 수도 있다. 국민의회에서 행한 열정적인 연설에서 빌헬름 요르단(Wilhelm Jordan)은 그것을 "건전한 민족이기주의(der gesunde Volksegoismus)"라고 표현했다: "폴란드의 자유를 주장하는 것은 근시안적이고, 자신을 망각하고 있는 정치입니다. 그것은 약한 자의 정치이고, 공포의 정치이고, 비겁함의 정치입니다. 우리는 자기 망각의 꿈에서 깨어나야 될 때가 되었습니다. 우리 스스로 수치스럽게도 자유를 누리지도 못하고 세상에 짓밟히는 동안, 모든 민족들에 열광한 때가 있었습니다. 이제 감히 이야기하자면, 건전한 민족이기주의로 깨어나야 할 때입니다. 거기에는 조국의 복지와 영광이 모든 사안들 위에 있을 것입니다. 이러한 이기주의가 없다면 민족(Volk)이 결코 국민(Nation)이 될 수 없습니다. 그런데 친폴란드주의자들은 이러한 이기주의를 아주 몹쓸 짓이라고 합니다." 그는 독일 민족의 희생 속에서만 성취될 수 있는 이러한 친폴란드 정치를 "의미 없는 감상주의(schwachsinnige Sentimentalität)"라고 비판했다(Wigard 1848). 다수의 의원들이 요르단의 주장에 동조했다. 342 대 31이라는 절대적 다수의 찬성으로 포젠의 독일 연방 가입과 12명의 포젠 대표자들의 의원 자격이 승인되었다.

III 비스마르크의 독일화 정책

1848 혁명이 실패로 끝났지만, 제국 건립을 통한 '소독일적인' 독일 민족국가의 탄생은 혁명 과정에서의 민족 정체성 강화와 구체적인 경험들과 결정들이 없었다면 생각할 수도 없었다(Hein 2015). 이미 국민의회가 열렸던 프랑크푸르트 파울 교회에 모였던 많은 독일 부르주아들을 열광시켰던 "건전한 민족이기주의"는 이후 비스마르크에 의해 건전한 국가이기주의로 약간 변용되어 사용되기도 했다. 그것은 3차례의 헤게모니 전쟁을 통해 통일의 대업을 이룰 수 있었던 비스마르크의 패권정치의 핵심이 되었다: "소국과 구별되는 대국의 유일하게 건전한 토대는 국가이기주의(der staatliche Egoismus)이지 낭만주의가 아니다. 국가이익과 관련 없는 사안을 다투는 것은 대국에게 어울리지 않는다"(Urlich 2015).

비록 독일이 오스트리아라는 거대한 다문화국가를 제외하고 프로이센 중심의 소독일적 해법으로 통일했다고는 하지만, 새로 탄생한 독일 민족국가는 거대한 독일제국의 건설이라는 팽창주의적 꿈을 놓지 않았다. 다만 독일 최초의 민족국가로 1871년에 건국된 독일제국에 있어서 팽창주의적 정책보다 민족의 내부적인 단결과 통합이 더욱 급선무였다. 독일제국은 내부적으로 이전에 많은 영방국가들로 흩어져 살았던 사람들에게 '독일인' 내지 '독일민족'이라는 새로운 정체성을 부여하고, 그들을 통합해야 하는 과제를 안고 출발했던 것이다. 하지만 이러한 '사회통합' 내지 '민족통합'은 언어와 문화가 유사한 독일문화권 주민들에게만 해당되는 것이 아니었고, 통일된 독일 민족국가 안에서 독일 국적을 가지고 거주하는 많은 소수민족들에게도 적용되었다. '단일민족국가'를 표방한 독일제국은 사실상 다민족, 다문화국가로 출발했던 것이다. 때문에 소수민족들이 그 수에 있어 우위를 점하고 있었던 국경지방, 특히 알자스-로렌 지방, 슐레스비히-홀스타인 지방, 그리고 프로이센 동부지방 등에서 대대적인 통합정책, 소위 독일화 정책이 실시되었다.

그런데 유독 폴란드인들이 많이 사는 동부 국경지방에서의 독일화 정책이 혹독했다. 그 이유는 많은 폴란드 인구와 그들의 강한 민족주의적 성향, 폴란드인들에 대한 독일인들의 혐오와 문화적, 인종적 스트레오타입, 그리고 그 지역의 경제적 상황 등과 같은 다양한 사회적, 경제적, 문화적 요인들에서 찾을 수 있다. 독일제국 건국 당시 프로이센주에는 240만 명의 폴란드인들이 살았는데, 이것은 프로이센주 전체 인구의 10%에 해당하는 높은 수치였다(Wehler 1970). 이후 1910년 인구통계에 따르면, 프로이센 동부지역의 폴란드인 300만 명, 루어지역 폴란드인 35만 명, 그리고 독일과 폴란드 혼혈 30만 명 등 전체 독일제국의 폴란드 인구는 전체 독일제국 인구의 5.5%에 달했다. 그런데 이 통계는 50만 명이 넘는 러시아 국적과 오스트리아 국적의 독일 내 폴란드인들을 제외한 것이라, 실제 독일 내 폴란드인들 비율은 훨씬 더 높았다. 이렇게 독일제국 내에 많은 수를 차지하고 있던 폴란드인들은 대개 프로이센의 폴란드 강점부터 싹트기 시작한 폴란드 민족주의에 경도되어, 폴란드 민족국가 건설을 꿈꾸며 독일제국에 비타협적이었다. 때문에 한쪽에서는 프로이센, 나아가 독일제국 내에서 폴란드 문화를 몰아내고 민족의 단일화를 이루려는 세력과 그것에 대

향해서 폴란드 문화를 지키고 발전, 확대시키려는 세력 간의 깊은 불신과 반목이 쌓여갔고, 이것이 국경지방의 일상을 지배했다. 이곳의 독일인들과 폴란드인들 대부분은 서로에 대한 혐오와 부정적인 선입견을 가지고, 서로 개인적, 사회적 관계없이 분리되어 살았다. 이들 사이의 빈번하지 않았던 통혼은 이러한 냉각된 관계를 잘 말해준다(Nipperdey 1992). 물론 독일인들의 민족감정이 유독 폴란드인들에게만 부정적이었던 것은 아니었다. 잘 알려져 있듯이, 민족주의 초기 프랑스인들에 대한 독일인들의 혐오는 양국의 관계를 불구대천의 원수 관계로 묘사할 수 있을 만큼 그 골이 깊었다. 그럼에도 프랑스인들에 대한 독일인들의 혐오가 나폴레옹과 프랑스 민족주의의 성공에 대한 부러움, 열등감, 시기심에 근거하고 있다면, 폴란드에 대한 그것은 독일의 문화적 우월감과 자부심과 연관이 있었다. 열등하고 저급한 폴란드문화의 확산은 곧 독일문화의 저급화를 의미하는 것이었기에, 국가는 모든 수단을 강구해 이러한 '문화적 위험'을 막아야 한다는 것이 독일 민족주의자들의 생각이었다. "폴란드인들이 삶의 의욕을 잃도록 흠씬 두들겨 패주자! 우리가 존속하기 위해서는 폴란드인들을 뿌리 뽑는 것 외에 다른 방법이 없다"(von Bismarck 1924)라고까지 주장했던 제국재상 비스마르크 역시 그러한 생각을 공유한 자였다. 때문에 그에 의해서 추진되었던 소위 '문화투쟁(Kulturkampf)'은 독일문화의 보전과 발전을 위해 피할 수 없는 시대적 과업이었고, 그 결과는 곧 '폴란드정책의 극단화'로 나타났다(Broszat 1961).

비스마르크의 문화투쟁의 원래 주 타깃은 독일의 가톨릭교회와 중앙당(Zentrum)을 중심으로 한 가톨릭 정치세력이었다. 비스마르크는 프로이센 중심의 '소독일적' 통일에 가장 큰 반대자였던 이들을 사회주의자들 및 유대인들과 함께 '제국의 적'으로 간주하며, 이들과 가톨릭국가인 프랑스와 오스트리아, 그리고 대부분이 가톨릭교도인 독일 내 폴란드인들과의 연계를 두려워했다. 때문에 독일 동부 국경지방의 폴란드정책은 문화투쟁의 성격을 띤 독일화 정책이 될 수밖에 없었다. 이 억압적 정책이 가장 엄격하게 행해졌던 곳은 폴란드계 가톨릭교회와 귀족들의 정치적 영향력이 강했던 포젠과 서프로이센이었다. 1872년 제정된 학교감독법(Schulaufsichtsgesetz)은 지금까지 학교 장학제도의 도움으로 교육제도를 좌지우지했던 폴란드계 가톨릭 사제들의 영향력을 차단했다. 1873년 초등학교의 수업 언어에 대한 법령을 반포하여, 종교수업과 교회음악시간을 제외한 포젠과 서프로이센의 모든 초등학교 수업에서 독일어를 사용하도록 규정했다(Broszat 1961). 이러한 독일어정책은 국가관청으로 확대되어, 1876년 프로이센 동부지역의 모든 국가기관과 관공서에서 독일어를 상용어로 한다는 법안이 통과되었다(Nipperdey 1992). 이러한 언어정책 및 교육정책과 함께 이 지역의 독일화를 위해 비스마르크가 심혈을 기울였던 것은 내부적 식민화(Innere Kolonisation)였다. 이것은 많은 혜택을 통해 독일인들을 폴란드인들이 많이 사는 주변부인 국경지방으로 이주를 촉진하는 정책이었다. 이러한 독일화 정책은 국경지방 폴란드인들의 민족의식을 일깨워, 거센 저항을 불러일으켰다. 그러나 이 정책의 최대 걸림돌은 주변에서 중심으로의 자발적 노동이민이었다. 독일 산업화에 따른 독일인들의 이농현상과 외국 국적의 폴란드 농업노동자의 대규모 유입은 비스마르크의 이주정책의 극단화를 가져오는 계기가 되었다.

IV 이주와 추방

독일의 대규모 외국인 고용의 효시라고 할 수 있는 폴란드 계절노동자들이 처음 독일제국에 들어온 것은 1870년대 말이다. 러시아의 지배 속에 있었던 폴란드에서 독일로의 대규모 노동이민은 유럽의 중심국가로 도약하고 있었던 독일제국의 경제적 위상을 나타내는 지표이기도 했다. 아이러니하게도 러시아 국적의 폴란드인들이 중심이라고 믿었던 곳은 독일 내부에서는 가장 주변부였다. 1870년대 독일 엘베강 동부지역은 이민자들의 출신성분이 주로 사회 빈곤층이었기에 "사회문제의 수출"(Bade 1981; Santel 1995)이라고 불렸던 독일인들의 아메리카 이민의 최대 송출지였다(Mönckmeier 1912).[1]

독일의 산업화와 함께 1890년대부터 아메리카 이민은 현저하게 줄고 농업노동자들의 대규모 도시 이주가 일어나게 되는데, 그 최대 진원지 역시 이 지역이었다. 이유는 간단했다. 이곳에는 농노제의 뿌리가 가장 오랫동안 남아 있었을 뿐 아니라 1870년대 농

1 실제 통계에는 전체 엘베강 동부지역(Ost- und Westpreußen, Pommern, Posen, Brabdenburg, Schlesien)의 수치를 파악한 것이 아니라, 북동부독일(Ost und Westpreußen, Pommmern, Posen, Brandenburg, Mecklenburg)과 남동부독일(Schlesien, Königreich Sachsen)로 나누어 이민자 수를 조사했다. 1871-1880년까지 북동부독일은 전체 이민자의 39%, 남동부는 6%, 남부독일은 26%를 차지했다.

업 위기의 타격이 가장 컸던 곳이었기에, 이곳의 임금과 노동조건은 자유로운 이주가 가능했던 독일인들에게 받아들이기 힘들 만큼 열악했다. 물론 이것은 상대적인 것이었다. 사실 도시에 가서 잘살아 볼 희망을 가지고 고향을 떠난 동부지방에서 온 도시 이주자는 당시 사회문제로까지 비하되었던 노동자 거주지역의 비참한 주거환경, 장시간의 작업시간, 자주 일어나는 산업재해와 같은 열악한 노동조건과 생활환경을 견뎌내야만 했다. 그럼에도 불구하고 당시 이농자들에게 도시생활은 많은 매혹을 주는 것이었고, 그들이 처했던 농촌의 환경에 비해 훨씬 월등한 것으로 비춰졌다. 생활수준의 측면에서 도시는 농촌에 비해 훨씬 많은 유흥과 오락, 문화생활의 기회를 노동자들에게 제공해 줄 수 있었다. 이것은 엘베강 동부지방의 노동자, 특히 그 지역 젊은이들에게 매혹을 주는 것으로 그들의 도시 이주의 무시 못할 요인이 되었다(Lezius 1913). 이 지방 도시 이주자의 반이 20대에서 30대였다는 사실이 그것을 뒷받침 해준다(Wehler 1995). 그러나 이것보다 더 도시 이주에 영향을 미친 것은 도시에 비해 현저하게 떨어지는 임금조건과 노동조건이었다. 이 지역의 임금과 노동조건은 서부지역 농촌과 비교해도 열악한 것이었다. 때문에 더 나은 임금과 노동조건을 찾아 이 지역의 많은 농업노동자들이 중서부 농촌지역에서 계절노동자들로 일하게 되는데, 총칭하여 작센이동노동자(Sachsengänger)(Ritter und Kocka 1974)[2]로 불리던 이들 계절노동자들은 한 해에 10만 명이 넘을 정도였다. 더 발전한 농촌으로의 이주, 새로 만들어지고 있었

2 이 이름은 작센지방이 사탕무와 같은 근대적 작물재배를 시작하면서 맨 처음 동부지역 출신의 계절노동자를 불러들였던 것에서 유래했다.

던 산업도시로의 이주, 그리고 국경과 경계를 넘는 국제이주 등이 마치 도미노 현상처럼 번져갔다. 독일 동부지방을 떠나 새롭게 형성된 서부의 공업도시들에 정착하는 독일인들의 수는 매년 20만 명을 넘었다(Lezius 1913). 1907년까지 거의 200만 명의 독일인들이 이 대열에 동참했다(Wehler 1995). 물론 이러한 산업화와 도시화에 따른 '동서 인구이동'의 대열에는 동부 국경지역에서 농촌극빈층으로 살아갔던 독일 국적의 많은 폴란드인들 역시 포함되어 있었다(Kleßmann 1978). "서부의 폴란드화"라는 말이 나올 정도로 독일 서부지역, 특히 새로 만들어지고 있었던 루르지역 도시들에서의 폴란드 인구 증가는 독일인들에게 위협으로 다가왔다(Bade 1983). 그러나 그 위협의 수위는 동부 국경지역의 그것에 비할 바가 아니었다. 이농하는 폴란드인의 수가 도시 이주 독일인들의 수에 비해 턱없이 적었을 뿐 아니라, 러시아와 오스트리아가 지배하던 폴란드 지역으로부터 많은 농업노동자들이 독일 국경지방에 대거 몰려들어 왔기 때문이었다.

낙후된 농촌지역 출신이었던 이들 대부분은 기아, 실업, 부채에 시달리는 극빈층에 속한 사람들이었다. 때문에 독일인들에게는 받아들이기조차 어려운 노동조건도 그들에게는 생활환경과 노동환경의 개선으로 와 닿았다. 이것은 그들의 태도에도 영향을 미쳐, 그들을 고분고분하고 순응적인 노동자들로 만들었다. 그러나 그들이 순응적이었던 더 큰 이유는 오늘 왔다 내일 돌아가야 할 계절노동자로서 그들의 불안한 법률적 체류 조건과 노동 조건에 있었다. 노동 계약을 어기거나 체류 기간을 넘기거나, 불순한 노동쟁의에 가담한다든지 하게 되면 외국인 계절노동자들은 가차 없이 국경 밖으로 추방되었다. 관리, 통제, 그리고 추방은 그들의 일상이 되었다. 내국인들의 주변에서 중심으로의 이주를 강압적으로 막을 수는 없었지만, 외국인들의 이주와 정주는 강압적인 수단을 통해 통제하고 필요한 경우 추방이라는 극단적 조치를 통해 막을 수 있었던 것이다. 주변에서 중심으로의 이주, 즉 내국인의 이농현상과 외국인의 유입이 동부 국경지방의 민족화정책의 큰 걸림돌이 되었을 때, 비스마르크는 외국 국적을 가지고 독일에 거주하고 있는 폴란드인들에게 추방이라는 극단적인 조치를 취했다(Broszat 1961).[3] 동시대인들에게조차 많은 비난을 받았던 폴란드인 추방은 1885년에 시작되어 1887년 말에야 비로소 끝이 나는데, 이 조치를 통해 모두 3만 2000명의 폴란드인들이 독일제국 영토를 떠나야만 했다(Mai 1962). 그리고 곧 국경이 폐쇄되고, 외국 국적을 가진 폴란드인(ausländische Polen)의 고용이 금지되었다. 1886년에는 '토지의 독일화(Germanisierung des Bodens)'라는 기치를 내건 이주법(Ansiedlungsgesetz)이 제정되었고, 이 법을 바탕으로 서프로이센과 포젠에 국가기관인 이주위원회가 설립되었다. 100만 마르크의 출자펀드에 바탕을 둔 여러 이주지원금을 통해 1차 세계대전 전까지 약 2만 2000명의 독일 농부들—그 가족까지 합친다면 12만 명—을 독일 동부지방으로 이주시켰다(Sering 1893). 그러나 이러한 이주촉진정책이 대규모 독일 농민들의 이농현상을 막기에는 역

3 동부 국경지역에서의 독일인들의 이농현상과 외국 국적 폴란드인들의 유입이 비스마르크가 이 지역에서 추진하던 독일화정책에 얼마나 치명적이었는지는 다음의 통계수치가 잘 말해준다. 전통적으로 폴란드세가 우위를 점하고 있었던 포젠지방에서 폴란드어를 쓰는 사람의 비율은 1871년 57.2%였는데, 독일화정책에도 불구하고 1885년 59.2%로 2%나 늘어났다.

부족이었다. 지원금도 없었지만 주변에서 중심으로 향하는 독일인들의 이주는 계속 증가 일로에 있었던 반면, 중심에서 주변으로의 독일인들의 이주는 많은 지원금의 약속에도 불구하고 제자리걸음이었다. 독일농부의 증가를 통한 폴란드 외국인노동자 고용제도의 폐지라는 최소한의 목표마저도 흔들릴 만큼, 위원회의 성과는 빈약했다(Baier 1980). 그 중에서도 포젠과 서프로이센에서의 성과가 가장 빈약했다. 오래전부터 폴란드인들이 독일인들에 비해 월등한 수적 우위를 점하는 지역이었는데, 위원회가 설립된 이후 독일인의 비율이 더 줄어들었다. 이러한 수적 우위를 바탕으로 폴란드 가톨릭교회와 귀족세력이 막강한 정치적 영향력을 발휘했다. 1871년 제국국회의 폴란드인들이 13개의 의석을 차지하고 있었는데, 이들 모두가 다 이 두 지방 출신이었을 정도였다(Baier 1980).

교회와 국가의 분리라는 명목하에 행해진 학교교육에서의 폴란드 성직자들의 영향력 약화와 학교와 관공서에서의 폴란드어 사용금지 등이 골자가 된 비스마르크의 폴란드정책은 폴란드인들의 결속화를 가져오는 직접적인 계기가 되었다. 이러한 강압적 폴란드정책의 영향 속에 1873년 포젠에서 폴란드 농민조합이 처음 만들어졌는데, 11개로 시작된 조합 수가 1880년 120개까지 늘어났다. 이외에도 폴란드교육협회, 폴란드 산업조합, 금융조합, 노동자조합 등이 차례로 설립되었고, 이러한 단체를 중심으로 하는 폴란드인들의 촘촘한 네트워크와 조직들은 독일화정책에 대항하는 효과적인 저항기구로서의 역할을 감당했다. 무엇보다 독일화 정책이 국경지방의 '토지확보전'의 양상을 띠게 되었을 때, 더욱 그 역할은 빛을 발했다. 폴란드의 은행과 조합들은 파산 직전의 폴란드 농가를 보호하며, 필요할 경우 농가들을 사들이면서, 폴란드인 땅에 대한 독일의 파상적 공격에 맞섰던 것이다. 그렇지만 이미 1886년부터 1892년까지 5,300ha 폴란드인 농지가 매매되었다. 비스마르크의 후임 재상 카프리비(Caprivi)의 유화정책이 막을 내리고 뷜로(Bülow)의 새로운 강압적 폴란드정책이 시작되었을 때, 폴란드인들의 방어는 한계에 봉착한 듯했다. 이주위원회는 1억 마르크라는 막대한 자금을 풀어 2만 2000개의 새로운 농가를 사들일 수 있었다. 그 결과 동부 국경지방의 독일인 소유의 토지는 계속 늘어나, 한때 열세였던 폴란드인들과의 토지 비율은 1차 대전 직전 거의 대등세가 되었다(Nipperdey 1992).

이러한 토지 비율과는 달리 어쩌면 독일화정책이 더 심혈을 기울였던 분야였던 이 지방의 인구비율은 크게 바뀌지 않았다. 오히려 폴란드인의 비율이 늘어났다.

이러한 폴란드어 사용 주민의 증가는 비스마르크 퇴임 후에 있었던 폴란드 노동자의 재고용에 그 원인이 있었다. 사실 비스마르크가 실시했던 폴란드인 고용금지 조치로, 독일 동부지방의 많은 농장들이 인력난의 심화로 문을 닫아야 할 위기상황에 빠졌다. 이에 여전히 권력의 중심에 있었지만, 농업이라는 경제적 기반의 동요로 위기감에 휩싸인 독일 동부지방의 대지주들은 폴란드 농업노동자 재허용을 정부에 강력히 요구하며 조직적인 압력을 행사했다. 결국 이 압력에 굴복하여 1890년 카프리비 정부는 다시 외국 폴란드인의 고용을 허용하게 된다. 그러나 이 허용 조치는 몇 가지 단서 조항을 함께 가지고 있었다. 농업에만 고용이 허용되었고, 농한기인 11월 15일부터 4월 1일까지는 독일영토 밖에 머물러야 한다는 대기기간(Karenzzeit)이 법으로 규정되었다. 이 대기기간 조항은 외국인 폴란드 노동자의 영구이민을 막고 귀향 압력을 통해 그들을 통제하려는 의도가 강했다(Nichtweiss 1959).

외국노동자에 대한 통제는 더욱 강화되어 1908년부터 프로이센의 모든 외국인 노동자에게 국경관청이나 독일 노동자 중앙회(Deutsche Arbeiterzentrale)에서 발급되는 신분증명서(Legitimationskarte)를 소지하는 것을 의무화시켰다. 이러한 통제 장치에도 불구하고, 동부 국경지방의 폴란드 외국인 노동자의 수는 꾸준히 증가하여, 1차 대전 전까지 50만 명에 육박하게 되었다. 이것은 경제적 기반의 악화로 독일제국의 권력 주변으로 밀려날 위기에 처해 있던 이 지방 융커들의 중심에 대한 끊임없는 집착이 빚어낸 결과였다(Nichtweiss 1959). 이러한 '폴란드 이방인들'은 독일 민족주의와 민족국가에 위협적인 존재로 남았다.

V 이상과 현실 사이의 독일 민족주의

독일의 많은 부르주아 지식인들은 부르주아 혁명을 통해 탄생한 새로운 세계관이자 이데올로기로서 프랑스 민족주의가 국민 대중의 통합과 국가체제의 정당화와 안정화를 통해 모든 국가적 역량을 근대화에 쏟아 넣는 과정을 부러움과 경이로움으로 지켜보았다. 먼저 민족 만들기에 성공한 프랑스인들에 대한 독일 지식인들의 부러움은 거의 1,000년간 존속했던 느슨한 국가적 결합 형태의 독일 신성로마제국을 해체했던 나폴레옹의 독일 정복을 계기로 프랑스에 대한 시기, 원한, 미움으로 바뀌었고, 이것은 초기 독일 민족주의 발전의 자양분이 되었다. 많은 독일 지식인들은 프랑스와 같은 중심 국가들과의 무한경쟁에서 도태되지 않고 중심으로 우뚝 서기 위해서는 독일인들의 통일국가를 수립하고, 그것을 바탕으로 독일 사회를 근대화해야 한다고 믿었다. 물론 그들은 민족주의에서 근대화 프로젝트의 동력을 발견했다. 민족주의는 그들에게 '위대한 독일인들'의 중흥을 가져다줄 근대화를 위한 가장 효과적인 이념이었던 것이다(Wehler 2007).

이러한 중심에 대한 독일적 열정은 이후 팽창적인 민족주의와 결합하면서 이웃 나라들과의 끊임없는 영토분쟁과 자국 내 소수민족들과의 갈등을 일으켰다. 물론 팽창적인 민족주의로 발전하기 이전, 그러니까 19세기 초 독일의 민족주의는 부르주아 지식인 중심의 사회운동으로서 자유주의 이상을 좇았다. 그들은 통일보다 자유에 더 큰 가치를 두었다. 그렇지만 독일 민족주의 운동이 확산되고, 독일 통일에 대한 경제적, 정치적 요구가 거세어지면서, 독일 부르주아들은 자유와 통일을 동시에 추구하기 시작했다. 자유로운 민족들이 공존하는 유럽이라는 이상과 패권국가로서의 독일 민족국가 수립은 애당초 공존하기 어려운 목표였을지도 모른다. 1848년의 혁명 전개 과정에서 점점 많은 독일 부르주아들이 건전한 민족이기주의를 주장하며 민족주의 안의 자유주의 이상을 포기하기 시작했다. 연대와 형제애에서 시작해 유혈충돌로까지 확산되었던 포젠 문제는 그 점을 잘 보여주는 사례가 되고 있다.

이후 소독일적 해법으로 탄생한 독일 최초의 민족국가인 독일제국에서 독일 민족주의는 혈통과 문화적 단일성을 강조하며, 타자 내지 이방인을 배제하고 탄압하는 극단적 민족주의로 발전했다. 문화들이 만나고 섞이는 접경지대에서 대대적인 독일화정책이 실시되었다. 폴란드 민족운동의 중심지였고, 여전히 독일인들보다 폴란드인들이 수적 우위를 보였던 포젠과 서프로이센은 문화투쟁의 격전지가 되었다. 이곳에서의 독일화정책이 난관에 봉착하게 되는데, 폴란드인들의 저항도 저항이었지만, 독일 융커들의 경제적 사투 때문이기도 했다(Weber 1993). 이들 대지주들은 러시아 등지에서 들어오는 값싼 수입 농산물들로 인해 높은 농업관세 없이는 그들의 경제기반을 모두 잃을 위기에 처해 있었다. 세기말 독일 산업의 미래가 농업에 있나, 공업에 있나를 놓고 벌였던 소모적인 논쟁 역시 관계와 군대의 요직을 독점하고 있던 구엘리트 융커들과 신흥 부르주아들의 갈등에서 비롯되었다(Harnisch 1994). 사투를 하고 있는 독일 융커들의 또 한 짝의 '목발'은 폴란드 계절노동자들의 고용으로, 이것은 독일 민족주의의 위협으로 여겨져 독일화정책의 극단화를 부추겼다. 농업국가에서 산업국가로 도약하고 있었던 당시의 독일제국은 많은 산업노동력의 확보가 관건이었고, 이것을 처음엔 농촌지역이었던 동부 국경지방의 독일인들로 충당을 했다. 그들이 떠난 자리를 메운 것이 다름 아닌 폴란드 계절노동자들이었던 것이다. 이들은 이농현상으로 심각한 인력난을 겪고 있었던 독일 융커들에게 필요악이었다. 비스마르크는 독일화정책의 최대 걸림돌을 제거한다는 구실로 외국 국적의 폴란드인들의 추방과 고용금지를 단행했다.

융커들의 저항이 거세었고, 비스마르크 퇴임 후 다시 국경개방을 이끌어냈다. 한편에서는 많은 정착지원금을 주면서 독일인들을 동부지방으로 이주시켰지만, 또 다른 한편에서는 이와는 비교할 수 없을 정도로 많은 폴란드인들이 이곳으로 유입되는 모순이 반복되었다. 이 모순을 극복하기 위해 더욱 더 강력한 독일화정책이 이곳에 실시되었다. 외국 국적을 가진 폴란드인들은 독일인들의 공동체와는 격리된 채 감시와 통제, 그리고 추방위협을 받으며 노동력을 제공하다가 돌아가야 할 운명이었고, 독일 국적을 가진 폴란드인들은 더욱 강화된 언어정책과 학교정책을 통한 동화압력을 받아야만 했다. 이러한 강압적 독일화정책은 독일 내 폴란드인들을 더욱 결속하게 하고, 폴란드 민족주의를 고양하는 계기가 되었다. 이곳 독일 동부지방을 배경으로 함께 살아야 했던 독일인들과 폴란드인들의 관계는 이제 더욱 악화되어 문화적, 사회적 교류의 단절을 넘어 문화 간의 전쟁 양상으로까지 발전했다. 물론 독일적 헤게모니 속에서 그들의 문화권을 지키려는 어려운 싸움을 하던 당시의 열악한 폴란드인들의 상황을 고려할 때, 문화전쟁이라는 말은 분명 과장된 것이 사실이다. 그러나 양차대전의 결과로 이 지역의 헤게모니가 바뀌게 되었을 때, 즉 이 지역이 폴란드의 영토가 되었을 때, 해묵은 폴란드인들의 반목과 증오는 독일인들에 대한 대대적인 탄압과 강제추방이라는 보복을 가져왔다. 사실 이곳에서의 독일화정책은 제1차 세계대전의 발발과 함께 더욱 더 극단화의 길을 걸었다. 제국 영토에서 일하던 약 30만 명의 폴란드 농업노동자들이 강제노동자로 전락하면서 출국이 금지되었고, 폴란드 점령지로부터 많은 민간인들이 강제부역에 동원되었고, 그곳에서 상시에는 상상할 수 없는 만행과 착취가 이루어졌다. 패전과 함께 독일 동부지역의 많은 부분은 새로 탄생한 폴란드 민족국가의 영토가 되었고, 여기 독일 공동체는 소수자로서 폴란드 민족주의의 지배를 받았다. 해외가 되어버린 이전 독일 동부지역의 독일 공동체의 독일인들은 극단적 민족주의의 열렬한 지지자들이 되었고, 그들에 대한 지역 민족주의의 탄압은 히틀러에게 동유럽 침공의 빌미를 주기도 했다. 다시 전쟁이 나고 수복되거나 확장된 동부의 영토들에서는 이전과는 비교할 수 없이 체계적이고, 무자비한 독일화가 일어났다. 전쟁 후 독일 동부지역 독일인들에게 행해졌던 폴란드의 폭력과 강제추방은 이러한 나치의 독일화 과정에 대한 보복이었다. 물론 양국 사이에 일어났던 불행했던 과거, 독일인들의 민족정책 내지 점령정책과 폴란드인들의 강제노동, 그리고 전후 800만 명에 달했던 폴란드로부터 추방된 독일인들, 이러한 가해와 피해의 반복, 즉 해묵은 혐오와 미움의 뿌리는 1848 혁명기 자유로운 민족들의 국제적 연대라는 오랜 부르주아 자유주의 이상의 좌절로까지 거슬러 올라갈 수 있을 것이다.

참고문헌

양희영. 2023. "1848년 혁명과 형제애-프랑스 2월 혁명과 폴란드 문제를 중심으로-." 『서양사론』 156: 78-112.

윤용선. 2014. "이웃 나라의 이미지: 독일의 폴란드 인식." 『동유럽발칸연구』 38(1): 281-313.

Bade, Klaus J. 1981. *Vom Auswanderungsland zum Einwanderungsland, Deutschland 1880-1980*. Berlin: Colloquium-Verlag.

______. 1983. "Kulturkampf auf dem Arbeitsmarkt: Bismarcks Polenpolitik 1885-1890." Otto Pflanze (eds.). *Innenpolitische Probleme des Bismarck-Reiches*. München: Oldenbourg. 121-142.

Baier, Roland. 1980. *Der deutsche Osten als Soziale Frage: eine Studie zur preußischen Siedlungs- und Polenpolitik in den Ostprovinzen während des Kaisereichs und der Weimarer Republik*. Köln, Wien: Böhlau.

Broszat, Martin. 1961. *Zweihundert Jahre deutscher Polenpolitik*. München: Ehrenwirth.

Brudzyńska-Němec. 2011. "Polenbegeisterung in Deutschland nach 1930." in Institut für Europäische Geschichte (eds.). *Europäische Geschichte Online*. Mainz.

Burckhardt, Jakob. 2015. *Gesammelte Werke: Briefe – Autobiographische Aufzeichnungen*. Andhof.

Harnisch, Hartmut. 1994. *Ostelbische Agrargesellschaft im Kaiserreich und in der Weimar Republik: Agrarkrise – junkerliche Interessenpolitik – Modernisierungsstrategien*. Berlin: Akademie Verlag.

Hein, Dieter. 2015. *Die Revolution von 1948/49*. München: C.H.Beck.

Julius, Gustav. 1848. *Der Polenprozeß. Prozeß der von dem Staatsanwalte bei dem Königlichen Kammergerichte als Betheilgte bei dem Unternehmen zur Wiederherstellung eines polnischen Staats in Grenzen von 1772 wegen Hochverrats angeklagten 254 Polen, (in erster Instanz) verhandelt im Gebäude des Staatsgefängnisses bei Berlin*. Berlin.

Kleßmann, Christoph. 1978. *Polnische Bergarbeiter im Ruhrgebiet 1870-1945. Soziale Integration und nationale Subkultur einer Minderheit in der deutschen Industriegesellschaft*. Göttingen: Vandenhoeck & Ruprecht.

______. 1979. "Der »Völkerfrühling« und die deutsch-polnischen Beziehungen von 1831 bis 1848 in polnischen Geschichtsbüchern." *Schriftenreihe des Georg-Eckert-Instituts* 22(I): 190-197.

Kosellek. Gerhard. 2000. *Reformen, Revolutionen und Reisen: Deutsche*

Polenliteratur. Wiesbaden: Harrassowitz.

Kötschke, Hermann. 1921. *Die deutsche Polenfreundschaft*. Berlin.

Langewiesche, Dieter. 1999. "Humanitäre Massenbewegung und politisches Bekenntnis: Polenbegeisterung in Süddeutschland 1830-1832." in Dietrich Beyrau (eds.). *Blick zurück ohne Zorn*. Tübingen: Attempto. 11-37.

Lezius, Martin. 1913. *Heimatgebiete der Sachsengänger in Brandenburg, Posen und Schlesien*. Neudamm.

Mai, Joahim. 1962. *Die preußisch-deutsche Polenpolitik 1885-1887*. Berlin: Rütten & Loening.

Mommsen, Wolfgang J. 2006. 『원치 않은 혁명, 1848(*1848, die ungewollte Revolution*)』. 최호근 역. 푸른역사.

Mönckmeier, Wilhelm. 1912. *Die deutsche überseeische Auswanderung*. Jena.

Nichtweiss, Johannes. 1959. *Die ausländischen Saisonarbeiter in der Landwirtschaft der östlichen und mittleren Gebieten des Deutschen Reiches*. Berlin: Rütten & Loening.

Nipperdey, Thomas, 1998. *Deutsche Geschichte 1800-1866: Bürgerwelt und starker Staat*. München: C.H.Beck.

______. 1992. *Deutsche Geschichte 1866-1918: Machtstaat vor der Demokratie*. München: C.H.Beck.

Rapport, Mike. 2008. *1848. Year of Revolution*. New York: Basic Books.

Ritter, Gerhard A. und Jürgen Kocka. 1974. *Deutsche Sozialgeschichte, Dokummente und Skizzen, Band II: 1870-1914*. München: C.H.Beck.

Santel, Bernhard. 1995. *Migration in und nach Europa*. Opladen: Leske + Budrich.

Sering. Max. 1893. *Die innere Kolonisation im östlichen Deutschland*. Leipzig.

Trzeciakowski, Lech. 1979. "Die polnisch-deutschen Beziehungen im Großherzogtum Posen in den Jahren 1846-1848." in Karl-Ernst Jeismann (eds.). *Die deutsch-polnischen Beziehungen 1831-1848: Vormärz und Völkerfrühling*. Braunschweig: Georg-Eckert-Institut für Internationale Schulbuchforschung. 51-67.

Urlich, Volker. 2015. *Otto von Bismarck*. Hamburg: Rowohlt.

von Bismarck, Otto. 1924. *Die gesammelten Werke 14: Briefe: 1. 1822 – 1861*. Berlin.

von Rotteck, Karl. 2002. "Rede auf dem Fest in Badenweiler(Auszug), Badenweiler, 11. Juni 1832: Lieber Freiheit ohne Einheit, als Einheit ohne Freiheit." in Dietmar Stübler (eds.). *Deutschland – Italien 1789-1849. Zeitgenössische Texte*. Leipzig: Leipziger Universitätsverlag, 176-177.

Weber, Max. 1993. "Der Nationalstaat und die Volkswirtschaftspolitik." Horst Baier and M. Rainer Lepsius and Wolfgang J. Mommsen and Wolfgang

Schluchter and Johannes Wickelmann (eds.). *Landarbeiterfrage, Nationalstaat und Volkswirtschaftspolitik*. Max Weber Gesammtausgabe Bd. 4, 2. Halbband. Tübingen: J.C.B. Mohr. 535-574.

Wehler, Hans-Urlich. 1970. *Krisenherde des Kaiserreichs 1871-1918*. Göttingen: Vandenhoeck und Ruprecht.

______. 1995. *Deutsche Gesellschaftsgeschichte. Von der Deutschen Doppelrevolution bis zum Beginn des Ersten Weltkrieges 1849-1914*. München: C.H.Beck.

______. 2007. 『허구의 민족주의(*Nationalismus*)』. 이용일 역. 푸른역사.

Wigard, Franz. 1848. *Stenographischer Bericht über die Verhandlungen der deutschen constituirenden Nationalversammlung zu Frankfurt am Main, Bd:2 Nr.34-61*. Frankfurt am Main.

Wildt, Michael. 2017. *Volk, Voksgemeinschaft, AfD*. Hamburg: Hamburger Edition.

Winkler, Heinrich, 1998. "Der überforderte Liberalismus. Zum Ort der Revolution von 1848-49 in der deutschen Geschichte." Wolfgang Hartdwig (eds.). *Revolution in Deutschland und Europa 1848/49*. Göttingen: Vandenhoeck & Ruprecht. 85-206.

필자 소개

이용일 Yong-Il Lee

대구교육대학교 사회과교육과 교수
빌레펠트대학 역사학 박사

논저 "독일연방공화국에서 이주민의 정치적 참여: 1973년 쾰른 포드공장 노동자 파업을 중심으로", "독일의 극우정치와 난민", "독일-폴란드 관계정상화를 위한 감정의 정치- 바르샤바조약과 브란트의 크니팔", "트랜스내셔널 전환과 새로운 역사적 이민연구", "중심을 향한 독일의 근대적 열정과 그 통합이념체계들 - 종족적 민족주의, 헌법애국주의/탈민족적 민주주의, 다문화주의"

이메일 hboell@dnue.ac.kr

제5장

국가와 국경을 넘는 어느 코뮈나르의 경험·관찰·인식

— 브누아 말롱의 망명 1871-1880

The International Experience, Observation and Perception of an Exiled Communard Benoît Malon 1871-1880

노서경 | 충남대학교 인문과학연구소

* 이 글은 『역사와경계』 126호(2023)에 실린 "국가와 국경을 넘는 유럽 사회주의 형성의 또 하나의 길-브누아 말롱(1871-1878)-"을 수정·보완한 것이다.

이 글은 1871년 파리 코뮌(Paris Commune)의 유혈 진압 속에 망명길에 오른 코뮈나르의 경험을 반추하는 방법론을 통해 코뮌의 혁명적 성격이 코뮌 진압 후 1870년대에도 계속 살아 있고 또 가다듬어졌다면 그것은 무엇인가를 문제시한다. 다시 말해 1848년 혁명의 패배로부터 20년 후인 1870년대를 고유하게 보고 아직 형성중인 유럽 사회주의의 거점 공간을 축으로, 패배한 코뮌이 19세기 후반 사회주의에 흘려보낸 것이 무엇이었는가를 헤아려 보려는 의도이며, 코뮈나르 브누아 말롱의 망명 10년을 보려는 것은 이 같은 우리의 문제의식에 그는 충분히 답할 수 있다는 생각에서다. 말롱은 남부 고향 인근에서 학교를 다니고 중급 교육까지는 받았지만 파리의 세련된 지적 혜택을 누리지 않고 사상가로 올라선 독학의 노동자 지식인이었다. 그러나 그 때문에도 그는 말 없는 강골의 사회주의자에다 지치지 않는 뚝심과 노동자들에 대한 대표성을 구비한 남다른 사례이다. 살고 죽은 다른 많은 코뮈나르들처럼 그 역시 코뮌 이전 파리 20구 국민방위군의 일원이었고 인터내셔널(The First International) 회원이었고 코뮌 정부에 참여했고 5월 파리의 유혈 진압을 목도했다. 그 박진한 경험의 교차 위에 그가 구축한 세계는 고독한 망명자의 것이었지만 그 때문에 오히려 프랑스를 벗어난 유럽적 성격을 띠었다. 그러한 그의 지리적·지적 망명 과정을 추적하고 그 의미를 그와 함께 나누기 위해 글은 먼저 스위스 쥐라연맹의 반권위주의를 살피고 통일기 이탈리아의 아나키즘을 본 다음 벨기에의 중요한 사회주의자 세자르 드 파프의 집산주의를 다룬다. 이를 경유하여 말롱이 스스로 세워갔으리라 싶은 결론의 하나는 사회주의의 요체는 경제적인 것이지만 인민은 지적 해방의 준비를 하고 있어야 한다는 점이었을 것이다.

Adopting a methodology of reflections on the exile experience of a Communard, the article aims to respond to the question if there remains some revolutionary idea which the Paris Commune reclaimed. And we suggest Benoit Malon has enough force to answer our question. Malon was an almost autodidact compared to other well educated contemporary socialists, but a prominent representative figure of the working class. Moreover, he was a Parisian National Guard which played an essential part in military and political tasks during the Commune period. Malon executed his role in the Commune government as an active member of the First International but with moderate position. To trace his solitary but fruitful exile through European itinerary, the article is composed by three different areas and problems. they are anti-authoritarian Jura Federation, Italian anarchism, and the collectivism theorized by the Belgian socialist César de Paepe. One of the main conclusions that Malon affirmed can be resumed like this: even if socialism is governed principally by the force of the economy, it is demanded for the working class to enhance the moral and intellectual capacity for their own.

KEYWORDS 파리 코뮌 Paris Commune, 브누아 말롱 Benoît Malon, 1차 인터내셔널 The First International, 1870년대 사회주의 Socialism in the 1870s

I 서론: 1871년 파리 코뮌의 혁명성, 그리고 그 후

코뮌 역사학은 이미 오래전부터 코뮌을 이데올로기적으로 서술하는 방식에서 떠나 아래로부터 올라온 이 인민의 봉기가 왜 무엇을 열망했는가에 시선을 돌렸고 코뮈나르들은 사회 보편의 공화국을 위해 투쟁했으며 그 핵심에 사회혁명의 요소들이 나타났다는 것은 이제 거의 일반적인 논점이 되었다. 1871년 코뮌의 혁명성을 이러한 지평으로 널리 보게 되기까지는 역사가의 공이 컸다. 프랑스의 자크 루주리(Jacques Rougerie, 1932-2022), 영국의 로버트 톰스(Robert Tombs, 1949-) 같은 코뮌 전문 역사가들은 누구보다도 더 그러한 대열에 들 것이다(Rougerie 1972; Rougerie 2018; Tombs 1999). 이들은 코뮌 관련 군사 문건, 재판 기록, 의회의 조사 활동, 관보, 또 진압 관련 통계, 파리의 노동과 산업 부문 자료, 회고록, 편지, 개인 문서고 등의 사료를 계속 검토하여 코뮌이 계급적이라는 마르크스주의의 구도도 국가 부정으로 이해되는 아나키즘적인 해석도 코뮌과 멀어지게 만들었다. 또는 근대화, 혁명적 자발성 같은 사회학적 거대 이론 틀이 설 자리도 지워갔다. 대신 수립된 것은 일정한 틀이 아닌 다면적인 민주주의의 문제제기가 코뮌이었다는 인식이었다.[1] 그러했던 코뮈나르들의 다채로운 사회적 구성, 자유가 넘치는 정치적 사유, 파리와 지방 및 해외에서의 실제 활동은 2021년 코뮌 150주년에 간행된 1436쪽의 문헌 『1871년 파리 코

1 2022년 3월 자크 루주리가 작고한 후 『메트롱 노동운동인명사전』에 코뮌 연구자 캉탱 들뤼에르모스(Quentin Deluermoz)의 글이 추모의 글로 수록되었다. 이 구절은 그의 글에 나온다(Cordillot 2021, 1224-1225).

뮌』으로 다시 한 번 확인할 수 있게 되었다. 이 책의 부제는 코뮌의 '행위자, 사건, 장소'이다(Cordillot coordonné 2021).

1871년 파리 코뮌은 이 점에서 1848년 유럽혁명과 다르다. 코뮌은 현존의 사회질서를 문제 삼고 파리 방어가 시급한 상황에서 인민의 손으로 직접 일구는 진솔한 민주주의를 채택하려 한 것이지 국가와 국민의 재편을 설계하려 한 것이 아니다. 하지만 코뮌은 유럽 도처에서 실전을 치른 1848년 혁명의 깃발을 외면한 것이 아니었다. 코뮈나르였던 블랑키주의자, 프루동주의자, 인터내셔널주의자, 자코뱅, 사회공화파 모두가 세우려 한 것 역시 민주사회공화국이었으며 이는 분명 1848년 혁명에서 영감을 받아 내려온 이념이었다. 혁명의 단절과 지속은 교차하여 1848년 혁명을 일으킨 동맹, 연맹, 결사는 일정한 패배 국면이 지나자 독일과 프랑스에서 각각 되살아났고 런던에서 1차 인터내셔널(The First International 1864-1876)을 탄생시키는 모태로 작동했다. 사실 1848년의 탄압을 간신히 피해 런던 뒷골목에 모여들어 빈손으로 여전히 『인간(*L'Homme*)』이라는 제호의 큰 신문을 발행하고 있는 것이 1848년의 패배자들이었다. 프루동의 신문 『르 푀플(*Le Peuple* 인민)』에서도 보듯이, 프랑스 안에서도 1848의 민주 정신은 나약해지지 않고 현실과 일상의 분석에 충실했다(*Le Peuple* 1849).

그러나 이 글에서 정작 관심을 두는 것은 코뮌 자체에 관한 논란이 아니다. 비록 72일을 지속했을 뿐이지만 그 사회혁명의 행방은 코뮌이 진압된 후 어떻게 되었는가, 혹시 거리의 시신 더미에 묻히고 흩어져 바람에 다 날아갔는가, 아니면 시련 앞에서도 굴하지 않고 남은 뿌리는 살리고 죽은 가지는 쳐내면서 내일을 대비하는 산 자의 의무가 현존했는가 하는 점이 관심거리이다. 이 글은 그러한 시각 가운데에서도 코뮌의 상속 문제를 헤아리려는 하나의 방법론이 필요하다는 전제 아래 생존한 코뮈나르 브누아 말롱(Benoît Malon, 1841-1893)을 주목하는 데 주저하지 않았다. 말롱의 망명은 19세기 후반 유럽 사회주의의 역설적 조건이라는 틀 안에서도 이미 논구되었으나(Jousse 2018), 다시 생각해보려는 이유가 있다. 하나는 소목, 대목, 석공, 대리석공 등 10여 부문의 건축업, 운수업, 식품업, 피혁업, 10여 부문의 의류업, 직물업, 금속업, 가구제조업, 보석시계공, 청동업, 파리 특산품, 책, 그리고 사무원 단체의 조합과 결사가 결성되어 있는 파리의 노동 구조에 말롱 역시 속했다는 사실이다(Rougerie 2019, 229-232). 동시에 중요한 것은 말롱 역시 파리의 국민방위군이었다는 사실이다. 국민방위군 체제는 1870년 전쟁 중에 확대 보강되어 40만 명 이상이 동부와 북부 전선에 동원되었다. 특히 국민방위군은 독일군 점령하의 파리 방어를 거의 전적으로 책임지게 되었고 이로써 20구 중앙위는 1871년 3월 파리 코뮌의 실질적인 주축이 되었다. 2월에 독일과의 협정이 조인되어 프랑스의 병력을 대폭 축소한 후에도 잔여 병력은 베르사유로 이동했기 때문에, 정규군이 사라진 파리에서 사람들이 믿을 것은 20구 국민방위군 대표뿐이었다. 파리 코뮌은 실제로는 전투가 최우선인 전시 정부였기 때문에, 국민방위군에 보내는 공고문과 지침이 코뮌 관보에 가장 빈번하게 실렸다(*Les Murailles politiques françaises* 1874). 세 번째 이유는 말롱이 코뮌 정부의 선출직으로 노동과 교환 산업위원회에 들어갔다는 사실이다. 그는 대정부 강경파인 공안위의 설립에 반대하는 등 온건주의로 코뮌에 임하면서 코뮌 내부를 들여다보았다. 마지막으로, 그가 서북쪽 퓌토에서 도심의 마레 구역까지 걸어서 왕복하며 1차 인터내셔널에 참석하고 외국과 교신하는 회원으로 국제적인 감각과 지평을 새로이 했다는 사실이다. 1차 인터내셔널은 제2제정하에서 처음에는 양해되었지만 정부의 해산 명령을 받았고(Archer 1970), 말롱은 이 국제 조직의 복구 혐의로 동료들과 함께 1870년 7월 재판에 회부되어 우아즈 감옥에 수감되었다가 9월 4일 공화국이 선포되면서 석방되었다.

그렇긴 하지만 말롱을 일반에 널리 알려진 사회주의 지도자라고 하기는 어렵다. 19세기 후반, 2차 인터내셔널(The Second International 1889-1914) 수립 전후에 이름을 떨친 (서)유럽 사회주의자라면 독일의 엥겔스, 카우츠키, 프랑스의 게드, 조레스, 이탈리아의 투라티, 라브리올라, 벨기에의 반데어벨데, 오스트리아의 아들러를 우선 떠올리게 된다. 프랑스 내에서만 보아도 각각의 이념 성향에 따라 5-6개 정파로 나뉜 1880-1890년대 사회주의의 지형에 말롱이 설 자리는 없었다. 그러나 역사에 남은 사회주의 문헌 『라 르뷔 소시알리스트(*La Revue socialiste*)』를 창간한 말롱에 대한 인식이 그처럼 빈약하다면, 그것은 그가 어떠한 당파도 세우지 않고 어떠한 이데올로기에도 집착하지 않은 사회주의자였기 때문일 것이다. 감히 말하면 말롱은 개혁, 혁명 어느 편이든 다 같이 추구하던 권력과 세력과 이념에서 사회주의의 실을 찾지 않았다. 그렇다면 그는 당대의 수도 없이 많던 무정형의 사회주의자에 지나지 않았던 것일까. 만약 그렇다면 1893년 9월 그의 죽음에 임해 유럽 사회주의자들은 왜 그처럼 간절한 조사(弔辭)를 보내고 프랑스 각

지역의 노동조직과 사회주의 단체가 왜 그처럼 장례식에 참석하여 경외심을 표했을까. 말롱의 남다른 신조에 대한 흠모는 그때 사회주의에 막 입문한 조레스의 추도사에도 배어 있었다. 파리 고등사범학교(ENS) 출신의 지식인 사회주의자는 노동자 출신인 말롱 사회주의의 진가를 밝히고 싶었다(Jaurès 1895).

이 글은 그러한 말롱의 코뮌 후 행보에 주목하면서 그 10년을 세 부분으로 나눈다. 우선 말롱이 조우한 스위스 쥐라의 상황을 보고, 다음으로 통일기 이탈리아로 건너가며, 마지막으로는 벨기에 사회주의자 세자르 드 파프(César de Paepe, 1841-1890)에 주목한다.[2] 말롱의 스위스행, 이탈리아 체류 및 세자르 드 파프와의 관계에 대해서는 이미 각각 연구가 전문화되었지만 그래도 이 글이 시도하는 것은 그가 어떤 정치적·사상적 경험을 했고 그것으로부터 무엇을 다시금 인식하게 되었느냐 하는 점에 한정된다. 그러나 이러한 평이한 문제의식 속에는 도무지 석연치 않은 다른 문제가 숨어 있기도 하다. 이 글에서는 그냥 의문으로 남길 뿐이지만 그것은 19세기 유럽의 보이는 것과 보이지 않는 것의 관계이다. 간추려 말한다면 19세기 혁명이라면 흔히는 부르주아 질서에 대한 적대감과 항의로 보기 쉽지만 사실은 그 부르주아가 투자, 주도하고 노동자들이 건설하는 철도와 통신과 산업기술의 발달에 힘입어 사회주의의 항의가 살아움직이고 있었다는 문제점이다.

다시 한번 말한다면, 1848년 혁명의 패배 이후 1860년대, 더

2 말롱의 스위스와 이탈리아 경험은 이미 라타, 뷔외미에 등에 의해 자세하게 설명되었고, 빈센트는 말롱의 이 경험을 하나의 장에 담았다(Latta, Vuilleumier et Gâcon 2000; Vincent 1992).

나아가 1870년대는 암울하기만 하지 않았다. 미국은 남북전쟁(1861-1865)으로 노예제 폐지를 선언했고, 1863년 폴란드에서의 봉기가 서유럽의 이목을 끌었으며, 러시아 젊은이들은 사회혁명의 대의를 따랐고, 통일을 이루어가던 독일에서는 마르크스, 라살레, 베벨, 리프크네히트가 총동원되면서 사회주의와 노동운동이 활력을 얻었다. 영국의 노동운동도 차티즘의 정신을 지켜 결사와 조직에 열을 올리는 중이었고(Malon 1872a, 9-10), 벨기에, 스위스, 프랑스 모두 자유주의의 물적·지적 성장에 힘입어 노동 조건을 개선하려 했으며 말롱은 이 시대정신을 충분히 흡수했다. 더구나 독일 통일의 효과는 심대했다. 이는 오스트리아, 중부 유럽, 독일과 영국 사이의 외교와 국제정치적 전환에 그치지 않았다. 전보다 더 긴박해진 유럽적 유대와 긴장은 권력과 경쟁과 이익을 따지는 국제정치와는 다른 의미의 국제적 정서를 키워냈다.

프랑스에서도 권위주의만이 사회를 짓누르지는 않았다. 나폴레옹 3세 치하의 파리에는 국내외의 각종 신문이 나돌았고, 특히 인터내셔널 파리지부에는 벨기에, 독일, 스위스, 영국 등 곳곳의 크고 작은 도시에서 보내온 편지 뭉치가 연일 정확히 도착했으며 그 편지들에는 노동 쟁의, 각국 정부의 노동 정책, 기술과 산업의 실태가 낱낱이 적혀 있었다.[3] 노동운동의 국제주의는 보이지는 않았지만 탄탄한 지반을 쌓아가고 있었다. 이러한 시대에 코뮈나르

3 1차 인터내셔널에 대한 본격적인 학술대회가 1964년 파리에서 처음 열렸다(Colloques Internationaux du Centre National de la Recherche Scientifique 1968). 새로운 연구서는 각국별 사례를 폭넓게 망라하여 1차 인터내셔널의 중요성을 일깨운다(Bensimon et al. 2018).

말롱의 망명이 시작되었다.

II 스위스 쥐라 연맹의 반권위주의

베르사유 정부군의 유혈 진압 속에서도 파리 시내에 은신할 수 있던 말롱이 동부행 열차를 타고 스위스 뉴샤텔에 내린 것은 7월 하순의 어느 날이었다. 학살과 체포를 피해 살아남은 코뮈나르들은 대체로 북부로 빠져나가 벨기에로, 영국으로 흩어졌지만, 요행으로 위조 여권을 구할 수 있던 이들은 스위스로 향했다. 남쪽 스페인으로 나가거나 미국행을 택한 이들도 포함하여 모두 얼마나 많은 코뮈나르들이 망명했는지는 분명히 알 수 없는 문제라고 하며 이 주제로 박사학위 논문을 쓴 로르 고디노에 따르면 약 3천 명이었다(Godineau 2000). 돈 한 푼 없이 떠난 수많은 망명자가 벨기에의 브뤼셀 도심의 노동판을 서성였고 런던까지 도착한 이들 역시 일거리를 찾아 헤맸던 데 비하면 말롱의 경우는 다행이었다. 그의 망명처를 주선한 이는 유명한 그의 동반자 여성 앙드레 레오(André Léo, 본명 Victoire Léodile Béra)였다. 문필가였고 코뮌기에는 부지런히 지방을 돌며 파리와 지방 사이의 단절을 막고자 했던 저널리스트 레오는 코뮌 전 1869년 파리 감옥으로 말롱을 찾아갔고 두 사람은 곧 절친한 사이가 되었다. 레오는 사별한 남편과 스위스에 체류했던 연고가 있어 파리 은신 중에 스위스행을 결심하고 이미 준비를 마쳤다(Dalotel 2004, 38-125). 말롱은 후에 제3공화정의 교육 재상이 되는 페르디낭 뷔송과 프로테스탄트들의 도움을 받아 스위스에 무사히 입국했다.

말롱은 뉴샤텔에 자리를 잡자 곧바로 코뮌 패배의 전말을 기록하기로 하고, 그해 10월 『프랑스 프롤레타리아의 세 번째 패배』를 출간한다(Malon 1871). 세 번째 패배란 1789년 혁명의 패배, 1848년 혁명의 패배에 이어 1871년에 다시 패배했다는 의미였고 그는 첫 장에서부터 부르주아를 향해 "우리는 보복하리라"라고 할 만큼 격분한 심정이었지만 코뮌에 내재한 사회혁명의 의미를 되짚었다. 그 혁명이 무엇이었는가는 어렵지 않았다.[4] 베르사유 정부군을 막는 것이 최우선이었던 전시 정부에서(*Les Murailles politiques françaises* 1874) 체계적인 사회경제 정책을 실현할 도리는 없었다. 일용할 양식이 공급되기 어려운 비상한 상황에서 사회의 기층민들이 원한 혁명은 구체적이며 일상적인 삶이었다. 집세 문제, 생필품의 조달, 빵 공장의 야간 노동 폐지, 고용주의 전권에 대한 이의, 정당한 임금, 가족 연금, 공공 원조의 실현이 시급했고 공공 의료와 보건도 필요했다. 이에 더해 사람들은 생활난을 겪는 중에도 공교육의 실시와 교육의 세속화를 요구했다. 코뮌 정부는 사람들의 요구 가운데 일부라도 부응하고자 했다. 결혼제도와 이혼, 비합법 결혼에 대한 인정도 검토되었다. 법적 결혼이 아닌 실제 동거의 경우라도 배우자로 인정하고 전사자 연금을 그 동거자에게 지불하는 조항도 포함되었다. 아마 한 세기는 앞선 사회적 조치였을 것이다.

4 파리 13구에 있는 코뮌의 친구들(Amies et Amis de la Comune)은 1871년 5월 말 파리의 마지막 전투지였던 뷔트드카유 언덕에 작은 사무실을 두고 코뮌을 알리는 행사와 간행물 사업을 꾸준히 벌였다. https://www.commune1871.org/ (검색일: 2023.10.9.)

그러나 파리를 떠난 말롱이 외국 스위스에 들어와서 목격한 노동자 국제주의는 그런 절박함과는 다른 절실함을 보였다. 여기서는 운동의 대립과 긴장을 낳는 쟁점들이 훨씬 이론적·이념적이었다. 사방에 퍼진 교통로와 종교적 박해를 피한 오랜 지혜, 게다가 1848년 중부 유럽 혁명아들의 패배의 경험이 쌓여 스위스의 제네바, 베른, 바젤, 취리히, 로잔은 작아도 국제 도시다운 정치색을 지녔다. 제도적으로도 스위스는 중립국인 데다 26개 각 군(Canton)의 자치성을 보장하면서 상업의 필요성 때문에도 세계를 향해 문을 여는 연방주의 국가였다(Enckell 2012). 노동자들의 인터내셔널 운동 역시 이에 포함되는 면이 있었다. 코뮌 전에 이미 120개 지부, 1만여 회원을 둔 스위스 인터내셔널은 1866년 9월 제네바 대회를 시작으로 1867년 9월 로잔에서 2차 대회를, 그다음에 브뤼셀에서 대회를 열고는 1869년 9월 다시 바젤에서 4차 대회를 유치했다. 그러나 말롱이 뉴샤텔에 도착한 1871년 가을부터 이듬해 1872년 하반기까지 유럽 각국에서 적어도 10만 명 이상이 가입한 대망의 인터내셔널 운동은 하락세를 넘어 실망과 좌절, 허탈 속을 공전했고 말롱은 이 광경을 보고 들었고 마침내는 그도 인터내셔널의 제명 명단에 오르는 인사가 되었다. 노동자 국제주의는 쓰라린 일이 되었다.

분쟁의 진원지라고 할 수 있는 곳은 스위스의 대도시가 아니라 프랑스 동부와 맞닿은 산속 마을 쥐라(Jura)였다. 라쇼드퐁, 로클르, 생테미에 등 소도시들이 모인 쥐라는 1871년 10월 인터내셔널 연맹의 자격으로 쥐라 연맹 창립대회를 열었고, 독자적인 쥐라 연맹의 발족은 역사적인 사건이 되었다. 쥐라인들이 논의한 것은 노동자의 이름으로 국제적 결속을 도모해야 하는 이유가 무엇이며 조직은 어떤 성격이어야 하느냐 하는 근본적 문제였다. 쥐라의 사회적 인프라가 그런 목소리를 낼 만한 배경이 되었다. 깜깜한 산골이 쥐라가 아니었으며 1859년 전신, 철도가 들어왔으며 작은 도시마다 거리는 반듯하고 기술과 전문학교를 비롯하여 각종 학교가 많아졌으며 4, 5층짜리 큰 건물이 들어섰다. 스포츠 회관, 합창단, 사격협회, 상조회와 노동자 교육협회가 늘어선 환경에서 시계공은 도시를 운영하는 권한이 컸고 자치와 자율이 몸에 배어 있었다(Enckell 2012, 9-18). 제네바 같은 도시들에 시계 공업이 퍼지는 1600년대 이후 시계 기술자들이 모여든 쥐라의 시계 공업은 다른 산물이 흔치 않은 척박한 산간에서 생존과 경제의 기반이 되었다. 프루동의 브장송은 바로 옆 동네 같아서 그의 노동자 철학에 관한 문건이 들어왔고 인간의 자유를 신봉한 초기 사회주의자 샤를 푸리에도 알려졌다. 이런 배경을 가졌지만 쥐라의 대표 수백 명이 모여서 연맹을 발족시킨 것은 무엇보다 노동자 인터내셔널 운동이 중앙권력화한다는 우려가 깊었기 때문이다. 쥐라의 자유사상, 반권위주의는 이듬해 2월에 창간한 『쥐라 연맹 회보(*Bulletin de la Fédération Jurassienne*)』로 더 다져지고 결국 런던에 있는 마르크스와 엥겔스의 주도로 움직이려던 인터내셔널을 흔들었다. 여기에는 해박한 인문 지식에 대쪽 같은 자유사상을 겸비한 시계공 제임스 기욤의 지도력이 주효했으며 특히 러시아의 사회주의 거물 미하일 바쿠닌이 쥐라에 들르기도 했다.

시베리아 유형지에서 탈출하여 유럽으로 돌아온 바쿠닌은 1866년 남부 이탈리아에 들어간 후 스위스도 여러 차례 오고 가며 평화와 자유 국제동맹을 결성했다(Vuilleumier 1964). 그가 쥐라에 온 것은 1869년 2월이며 여기서 제임스 기욤과 만났다. 마르크스파의 제네바 인터내셔널에서 탈퇴한 바쿠닌은 1871년 4월 코뮌 지원 차 쥐라에 왔고 7월에는 취리히에 체류하며 쥐라를 왕래했지만 이것만으로 쥐라 연맹의 발족에 바쿠닌의 손길이 닿았다고는 말할 수 없다. 그러나 1871년 11월 5일자로 나온 이른바 송빌리에 회람문은 바쿠닌으로 표상되는 자유의지, 반권위, 반중앙화 이념을 확실하게 천명한 역사적 문건이었다.[5] 문제의 송빌리에 회람문은 지금까지 프리메이슨(Freemason), 직인조합, 비밀결사 어디서든 목적은 달라도 조직 구성은 한결같았다고 주장했다. 지침을 내리고 지휘 체계를 장악한 것은 평의회나 최고위원회이고 그들 기구의 아래에서는 그러한 상층의 의지를 받아들였을 뿐이라는 것이 권위주의에 대한 비판의 요점이었다.

사실 문제는 너무 깊었다. 사회주의의 거대한 이론 싸움이었든 인터내셔널의 지배를 둘러싼 세력 경쟁이었든 분규를 제어하고 갈등을 조정할 방법은 어디에도 없었다. 그러한 성격의 반권위주의파와 런던 총평의회파의 대결은 1872년 9월에 소집된 헤이그대회에서 결판이 났다. 9월 2일에서 7일까지 속개된 헤이그대회에서는 바쿠닌, 기욤, 쥐라의 또 다른 실력자 슈비츠게벨 세 사람을 제

5 "La Circulaire à toutes les Fédérations de l'Association internationale des travailleurs ou La Circulaire de Sonvilier"(Sonvilier 12 Novembre 1871). 약 2,000자로 작성된 이 문건은 인터내셔널의 정관 3조, 4조, 5조를 들어 런던 총평의회의 방식과 결정이 정관에 어긋난다고 주장하고 그러한 전거로 규정 사항들을 자세히 예시했다. https://www.panarchy.org/jura/sonvilier.html (검색일: 2023.10.9.)

명했으며 이유가 된 것은 이들이 인터내셔널에 대한 해당(害黨) 행위를 했다는 혐의였다. 1869년 4차 바젤대회 후 1870년과 71년 두 해는 전쟁과 코뮌으로 예정했던 대회가 열리지 못해 1872년 5차 헤이그대회는 더구나 기대를 모았다. 15개국을 대표하는 65명의 참석자 외에 네덜란드 노동자들이 많이 참관하도록 저녁 시간에 본회의를 열었으나 대회는 바쿠닌파의 국제사회주의민주동맹(Alliance)을 비난하고 이들 제명 해당자들의 오류를 조사하기에 여념이 없었다(Vuilleumier 1964). 인터내셔널이 이렇게 파탄과 종착점에 이른 전말은 쥐라의 제임스 기욤의 기록으로 자세히 알려졌다(Guillaume 1905, 1907). 모두 네 권으로 구성된 이 문건집은 반권위주의를 믿고 이를 관철하려 한 기욤의 의지도 살피게 하지만 수많은 관련 문서들을 수집하고 세밀하게 따진 점에서도 보기 드문 사회주의의 사료로 남았다(Vuilleumier 1965).

말롱은 코뮈나르 동지인 르프랑세와 함께 쥐라 연맹 창립대회에 참석했으니 이곳의 시계공들이 어떤 기개, 어떤 논리로 노동자 국제주의라는 이념의 본질을 논하는지 잘 들었을 것이다.[6] 그러나 그는 이 크나큰 분열에 대해 쉽사리 발언하지 않았다. 1870년 이전의 그는 반권위주의 혹은 아나키즘적인 경향에 기울었으나 그것은 잠시였고 쥐라 연맹의 발족부터 송빌리에 회람문 사건, 그리고 1872년 헤이그대회까지 일련의 흐름에 대해 침묵을 지켰다. 우

6 곧 이 결정에 반대하는 미국, 스페인, 이탈리아, 프랑스 대표들이 쥐라의 생티미에에서 회동하고 제네바의 총평의회에 반대하는 모든 연맹과 지부가 모이는 비상대회를 열었다. 반면 런던파는 인터내셔널의 회생을 위해 미국으로 본부를 옮기고 1876년 필라델피아에서 6차 대회를 열었지만 공허했다. 1차 인터내셔널은 헤이그에서 종막을 고했다.

리는 바로 이 사실, 이 중대한 이론적·패권적 싸움에 대해 그가 공적으로 알려진 어떤 입장을 보이지 않았다는 점에 시선이 간다. 아마 그 대립에 관심이 없어서가 아니라 모든 사람의 신경이 날카로운 때 조용히 있는 미덕도 필요했고 노동자 국제주의에서 더 중요한 것은 그러한 대립의 승패 이상이라고 그는 보았으리라 싶다. 이렇게 추정해도 좋을 하나의 문건이 존재한다.

1871년 하반기가 다 지나고 이듬해 2월에 말롱의 소책자 하나가 프랑스 리옹에서 간행되는데, 제목이 『인터내셔널, 그 역사와 원칙』이었다(Malon 1872a). 리옹은 프랑스 인터내셔널이 정착했고 1871년 파리에 이어 코뮌을 시도했던 항쟁의 도시였으며 10대에 생테티엔에서 가까운 리옹에서 학교를 다닌 말롱은 여전히 그곳에 지인들이 많았다. 말롱의 『인터내셔널』은 리옹 공화파 신문에서 청탁한 논설의 모음집이었다. 그는 이후 망명기에나 1880년 귀국한 다음에나 '인터내셔널'이라는 제목이 붙은 저술은 내지 않았으니, 이 소책자는 노동자의 국제성, 국제주의, 국제 감각에 대한 그의 사유를 비추는 드문 자료로 대할 수 있다. 말롱이 개혁주의자로 분류된 것은 한참 나중의 일이며 그 때는 그에게도 인터내셔널은 혁명적이었다. 그러나 그 혁명은 밝은 태양 아래 벌이는 선전이고 사업이었다. 누군가 아무리 천재라 하더라도 어느 한 사람의 머릿속에서 전체를 일일이 아우르는 과학적 체제가 나올 수 없었다. 말롱은 송빌리에 회람문의 정신에 십분 동조하여 지금까지 사회는 개혁적이든 혁명적이든 과거가 물려준 공식에 따라 위에서 아래로 일이 진행되었다고 주장했다(Malon 1872a). 그러나 더 눈에 띄는 대목은 그다음이다.

인터내셔널은 거대한 연구회였다. 나날이 회원이 성장하고 각 회원은 각기 사상가로 성장하고 있었다.

다시 말하지만 그가 강조한 점은 아무도 이제 동시대인에게 완벽해 보이지 않으며 이제 연구는 노동자 대중에게로 내려왔다는 것이었다. 따라서 국제주의를 신뢰하는 노동자들은 어떤 사상을 믿느냐 혹은 거부하냐에 만족하지 않았다. 우리는 연구하고 이해하고 알기를 원하고 있다는 그의 신념은 물론 쥐라 사태에서 비롯된 것은 아니었다. 1871년 『프랑스 프롤레타리아의 세 번째 패배』에서도 그는 확실히 말했다. "오를레앙 왕성 시대의 파리, 리옹, 뮐루즈, 생테티엔, 1848년 루앙의 학살, 6월 파리의 학살로 프롤레타리아는 자신들밖에는 믿을 수 없어서 스스로 방어의 조직을 갖춘 것이다"(Malon 1871, 7). 그 때문에 인터내셔널에는 창시자도 주도자도 없었다. 사실 소책자로 나온 글 전체에 마르크스, 바쿠닌, 런던 중앙위, 쥐라 연맹 같은 단어는 배제되어 있었다. 그런 말롱, 마르크스주의와 가까운 제네바 인터내셔널 중앙위에 가입했으나 런던의 마르크스주의에 깊이 관심을 두지 않은, 기질적으로는 아나키즘을 받아들일 만했으나 독단적이지 않았던 그를 가리켜 빈센트는 마르크스주의와 아나키즘 사이에서 두 이념의 융화를 이루었다고 판단한다(Vincent 1992, 140-141).

말롱은 어떤 지도자도 군림하지 않는 반권위적 기구, 쥐라 연맹처럼 각 지부마다 자율적으로 움직이는 노동자의 역량, 그러한 힘의 결집인 국제주의를 원했을 뿐이다. 인터내셔널 대회의 현수막마다 걸렸던 "의무 없이 권리 없다. 권리 없이 의무 없다"는 문구에는 노동자 저마다 자율성을 발휘하고 수호한다는 의미도 담겨 있다. 그런 점에서도 인터내셔널은 1848년 혁명의 패배를 딛고 19세기 후반의 사회주의를 건설하는 중대한 교두보였다(Bensimon, Deluermoz, Moisand 2018). 정치학자 드랄랑드의 『투쟁과 서로 돕기』는 그렇게 작동한 인터내셔널이 사상과 모색의 터전이었을 뿐만 아니라 실체였음을 알려준다(Delalande 2019). 실체는 편지이고 성금이었다. 말롱에게는 생업과 국적이 다른 사람들이 하나의 뜻을 지니고 모이고 무엇보다 편지 왕래로 모든 사항을 공적으로 연락하여 의견을 주고받는 그 열린 성격이 귀했을 것이다. 19세기가 민족주의 발흥의 시대였어도 사람들은 널리 보고 타자를 경청하여 민족 안에 갇히지 않으려는 욕망도 지녔던 것 같다. 하지만 1870년대의 국제주의 상황은 사회에 따라 무척 상이했다.

III 통일기 이탈리아의 아나키즘

말롱의 망명지는 스위스에 한정되지 않았다. 그는 1873년 초 스위스 루가노에서 내려와 대도시 밀라노로 갔고 공업 도시 토리노도 보았고 서북 해안 비아레지오로 갔다가 1875년 가을 다시 북부로 올라왔고 멀리 남부 팔레르모도 두 번을 갔다. 모두 합하면 4년 이상이 되는 이 이탈리아 여행은 동반자 레오의 사정에 따른 것으로 알려져 있다. 하지만 어떻든 그는 이탈리아의 여러 곳을 가보았는데, 본다는 것은 누구에게나 그렇듯 그에게도 중요한 인지 행위였다. 그는 소일하지 않았다. 생테티엔 인근의 프랑스 남부에서 출생하여 이탈리아어를 구사할 줄 아는 그는 이탈리아의 신문과 잡지에 기고하고 이탈리아 사회주의자들과 교유했으며, 1880년에 귀국한 뒤에도 이탈리아 신문에 기고하기를 좋아하여 적어도 100여 편의 글을 남겼다. 우리가 이탈리아어를 모르고 1870년대 이탈리아의 신문과 잡지에 다가갈 수 없는 여건임에도 이 문제를 초벌이라도 그리려는 것은 말롱의 이 같은 이탈리아행이 그의 사상적·윤리적 입지에 중대한 표지판이 되었기 때문이다. 1870년대 이탈리아를 휩쓸었다고 할 수 있는 아나키즘의 성행 속에서도 코뮌의 패배자인 그는 국가와 질서를 부정하는 아나키즘 사상에 빠지지 않았다. 이 문제를 살피기 위해 이 장에서는 일단 말롱이 조우한 이탈리아가 가난하지만 풍요한 통일기를 지나가고 있었다는 사실(장문석 2000), 이탈리아의 노동자 국제주의는 아나키즘에 지배된 것 같지만 법을 인정하는 자세도 싹트고 있었다는 사실, 마지막으로 이 시기 이탈리아 사회주의에 대한 말롱의 입장이 명백했다는 사실을 따라가려 한다.

먼저 19세기 이탈리아라면 보통 어떤 인상일까. 자원과 자본의 결핍, 남북 간의 빈부 격차, 빈곤한 농민층, 스페인만큼 강렬하지는 않더라도 강세인 아나키즘을 떠올리기 쉽다. 그리고 북부 롬바르디아와 중부 토스카나, 남부 칼라브리아, 시칠리아, 사르데냐 섬의 지역적 고유성에 머무르기 쉽다. 이런 인상이 틀리지는 않겠지만 통일 후 이탈리아 사회는 그보다는 훨씬 약동의 시절을 맞았다. 남부인에게 통일은 흔히 피에몬테에서 부과하는 '법과 세금'으로 인식되었겠지만, 통일 정부의 기본 정책인 자유무역과 인민의 자유 실현은 전례 없는 사회적 변화를 불러왔다(Beales and Blagin

2013). 우선 인구가 대폭 늘어 1800년에 1,800만 명이던 인구가 통일기에는 2,500만 명, 1887년에는 거의 3,000만 명에 이르렀다. 다른 어느 곳보다 젊은 나라가 이탈리아였다. 그러나 영아 사망률은 줄었어도 이탈리아 여성의 평균 사망 연령은 서유럽 어디보다도 빠른 34세였고, 노동자의 임금 수준은 1870년대 후기에도 독일, 영국, 벨기에, 프랑스의 5분의 3 수준이었다. 문맹률도 지역에 따라서는 아직 70퍼센트 선이었다. 특히 문제인 것은 농촌을 중심으로 만연한 소수 집중의 토지 소유 구조와 도시 프롤레타리아의 열악한 생존 환경이었다(Davis 2000). 말롱이 본 것도 이 심각한 사회적 격차와 계층 간 분리였다.

말롱은 이탈리아에서 밀라노의 주요한 좌파 언론 『라 플레베(*La Plebe* 노동자)』의 편집국장 엔리코 비냐미(Enrico Bignami)를 만났다. 마치니의 공화주의를 따랐지만 사회주의로 나아간 이 좌파 언론인은 말롱을 존중하여 그의 저술을 이탈리아어로 번역, 출간하려는 계획을 세웠다. 1875년 1월 밀라노에서 열린 경제학자대회에 말롱이 참석한 것도 비냐미의 요청에 따라서였다. 코뮌 패배 이후 그는 경제학에 관심을 가졌고, 사회적 구조의 근원은 경제에 있다는 생각이 점점 확고해지는 중이었다. 한편 학문이 깊은 이탈리아 학자들 역시 이 시기 유럽을 풍미한 정치경제학을 주시했고 그 때문에 경제학자 알베르토 마리오(Alberto Mario)를 비롯한 저명한 학자들이 밀라노 대회에 참석했다.[7] 그러나 말롱은 대회에서

7 말롱은 이 책의 3장 전반부에서 이탈리아 경제학을 다룬다(Malon 1876, 39-60). 한편 1825년 베네치아에서 출생한 알베르토 마리오는 이탈리아의 정치 사회를 위한 애국적 투쟁의 선두에 섰던 인물이다(Devaux Pelier 2003, 5-8).

표명된 사회개혁의 의지를 높이 사지 않았으며 경제학자들과 노동자 문제는 분리된 것이라고 지적했다. "대회에서는 사회적 봉기가 인민 도덕의 나약함에서 비롯된다고 언급되었다." 그 때문에 "대회는 '노동자들의 해방은 노동자들의 손으로'라는 진실을 확인하게 해주었다"(Devaux Pelier 2005a). 이탈리아에서도 파리 코뮌에 대한 두려움과 코뮈나르에 대한 비난이 부르주아 사회의 정석처럼 여겨진 때였다. 반대로 『라 플레베』는 런던에서 보내오는 엥겔스의 논설을 실을 정도로 급진적이었으며 이 신문에 대한 탄압 조치로 말롱도 1876년 1월 밀라노에서 스위스 루가노로 추방되었다. 연속된 정간과 폐간으로 지속력이 짧기는 했지만 1860-70년대 이탈리아의 사회주의 신문과 잡지는 독일 사회주의 언론만큼이나 활발해서 이탈리아 당국의 경계심이 날카로웠다.

어떻든 1870년대 이탈리아에서 대세는 아나키즘이었다. 필리포 투라티(Filippo Turati), 안토니오 라브리올라(Antonio Labriola) 같은 사회주의 지도자들이 나타나 이탈리아 마르크스주의가 정착하는 것은 1880년대 후반이며(De Maria, Dogliani 2015, 1-2), 1870년대인 지금은 아나키즘의 호소력이 컸다. 아나키즘의 사상적 뿌리와 의미는 물적 차원으로만 설명되지 않는다. 아나키스트들이 도무지 이해할 수 없던 것은, 왜 땅 파고 씨 뿌리고, 곡식을 거두는 농부들이 먹을 빵도, 와인도, 고기도 부족하며, 집 짓는 벽돌공들은 왜 바람 막을 지붕도 갖기 어렵고 신발 만드는 제화공은 왜 낡아빠진 신발을 신는가, 그 원천적인 질문이었다(*At the Café* 2005). 바로 이 때문에 팔레르모 지역에서 발행되는 온건파 신문의 제목이 『일 포베로(*Il Povero* 빈민들)』이었다. 1877년 4월 '마테제 방다

(Banda del Matese)' 사건은 이런 분위기에서 촉발되었다. 사전에 정보를 입수한 경찰의 진압으로 봉기는 실패했지만, 사건의 주도자들은 중부 캄포비소와 베네벤토 사이의 산속 마을인 마테제를 장악하고 철도와 통신을 끊고 세금을 철폐했으며 소유권 문서를 불태우고 아나키를 선포했다(Pernicone 1993).

이러한 이탈리아 사회주의에 그가 내놓은 메시지는 무엇이었을까. 말롱은 우선 이탈리아 인터내셔널에 신뢰를 보내지 않았다(Devaux Pelier 2003). 이탈리아 인터내셔널은 파리 코뮌 이후에야 그 사태에 자극을 받아 성장하지 않았느냐는 힐난 같은 판단을 내렸기 때문이다. 프랑스인에게 흔한 감정이었을 수도 있지만, 이탈리아 현장을 보았다고 해서 이런 그의 부정적 견해가 가시지도 않았다. 그는 이탈리아를 떠난 후 1878년 1-2월에도 이탈리아 인터내셔널이 경제적 문제를 소홀히 하며 "혁명을 위해 사회주의를 저버리고 음모를 위해 경제 투쟁을 방기했다."라고 직언했다(Briguglio 2005b). 사실 이탈리아 인터내셔널은 거물이지만 외부인인 바쿠닌과 연계된 조직이었다. 바쿠닌은 1864년에도 들렀지만 1866년부터 나폴리에 자리 잡고 지하 활동과 결사를 조직하면서, 코뮌 봉기를 반대하고 코뮌의 연방 사상을 이해하지 못하는 이탈리아 통일노선을 반박했다. 바쿠닌의 자유의지, 반권위, 연방 사상은 이탈리아 인터내셔널의 급성장을 도왔다. 그렇지만 바쿠닌으로부터 모든 것이 발아하지는 않았다(Maria, Dogliani 2015).

통일운동의 지도자 마치니의 영감을 받아 1848년부터 노동자 협회가 세워진 곳이 이탈리아였다. 협동조합 운동도 번성하여 1863년에 453개, 회원이 11만 1,608명이었고 1875년에는 1,000

개 조직에 회원은 약 20만 명에 육박한다(Meriggi 2014). 사실 1870년대 후반 여러 도시에 인민은행이 창설되었고 볼로냐와 로마 명사들의 후원으로 설립된 원조협회들이 거리에 보였다. 필경 이러한 유기적 조직이 기반이 되어 인터내셔널이 단 몇 년 사이에 나폴리와 시칠리아를 넘어 토스카나와 로마냐 지역의 중소도시에 파고들었을 것이다. 인터내셔널은 밀라노, 비엘라, 토리노 같은 북부 공업지뿐만 아니라 포 계곡의 농촌 노동자들 사이에서 지지를 얻었으니, 신생 이탈리아의 밑바닥 정치기구이기도 했던 것이다. 지도자들은 귀족도 포함된 중간계급이었으나 회원의 대다수는 제화공, 인쇄공, 마차 제조공 같은 장인층, 짐꾼, 항만 하역부, 약간의 공장노동자들로 구성되었다. 특기할 점은 피렌체의 연초 공장과 시가 공장 여성들이 인터내셔널에 가입했다는 것이다. 여성들이 독립적으로 모인 첫 번째 기구가 인터내셔널이었던 셈이다. 1874년 봄에 정식 회원 32,450명이 회원증을 받고 회비를 내는데, 이 회원 수는 1914년 이탈리아 사회당에 가입한 당원 수보다 많았다.

다시 말하지만, 이탈리아의 아나키즘은 이탈리아 대중의 마음에 들었으며 파리 코뮌의 패배 이후 부쩍 설득력을 얻기도 했다(Maitron 1983). 코뮌의 진압으로 알게 된 것은 사상으로 되는 일은 더 이상 없으며 이제 해야 할 일은 아나키즘의 구호인 '사실에 의한 선전'이라는 것이었다. 하지만 이런 방향의 아나키즘은 말롱에게서 일말의 지지도 얻지 못했다. 그는 폭력과 봉기에 의한 방법론을 조금도 옹호하지 않았다. 그가 지지하는 반권위와, 폭력에 의한 아나키즘 그 두 가지는 동의어가 아니었다. 1876년 1월 밀라노의 『라 플레베』 논설에서 말롱은 사회주의는 이상뿐 아니라 그 이상을 실현하려는 수단이 중요하다는 것에 역점을 두었다. 그는 정부의 유혈 진압으로 동지들을 잃은 코뮈나르였으나 그 때문에 법의 존재 이유를 회의하지는 않았다. 기습적 행위, 비밀결사와 음모, 테러, 즉 폭력으로 해결되는 일은 아무것도 없다는 전제 아래, 말롱은 이탈리아인에게 보통선거, 자유 토론을 요구했다. 공화파 마치니의 노선이 선거 기권이었으므로 이는 용감한 제안이었지만, 사회주의를 실현하려면 법적인 파업권, 노조결사권, 질병과 실업 구제금고를 설치하는 것이 긴요했다. 말롱의 그러한 법에 대한 존중은 그가 배척한 부르주아 제도에 스스로 다가가는 모순적인 논리 속에 빠지지 않았다. 그는 부르주아의 법의식을 수용할 수밖에 없다는 논리가 아니라 인민의 자유를 위한 개념이 법이니 그런 법으로 나아가자는 사회적 지향의 법해석을 추구했다(Faggi 1954). 이는 자유의 근간인 교환의 자유, 노동의 자유를 향유한다는 전제를 확고히 한다면, 그리고 누군가가 전횡을 부리지 않는다면 모든 개인은 법치로써 협력하리라는 전망이었다.

이탈리아 사회주의에 던지는 이 같은 문제 제기는 호응을 얻었을까. 대체로는 그렇지 않았다. 말롱도 아직 30대 후반이었지만, 이 시기 이탈리아 아나키즘의 대표자들은 20대의 젊은이들이었다. 20대의 안드레아 코스타(Andrea Costa 1851-1910), 에리코 말라테스타(Errico Malatesta 1853-1932), 또 사베리오 메를리노(F. Saverio Merlino 1856-1930)가 대중적 인기를 끌면서 시위와 봉기를 주도했다. 카피에로는 나폴리 대학에서 법학을 전공한 후 처음에는 런던의 마르크스, 엥겔스와 교분을 가졌고 1870-1871년 수감 중 이탈리아에서는 처음으로 『자본론』을 요약 발간했다. 1878년에 그는 마테제 사건으로 구속된 말라테스타를 변호하여 석방시켰다. 이들은 다분히 자유주의 국가의 권능은 과소평가하고 이탈리아 대중의 혁명 역량은 과대평가하게 되었다. 하지만 상황은 일면적이지 않았다. 이탈리아를 떠나서도, 다시 이탈리아에 돌아와서도 아나키즘의 자유의지를 절대적으로 신뢰한 말라테스타도 이미 1870년대에 점진적 혁명의 길을 긍정했다(Préposiet 2003, 307-328). 코스타는 더 발길을 돌려 1880년 이탈리아 의회에 진출하며, 그를 움직인 것은 말롱이 설파한 법적, 실질적 사회주의였다. 한편으로는 법적인 사회주의를 바라보는 싹이 자라고 있었던 것이다(Faggi 1954). 롬바르디아 사회주의자들뿐만 아니라(Briguglio 1997, 40) 나폴리 신문의 발행인인 티토 자나르델리(Tito Zanardelli)가 법의 문제에 귀를 기울였고 "혁명을 기도하기보다 선진과 조직에 적합한 혁명가들을 키워야 한다."는 긴 연설을 했다(Devaux Pelier, juin 2001, 7). 이탈리아에 영향을 준 말롱의 이러한 평가와 비슷하게, 미국 학자 파기(Faggi)와 다르지 않게 레테리오 브리구글리오 같은 이탈리아 연구자들도 이러한 문제를 지적한다(Faggi 1954, 20, 24; Briguglio 2005). 이탈리아는 온통 아나키즘으로만 범벅이 된 사회가 아니라 노동과 사회의 감각이 다각도로 발달한 고장이기도 했던 것이다. 그러나 분간할 문제가 있다. 말롱이 법에 의한 사회주의를 원칙으로 한다고 해서 소유의 문제를 소홀히 했던 것은 아니라는 점이다.

이미 1860년대 사회주의자들이 새로운 집산주의(Collectivisme) 개념에 시선을 두고 있었지만, 말롱 역시 개인의 자유는 오직 사회적 자유와 맺어져 있다는 관념과 이론을 유보 없이 받아들였다. 이미 스위스에서 간행된 『인터내셔널』에서 그의 이러한 논지는 충분히 표현되었고, 이탈리아를 관찰하면서 그 논조는 더 확고해졌다. 이러한 말롱 사회주의는 사실 사회 기층의 소망을 반영했을 뿐이었다. 남부 팔레르모의 신문 『일 포베로』는 어조는 온건하지만 내용은 분명한 집산주의를 제창했으며 그 이념은 삶의 사방에 걸쳤다. 이탈리아에서는 토지와 노동 도구의 집산화, 억압적이며 권위를 독점하는 가족을 자유롭고 평등한 가족으로 대체, 성·피부색·인종·국적의 차별이 없는 모든 사람의 시민적·정치적·경제적 평등, 모든 생산자의 잉여가치에 값하는 개인 소유, 집단의 비용으로 충당되는 사회 각 구성원의 교육을 요구하고 있었다. 『일 포베로』는 1877년 2월 2일자에 집산주의에 대한 설명을 위와 같은 토지, 노동, 가족, 시민적 평등, 정치적 평등, 경제적 평등, 생산자의 몫, 공적 교육의 8개 항목으로 요약했다. 말롱이 이탈리아에서도 확인하고 확신한 새로운 사회주의 집산주의는 이렇듯 유럽적인 것이었으나, 그는 더 예리하고 실천적인 이론가를 만났다.

IV 벨기에 세자르 드 파프의 실천적 집산주의

이에 따라 마지막으로 살피려는 문제는 벨기에 사회주의자 세자르 드 파프(1841-1890)와 말롱의 긴밀한 관계이다. 왜 그래야 하는가는 자명하다. 벨기에는 초기부터 회원이나 지부가 많은 인터내셔널의 하나의 핵이었다. 19세기 중·후반 노동과 국제주의에 이론과 실무 어느 면으로나 기여한 바가 컸다. 그런데 드 파프는 벨기에를 대표했을 뿐만 아니라 1차 인터내셔널 내내 주목을 끌었던 쟁쟁한 이론가였다. 드 파프의 인터내셔널에 대한 기여는 막연하지 않았다. 집산주의 개념을 치밀하게 논하고 인터내셔널을 설득하여 1848년 혁명의 실패로 어두웠던 사회주의 시대를 마감한 공훈이 그에게 돌아간다(Jousse 2019). 아직 마르크시즘이란 언어가 사회주의의 중력처럼 통용되지 않던 때였다. 인터내셔널에 대한 논의는 혼란스러우면서도 그 혼란 속에 창조적 구상을 십분 담고 있었다. 사회주의사의 고전인 G. D. H 콜의 저작에 따라서도 드 파프의 위치는 돋보이며(Cole 1954) 그 같은 인터내셔널에서의 비중으로 드 파프는 에밀 반테어벨데 같은 벨기에노동자당 창건자와 이어진다.[8] 19세기 벨기에는 작은 나라이지만 이웃한 프랑스와는 다른 정치 사회를 구성하여 자유주의와 가톨릭과 사회주의의 관계가 대립적으로만 진행되지는 않았다. 그런 면에서 레옹 데이슴(Léon Deisme), 외젠 힌스(Eugène Hins) 같은 자유주의자들이 이끈 초기의 벨기에 사회주의를 파악할 수 있으며 드 파프는 사상적으로 그들 사이에 위치했다(Massart 1922).

말롱은 우선 드 파프와 무척 가까웠으며 그 친밀함은 사회주의 이론을 넘어서는 것이었지만 어떻든 말롱은 드 파프의 집산주의 이론을 지지하고 깊은 공감을 표했다. 그러나 드 파프의 경제사상에 말롱이 이끌린 것이라고만 한다면 미흡하다. 말롱의 경제주의에는 다른 견인차가 있었다. 그는 물론 프랑스 사회주의 해석에서도 경제에 주안점을 두었다(Malon 1872b). 그러나 고대로부터

8 Cole(1954, Chapter IV. 57-68). 드 파프의 정치적 입장이나 사회사상을 마르크스와 바쿠닌 사이에 두는 시각도 있다(Dandois 1974).

로마와 가톨릭을 거쳐 근대 정치경제학의 자본, 임금, 기계, 조세를 독학한 말롱의 경제학 수업은(Malon 1876) 독일의 페르디난드 라살레(Ferdinand Lassalle 1825-1864)에게 크게 기인했다. 흔히 말롱이 라살레에 이끌린 것은 젊은 베른슈타인의 소개 때문이었으리라고 추정한다. 사실 베른슈타인은 자신의 후견인 카를 회히베르크를 모시고 말롱이 거주하던 루가노에 들른 적이 있다. 그로부터 라살레에 대한 말롱의 흠모가 얼마나 깊었던지 독일어를 모르는 그가 독일어를 배워 라살레의 저서를 프랑스어(*Capital et Travail*)로 번역 출간까지 했다(Lassalle 1880). 말롱의 심경으로는 프랑스가 1848년 혁명에서 이룩하려 한 바를 라살레는 혼자서 해낸 것으로 보였다. "우리 프랑스에는 그처럼 넘치는 매력, 생전에 그를 감쌌던 그런 영광의 아우라에 비교되는 초상은 없었다"(Malon 1889).

드 파프와 라살레가 서로 연관되는 것은 아니지만 이를 짚어보는 것은 국적을 넘는 말롱의 열린 마음을 여기서도 볼 수 있기 때문이다. 어떻든 라살레는 제쳐두고 드 파프로 돌아오면, 말롱은 1893년 9월 13일 파리 북쪽 아니에르에서 사망하는데 두 달 전인 7월 18일 자 메모에서 "만약 나에게 6개월의 시간이 남아 있다면 회고록을 쓰겠고 2년이라면 세자르 드 파프의 업적과 행동에 관해 쓰겠다."는 말을 남겼다. 그런 말롱과 드 파프가 주고받은 편지는 지적·심정적·개인적 교류로 유럽 사회주의가 형성되어간 하나의 증거처럼 남았다.[9] 말롱은 망명이 끝날 즈음에 한참 연상인 앙드

9 드 파프와 말롱이 주고받은 편지는 두 사람이 모두 사망한 후 10년이 지나서 『라 르뷔 소시알리스트』에 실렸고 다시 100년이 지나 『브누아 말롱 협회 회보』

레 레오와 헤어지고 다른 젊은 (러시아) 여성을 만난 일도 드 파프에게 말했다. 불굴의 독학자였지만 노동자 출신의 말롱과, 검소하게 살았지만 브뤼셀 의과대학을 나온 드 파프의 오랜 교분은 노동과 지식을 떼어놓아 결국 두 편 모두의 힘을 빼면 안 된다는, 19세기였기에 남긴 노동자 국제주의의 본질을 보여주는 사례였을 것이다. 그러한 드 파프는 어떤 성장기를 보내고 사회 속으로 들어갔을까. 자신보다 3년 먼저 세상을 떠난 드 파프에 대한 말롱의 추도사를 직접 들어 볼 수 있다.

> 1841년 북해 연안 오스텐데의 소부르주아 가정에서 태어난 그는 17세에 브뤼셀 대학에 입학했고 학업은 빛났으며 정치 활동에도 일찍 투신했다. 브뤼셀대학에서는 철학을 수학하고 앞으로의 정치경제학 전공자들과 교류했으며 벨기에 자유사상회(Libre Pensée)에 가입한 것은 일찍 18세였다. 학생이며 도제이며 정치선동가였다. 그는 자연과학대학과 의과대학에서 4년간 수학하여 인턴 시험에 통과했고 한편 식자공에서 교정원으로 또한 물리학과 화학의 보조교사로 생계를 벌면서 1871년 의학 박사학위를 받았다. 『인민 법정』을 비롯하여 20대의 그가 기고한 신문은 벨기에의 주요한 비판 언론을 망라한다. 그

에 재수록되었다. "Lettres à César de Paepe." *La Revue socialiste*. T. 48, n° 286 (octobre 1908); T. 48, n° 287 (novembre 1908); T. 48, n° 288 (décembre 1908); T. 49, n° 289 (janvier 1909); T, 57, n° 340 (avril 1913); T. 57, n° 341 (mai 1913); T. 58, n° 343 (juillet 1913); "César De Paepe à Benoît Malon, 8 décembre 1878, Notes autobiographiques." *Bulletin de l'A.A.B.M.* n° 48-49 (2018), 79-85; "Malon-De Paepe Dix années de correspondance:1876-1886." *Ibid*., n° 50-51 (2019), 39-71; "De Paepe à Malon Correspondance I." *Ibid*., n° 52-53 (2020): 10-58.

는 빈자의 의사였고 현재의 개선을 위해 누구든 자기를 찾으면 어디나 갔다. 자유, 정의, 연대의 미래를 준비하는 위대한 작업에 펜으로, 언설로, 조직으로 부응했다(Malon 1889).

드 파프는 그에 앞선 벨기에 사회주의자 레옹 데이슴과 다름없이 현장의 노동과 지식 노동을 가르지 않았다. 그는 지적 사치가 아니라 아버지가 일찍 사망했기 때문에 금전이 필요하여 인쇄공 일을 배웠고 실행했다. 노동과 노동자들에 대해 계속 말하지만 그 경험 세계로 들어가 본 적이 없는 사회주의자와는 감각이 달랐다. 그는 산업 현장을 다니는 의사였기 때문에도 더 핍진하게 노동자 문제의 내부를 들여다보았다. 그는 브뤼셀의 『인민 법정』, 『라 리베르테(자유)』, 베르비에의 『르 미라보』, 리에주의 『인민의 친구』, 안트베르펜의 『베르커(노동자)』, 또 파리의 학생 저널, 『리브 고슈(세느강 좌안)』, 헤이그의 『가젯』, 제네바의 『레갈리테(평등)』, 그보다 몇 년 후에는 루가노에서 발행된 『르 소시알리슴 프로그레시프(진보 사회주의)』, 리옹의 『레망시파시옹(해방)』, 베를린의 『추쿤프트(미래)』, 파리의 『레갈리테』에 기고했다. 드 파프의 수도 없는 기고지 가운데 일부의 제목을 소개하는 이유는 사회주의자의 의미는 저작과 이론에만 있는 것이 아니라 현실 속에 들어가 행한 끝없는 실천에 있음을 새삼 상기하기 위해서다.

세자르 드 파프의 벨기에는 19세기 중후반 조밀한 수로, 운하, 도로, 철도망의 인프라를 설치한 일류 산업 국가였다. 영국의 기술을 도입하는 것이 벨기에 공업지에 상식처럼 번졌다. 1842년에서 1872년 사이에는 벨기에의 산업 성장률은 영국이나 독일보다 급속히 증가했으며 산업혁명 시기에는 미국을 바짝 따라갔다(Vandermotten 1985). 드 파프가 인터내셔널에서 기대를 모은 것은 물론 그 자신의 역량에 힘입은 바 많지만 더 크게는 벨기에 산업 노동자들의 덕이었다. 양모 공업의 베르비에, 면과 아마 공업의 겐트, 제철, 강철, 금속 공업의 리에주, 탄광 외에도 강철과 유리 공업을 거느린 샤를루아, 북유럽의 으뜸가는 항구 도시 안트베르펜에서 노동자들이 인터내셔널을 찾아왔다. 노동자들은 열악한 조건에서 핍박받는 존재만은 아니었다. 집약적 자본화와 기술화를 거치면서 노동자들도 구식의 직인 수련 방식을 일찍 벗어났다. 나라는 작지만 일하는 것이 미덕인 사회가 19세기 벨기에였다. 1830년에서 1900년 사이 380만 명에서 900만 명으로 늘어난 벨기에 인구 가운데 40퍼센트가 넘게 상업에 종사했다. 여기에 특히 남부 발롱 지역은 1789년 프랑스 혁명과 나폴레옹 개혁의 영향을 받았다. 구세계 오스트리아의 지배에서 해방된 젊은 나라라 자유주의의 성격이 심하게 완강하지도 않았으며(Van Kalken 1926), 합리주의와 공화주의에 사회주의가 합류했다(Kittell 1957). 부르주아의 사회적 연대 운동이 일어났으며, 유럽 대학생 모임이 벨기에를 터전으로 삼았다(Bartier 1968), 나폴레옹 3세의 정치적 탄압을 피해 벨기에를 찾는 망명자들이 늘었고 프랑스 안에서 발행처를 찾지 못한 신문, 잡지와 책들이 브뤼셀과 겐트에서 출간되었다. 그런데다 1868년 브뤼셀의 대규모 쟁의가 가리키듯이 벨기에 노동 세계의 어려움은 컸다. 저임금, 실업으로 국경 넘어 북부 프랑스로 들어가는 노동자들이 줄을 이었고 대농장을 찾아가는 벨기에 계절 노동자들로 프랑스의 노동력 수급에 문제가 없을 정도였다. 세자르 드 파프의 이른 사회의식은 이 노동자들의 간난에서 비롯되었으며, 현실의 이론을 추구하는 그의 감각은 끝내 그를 떠나지 않았다.

드 파프가 인터내셔널에 참가한 시기는 말롱보다 이르다. 1865년 런던회의에 참가한 이후 드 파프는 1866년 2차 제네바대회부터 계속 벨기에 대표로서 보고서를 제출했으며, 말롱 역시 그의 집산주의에 관한 보고서에 주목했다. 벨기에의 『라 리베르테』 같은 언론이 프루동의 상호주의에서 더 뻗어나가 한창 집산주의 개념을 발전시키는 때인 제3차 로잔대회에서 마침내 인터내셔널의 주 의제를 집산주의로 만든 것은 20대의 드 파프였다(Whitham 2019). 로잔대회는 찬 54, 반 13, 기권 4표로 상호부조주의를 물리치고 집산주의를 지지하는 결과에 이르렀다. 드 파프의 집산주의론은 그 이전의 막연했던 집산주의 개념에 비해 토지의 집산화를 명백하게 주장한 점에서 우선 진보적이었다. 사실 이제 19세기 전기의 유토피아적 개념을 버려야 한다는 것은 1860년대 인터내셔널에 거의 공유된 문제의식이었다(현재열 2008). 각론은 상이했으나, 독일 튀빙겐의 재단공 출신으로 런던에서 인터내셔널의 총서기를 지낸 요한 에카리우스(Johann Eccarius), 프랑스의 바를랭, 또 바쿠닌, 쥐라의 기욤이 모두 이러한 문제의식에서는 한편이었다. 여기서 드 파프는 인터내셔널의 새 이데올로기 정립에 있어 상호부조주의 대 집산주의로 싸움을 몰고 가지 않았다. 다른 개인의 영역을 침범치 않는 상호부조를 살리면서 집산주의로 가는 이론을 수립하는 데 골몰했다. 이러한 입장 때문에 드 파프는 런던의 마르크스에게서 편지도 받았고(Dandois 1974) 1874년 이후 반권위 인터내셔널 대회에도 연속 참가했다. 그는 확실히 국가 사이를 넘나

들었다(Jousse 2019).

말롱과 드 파프가 이 집산주의 문제에서 무엇을 서로 주고받았는가 하는 의문은 일목요연하게 답할 수 없고 그럴 필요도 없다고 보인다. 집산주의의 성격이나 종류는 여러 갈래로 갈라졌지만 본질은 소수가 아닌 수많은 사람의 행복의 근원을 구하는 데 있었고, 이전 세대에 의해 축적된 자본을 존속시키지 않아야 한다는 것이 원칙이었다(De Paepe 1889). 말롱은 이를 충분히 수용했고 더구나 개인주의 아닌 이 경제 사상을 사회를 만들어갈 새로운 윤리와 접목했다. 그리고 실제로 어떻게 할 것이냐 하는 문제 앞에서 드 파프는 만인에게 봉사할 수 있는 것이 공공서비스라고 확신했으며 이러한 지론은 1874년 9월 브뤼셀에서 열린 (반권위주의) 인터내셔널 대회에서 발표되었다. 그가 구상한 공공서비스 개념은 폭넓은 것이었다. 실질적인 의료조직, 알코올중독, 노동조직, 노동위생과 인구 재생산의 생리학 문제가 망라되었으며 교육, 예술, 문화도 포함되었다.

여기서 말롱과 드 파프의 집산주의나 공공서비스론에 대한 견해 차이에 크게 괘념할 필요는 없다고 본다. 오히려 드 파프가 예측할 수 없는 미래, 과학과 산업화로 출현할 새로운 필요를 전제했듯이(De Paepe 1895), 말롱 역시 사회주의의 지평을 한껏 넓히고 성급해하지 않은 것은 확실하다. 사실 배제와 배척은 1차 인터내셔널의 기풍이 아니었다. 집산주의라는, 토지 소유권과 상속의 문제를 연신 의제에 올리면서도 인터내셔널 회원들은 협동조합에 열성이었다. 조합에 대한 공명이 컸던 까닭에 이념이 다른 두 개의 제네바 지부가 식당도 운영하고 일요시장도 열고 건강보험 계획도 짜고 또 생필품의 고물가를 비난했다. 19세기 벨기에는 특히 협동조합의 나라였다. 루베와 투르쿠앵, 릴 등 벨기에와 인접한 프랑스 공업지에서 조직된 협동조합은 주로 벨기에에서 넘어온 이민 노동자들이 일군 노동운동의 결과였다. 1880년대 시정사회주의(Socialisme municipal)는 이에 근거하여 실천의 동력을 담보했으며, 드 파프도 중요한 이론적 연원을 제공했다(Droin 2015; Dogliani 2018). 하지만 그의 이론은 거세지 않았고 반론을 물리치는 데 열중하지도 않았다. 인터내셔널에서 야기된 프루동의 상호부조주의에 대한 논란이 오래 계속되었고 파급력도 컸지만 드 파프와 그의 동조자들은 이를 판가름 내서 치워야 할 문제로 삼지 않았다. 말롱 역시 노동자들의 국제주의는 그런 것이어야 한다는 견해를 유지했다.

V 결론 : 인민의 지적 준비와 국제적 감각

이 글에서 문제 삼은 것은 1871년 5월 코뮌 진압 후 그 인민 봉기의 혁명적 지향성은 어떻게 되었는지이며 이에 대해 코뮈나르 브누아 말롱의 망명기 10년에서 하나의 답을 찾으려 했다. 스위스 쥐라 연맹에 대한 관련성, 낯선 이탈리아 정치 상황이지만 아나키즘의 폭력적 방법에 대한 부정, 그리고 1860년대 후반 인터내셔널 사상을 이끌어갔던 집산주의의 문제를 벨기에의 세자르 드 파프를 중심으로 살펴보았다. 그러면 이 글의 결론이 무엇인가에 이르러 우리는 확정된 답 대신 다음과 같은 사항을 반추함으로써 말롱이 지향했을 하나의 지평을 그려보고자 한다.

흔히 브누아 말롱을 개혁주의에 편입시키지만, 코뮌의 진압을 목도하고 10년을 스위스, 이탈리아, 다시 스위스로 다니면서 라살레의 경제사상에 심취하고 세자르 드 파프와 지적·심정적 교분을 쌓으면서 이 코뮈나르는 '혁명적이란 무엇인가'를 생각하고도 남았을 것이다. 이에서 생성된 말롱 사회주의의 성격은 남다른 노동자 사회주의의 특성을 지닌다고 할 수 있다. 그러나 이는 1882년 신당론(*Le nouveau parti*) 이후의 문제이기 때문에 그의 망명기를 다루는 이 글에서는 노동자 사회주의 같은 표현을 쓰지 않으려 했다. 하지만 그는 노동자의 사회적 기여이자 역할인 경제적인 것이 노동자 밖의 세계, 즉 정치적인 것에 종속되어서는 안 된다고 믿었다. 그 생각은 노동사는 경제적인 것밖에 모른다는 임의적 잣대에 대한 거부였다. 중요한 것은 노동자의 해방을 노동자의 손으로 이룬다는 인터내셔널의 표어이다. 그것은 단기적 행동 구호가 아니라 하나의 역사적 인식론이었다. 해방은 경제적인 것일 뿐 아니라 지적인 사유라는 그 인식론을 노동자 출신의 말롱은 더구나 실감하고 신뢰했다.

하지만 말롱이 경험하고 관찰한 국제주의의 상황은 사회주의에도 노동자 세계에도 달갑지 않았다. 인터내셔널이 실제로 겪고 있는 분쟁은 신랄했고 이탈리아 사회주의는 산만했다. 사회에 필요한 노동계급의 성장은 한참을 기다려야 했다. 이제 프루동이 시대를 지나 사회주의가 추신하려는 목표와 방향은 넓은 의미의 집산주의였지만, 벨기에의 세자르 드 파프에게서 보듯이 그것은 끊임없는 실천과 이론의 접목을 요구했다. 그 과제는 사실 1870년대를 넘어 앞으로도 계속 사회주의에 떠맡겨진 미완의 과제였을 것이며 몇 년 사이에 해결될 일은 아무것도 없었다. 그렇더라도 쥐라, 이탈리아 어디에서든 말롱은 분란과 허약성만을 보지는 않았다. 그는 개인의 자유와 사회적 자유를 단단히 묶으려 하면서 그러려면 개인들이 물적 빈곤에도 불구하고 지적 풍요로 준비를 해야 한다는 점을 명심했다. 그 어려운 일, 한 사람 한 사람의 혁명성을 키우고 가꾸는 데는 국가와 국경을 넘는 상호 이해와 신뢰, 또한 비판이 더없이 필요한 도구이자 무기였다. 지지와 비판이 가득한 한 편의 논설, 개인의 안부와 그곳의 출판 근황을 묻는 우애의 편지 한 통 한 통이 사회주의자 누구에게나 말할 수 없는 힘이 되었다. 말롱이 누누이 말하지만, 사회 혁명적인 것은 그 누구의 머릿속에서 창출되지도 그 어떤 지도로 추진될 수도 없었다. 1871년 코뮌의 대찬 유산이 민주주의의 허약과 미완을 수습하라는 것이었다면, 그것을 위해서는 인민의 지적 준비, 국제적 감각과 관찰, 연대의 신뢰와 실천이 중요한 초석이라는 점은 말롱의 사상을 통해 흩어지기는 했을지라도 충분히 예증되었던 것 같다. 진정 '우리는 거대한 연구회의 회원들'이었다. 그리고 이 말은 추상으로 끝나지 않았다.

말롱이 귀국한 후 1893년 작고하기까지 무엇을 했는가 하는 문제는 분명히 이와 연관되었다. 코뮌의 망명과 유배가 끝나자 1880년대 초부터 곧장 외부에서 도입된 사상과 프랑스의 내생적 노동운동 사이에 긴장과 알력이 심해지자 말롱은 사회주의 정치판을 떠났다. 하지만 망명 10년의 내적 경험을 축적한 말롱은 할 일이 있었다. 사회주의를 위해 그가 해야겠다고 마음먹은 일은 1878

년 1년 만에 끝난 사회주의 평론지, 『르 소시알리슴 프로그레시프』를 이번에는 확실하게 오래 간행하는 사업이었다. 1885년 1월 창간하는 『라 르뷔 소시알리스트』는 어떤 문제에든 정치적 해명을 궁리하지 않았다. 사회주의에는 연구가 중요했으며 이때 연구자들이란 집단으로서 의미가 있었고 그 연구자들의 연구 주제는 사실과 사상운동이었다. 이 잡지의 창간인들에게는 진실은 아마 그 사실과 사상과 운동과 연구 사이 어딘가에 있는 것 같았다.

코뮌의 잿더미에 코뮈나르 동지들을 묻은 말롱과, 코뮈나르들을 추모하는 새 시대의 동지들은 당시 한창 약진하는 사회과학을 널리 해석하여 오늘과 내일의 집단 이지력을 키우고 살리려 했다. 1870년대 망명 10년, 국가와 국경을 넘는 말롱의 경험과 관찰과 인식이 그 방향을 가리켰다. 코뮈나르 르 프랑세, 조르주 르나르 등과 손잡고 벌인 이 사업은 말롱 사후에도 1914년까지 지속 성장하여 프랑스 사회주의의 미래에 실천적 인문주의의 거름을 제공했다.

참고문헌

정기간행물

Le Peuple.Journal de la République Démocratique et Sociale. Fondateur: Pierre-Joseph Proudhon. 1849(주간이다가 일간지로 됨).

L'Homme.Journal de la démocratie universelle. 1853-1856(주 1회 발행).

Bulletin de la Fédération jurassienne de l'Association internationale des travailleurs. 1872-1874.

Le Socialisme progressif. 1878.

La Revue socialiste. 1885-1895.

Bulletin de l'Association des Amis de Benoît Malon. 1994-2022.

당대 문헌

De Paepe, César. 1895. *Les services publics: précédés de deux essais sur le collectivisme*, Bruxelles(인쇄물임); Paris: librairie de la Revue socialiste.

______. 1889. "Polémique collectiviste." *La Revue socialiste* T. 10, n° 56 (août), 195-207; "De la propriété collective." *La Revue socialiste* T. 9, n° 54 (juin): 633-660.

Guillaume, James. 1905, 1907. *L'Internationale, documents et Souvenirs (1864-1878)*. Tome 1, Paris: Société nouvelle de librairie; Tome 2, Paris: E. Cornely.

Jaurès, Jean. 1895. "Introduction." in Benoît Malon, *La morale sociale*. Paris: V. Giard & L. E. Brière, I-XXIII.

Lassalle, Ferdinand. 1880. *Capital et Travail*. 1re traduction française avec une Notice sur le développement du socialisme en France et en Allemagne et sur la vie de Ferdinand Lassalle par B. Malon. Paris: librairie du Progrès.

Malon, Benoît. 1871. *La troisième défaite du prolétariat français*. Neuchâtel: G. Guillaume fils.

______. 1872a. *Internationale son histoire et ses principes*. Lyon: Propaganda socialiste.

______. 1872b. *Exposé des écoles socialistes françaises; suivi d'un Aperçu sur le collectivisme international*. Paris: A. Le Chevalier.

______. 1876. *Histoire critique de l'économie politique*. Lugano: Ajani et Berra.

______. 1889. "César de Paepe." *La Revue socialiste* T. 9, n° 53 (mai): 578-588.

Les Murailles politiques françaises. La Commune, Paris, Versailles, la Province, 18 Mars-27 Mai, 1871. 1874. Paris: Armand Le Chevalier.

연구서, 연구논문

장문석. 2000. "이탈리아 만들기—리소르지멘토와 미완의 국민형성—." 『역사비평』 53: 220-242.

현재열. 2008. "'상호부조'에서 '집산주의'로: '1867년 노동자위원회'와 프랑스 인터내셔널의 발전." 『역사와 경계』 66(3): 117-142.

Archer, Julian W. 1970. "The First International and the Lyon Revolutionary Movement, 1864-1871." Ph.D. Diss. Wisconsin: Wisconsin University, 1-101.

At the Cafe: Conversations on Anarchism by Errico Malatesta. 2005. Edited and Translated by Paul Nursey-Bray with the assistance of Piero Ammiralo. London: Freedom Press.

Bartier, John. 1968. "Étudiants et mouvement révolutionnaire au temps de la première Internationale; Les Congrès de Liège, Bruxelles et Gand." in *Mélanges offerts à G.Jacquemyns*. Bruxelles: Université Libre de Bruxelles, 35-60.

Beales, Derex and Eufenio F. Blagin. 2013. *The Risorgimento and the Unifichation of Italy*. London: Routledge (George Allen & Unwin, 1971), 163-169.

Bensimon, Fabrice, Quentin Deluermoz, and Jeanne Moisand (ed.). 2018. *"Arise Ye Wretched of the Earth" The First International Perspective*. Leiden: Brill.

Briguglio, Letterio. 2005. "Une série d'articles de Benoît Malon." Traduction d'Alex Devaux Pelier, *Bulletin de AABM.*, n° 23 (décembre): 35-46.

______. 1997. "Benoît Maon et les origines du socialisme italien," *Bulletin de AABM.*, n° 6 (juin): 27-44.

Cole, G. D. H. 1954. *A History of Socialist Thought Volume II: Marxism and Anarchism 1850-1890*. London: MacMillan.

Colloques Internationaux du Centre National de la Recherche Scientifique. 1968. *La Première Internationale, L'Institution L'Implantation Le Rayonnement*. Paris, 16-18 Novembre 1964. Paris: Éditions du CNRS.

Cordillot, Michel (coordonné). 2021. *La Commune de Paris 1871. Les acteurs, l'événement, les lieux*. Paris: éditions de l'atelier.

Dalotel, Alain. 2004. *André Léo (1824-1900). La Junon de la Commune*. Association des publications de Pays Chauvinoises.

Dandois, Bernard. 1974. "texte de présentation et notes." *Entre Marx et Bakounine, César de Paepe*. Paris: Maspero.

Davis, John A. 2000. "Economy, Society, and the State in Italy." in *Italy in the Nineteenth Century 1796-1900*. ed. Davis. Oxford: Oxford University Press.

Delalande, Nicolas. 2019. *La lutte et l'entraide*. Paris: Le Seuil.

Devaux Pelier, Alex. 2001. "Benoît Malon journaliste italien." *Bulletin de l'A. ABM.*, n° 14 (juin): 5-20.

______. 2003. "Une Intervention de Benoît Malon dans une polémique sur l'Internationale en Italie." *Bulletin de l'AABM.*, n° 18 (juin): 15-33.

______. 2005a. "Benoît Malon, représentant de La Plebe au Congrès des économistes de Milan (4-6 janvier 1875)." *Bulletin de l'AABM.*, n° 22 (juin), 5-19, 인용은 11.

______. 2005b. "Une série d'articles de Benoît Malon, 'Le Parti socialiste en Italie'." *Bulletin de l'AABM.*, n° 23 (décembre): 35-46.

Dogliani, Patrizia. 2018. *Le socialisme municipal en France et en Europe de la Commune à la grande guerre*. Nancy: Arbre bleu.

Droin, Nathalie. 2015/2. "Aux origines du socialisme municipal, César de Paepe." *Revue Française d'Histoire des Idées Politiques*, n° 42: 167-198.

Enckell, Marianne. 2012. *La Fédération jurassienne. Les origines de l'anarchisme en Suisse*. Lausanne.

Faggi, John Alexander Butler. 1954. "The Beginnings of the Italian Socialist Party(1890-1900)." Ph.D. Diss. New York: Columbia University.

Gâcon, Gérard, Jean-Pierre Bonnet. 2020. "Benoît Malon à César de Paepe Correspondance." *Bulletin de l'AAB,M.*, n° 52-53, 59-88.

Godineau, Laure. 2000. *Retour d'exil: les anciens communards au début de la Troisième République*. 2 vol. Thèse de Doctorat, Paris 1.

Jousse, Emmanuel. 2018. "L'exil matrice intellectuelle du socialisme, Le cas de Benoît Malon." *Bulletin de l'AABM.*, n° 48-49: 21-38.

______. 2019. "Le cas César de Paepe (1841-1893) Réflexions biographiques sur une histoire transnationale du socialisme." *Cahier Jaurès*, n° 234: 57-88.

Kittell, Allan Hammond. 1957. "Rationalism, Republicanism and Revolution. A Study in the Origins of Socialism in Belgium." Ph.D. Diss. Stanford: Stanford University.

Latta, Claude, Marc Vuilleumier et Gérard Gâcon. 2000. *Du Forez à la Revue socialiste. Benoît Malon (1841-1893), Réévaluation d'un itinéraire militant et d'une oeuvre fondatrice*. Saint-Étienne: Publication de l'université de Saint-Étienne.

Lehning, A. 1972. "Michel Bakounine: théorie et pratique du fédéralisme anti-étatique en 1870-1871." *International Review of Social History* Vol. 17, No. 1: 455-473.

Maitron, Jean. 1983. *Le mouvement anarchiste en France 1. Des origines à 1914*. Paris: FM/Fondations, 67-108.

Maria, Carlo De. Patrizia Dogliani. 2015. "La Première Internationale en Italie (1864-1883)." *Cahiers Jaurès*, n° 215-216: 19-34.

Massart, Ch. 1922. *La Belgique socialiste et communiste*. Paris: Librairie de l'Humanité.

Meriggi, Maria Grazia. 2014/2. "Coopératives, mutuelles et mouvement social en Italie, de l'unité italienne à la Seconde Guerre mondiale." *Vie sociale*, n° 7: 60-62.

Pernicone. Nunzio. 1993. "La Banda del Matese." *Italian Anarchism, 1864–1892*. Princeton: Princeton University Press, 118-128.

Préposiet, Jean. 2003. "아나키즘의 전도사." 『아나키즘의 역사』. 이소희 · 이지선 · 김지은 옮김. 서울: 이룸, 307-328.

Rougerie, Jacques. 1972. "L'A.I.T. et le mouvement ouvrier à Paris pendant les événements de 1870-1871." *International Review of Social History* Vol. 17, Issue 1 (April): 3-102.

______. 2018, *La Commune et les communards*. Paris: Gallimard.

______. 2019. *Eugène Varlin.Aux origines du mouvement ouvrier*. Paris: Éditions du Détour.

Tombs, Robert. 1999. *The Paris Commune 1871*. UK: Pearson Education Limited.

Van Kalken, Frans. 1926. "Esquisse des origines du libéralisme en Belgique, le thème politique du centre modéerateur." *Revue d'histoire moderne*, tome 1 N° 3: 161-197.

Vandermotten, Christian. 1985/2. "La production de l'espace industriel belge: 1846-1984." *Hommes et Terres du Nord*.

Vincent, K. Steven. 1992. *Between Marxism and Anarchism, Benoît Malon and the French Reformist Socialism*. Berkeley: University of California Press.

Vuilleumier, Marc. 1964. "Bakounine, l'Alliance internationale de la Démocratie socialiste et la Première internationale à Genève (1868-1869)." *Cahiers Vilfredo Pareto*, T. 2, No. 4: 51-94.

______. 1965. "Notes sur James Guillaume, historien de la Première Internationale, et ses rapports avec Max Nettlau et Jean Jaurès." *Cahiers Vilfredo Pareto*, T. 3, No. 7-8: 81-109.

Vuilleumier, Mario. 1988. *Horlogers de l'anarchisme.Émergence d'un mouvement: Fédération jurassienne*. Lausanne: Payot Lausanne.

Whitham, William. 2019. "César de Paepe and the ideas of the first International." *Modern Intellectual History* 16: 897-925.

필자 소개

노서경 SeoKyung Roe

충남대학교 인문과학연구소 자문연구위원
서울대학교 문학박사

논저 『의회의 조레스, 당의 조레스, 노동자의 조레스』, 『알제리전쟁 1954-1962 — 생각하는 사람들의 식민지 항쟁』, 『검은 피부, 하얀 가면』(역서)

이메일 ecouter@hanmail.net

제6장

러시아혁명과 공산주의 국제정치 사상

— 평화포고에서 브레스트리토프스크까지의 민주주의 외교를 중심으로

The Russian Revolution and the Communist Idea of International Politics: Democratic Diplomacy from the Decree on Peace to the Brest-Litovsk Treaty

노경덕 | 서울대학교 역사학부

* 이 글은 『마르크스주의 연구』 14권 4호(2017)에 실렸던 "러시아혁명과 민주주의 외교: 평화포고에서 브레스트리토프스크까지"를 수정·보완한 것이다.

1917년에서 1918년 겨울, 혁명 러시아와 전 세계의 민중들은 볼셰비키 정권의 새로운 민주주의 외교가 보다 전통적인 일반적인 외교로 급격하게 바뀌는 과정을 목도했다. 본고는 그 전환이 어떻게 이루어졌는지를 분석하는 시도다. 볼셰비키는 10월 혁명 직후 그들이 공표한 이른바 '평화공포'를 기존의 전통적인 외교 정책 입안 및 결정과는 전혀 다른 방식의 외교로 주창했다. 평화공포는 기본적으로 당시 전쟁 당사국들의 정부와 민중에게 즉각적 평화 체결을 촉구하는 문건이었지만, 그 내부에는 투명성/개방성 그리고 민중지향성으로 요약될 수 있는 새로운 외교 분야의 이념과 실행 방안이 포함되어 있었다. 이를 위해 볼셰비키 정권은 과거 차르 정부가 여타 열강들과 맺었던 비밀 협약들을 공개하고 이에 대한 폐기를 우선적으로 선언했다. 또한 향후의 모든 외교 협약의 내용과 과정도 공개될 것이라는 원칙을 천명했다. 그들은 향후의 외교 정책은 이같이 공개된 정보를 향유한 민중들의 여론에 의해 입안되고 실행될 것이라 믿었다. 하지만 이 같은 민주주의 외교는 당대의 냉엄한 현실, 특히 독일의 군사적 압박과 협상국 측의 냉대로 더 이상 유지될 수 없었다. 이 현실을 누구보다 빨리 알아차린 레닌은 보다 전통적인 방식의 외교술을 받아들이는 식으로 소비에트 러시아의 생존을 추구했다. 레닌의 전술이 매우 현실적인 것이었으며, 궁극적으로 볼셰비키 정권을 유지시킨 기능을 했다는 점은 부정하기는 어렵지만, 한편으로 그것은 소비에트 러시아를 전통적인 국제관계의 틀 속에 가두어 놓은 결과를 가져왔다. 이는 향후 스탈린의 일국사회주의론으로 계승될 것이었다.

In winter 1917-18, people in revolutionary Russia and the world witnessed a drastic transition from a democratic diplomacy, championed by the Bolshevik government in the post-October revolutionary period, to the traditional one that had been molded in European international relations largely since the Westphalia system in the 17th century. This paper is an attempt to understand the transition. Immediately after the Bolsheviks came to power, they presented a new way of diplomacy to the world, epitomized in their critical declaration, titled as "Decree on Peace." It can be characterized as democratic as it called for the openness and transparency of diplomacy and treated public opinion as the most important to factor diplomatic decision making. Such democratic diplomacy, however, did not survive with the harsh realities in the international relations in January and February, 1918: German military presence and the 'cold' reaction by the Entente powers. Lenin who realized the realities sooner than no one else in the leadership took a more conventional approach in the arena of international politics, namely, harnessing possible conflicts between Germany and the Entente to maintain their revolution in Russia. Such realist strategy ultimately saved the revolution but cost their new democratic experiment and ideals in the sphere of diplomacy.

KEYWORDS 레닌 Lenin, 트로츠키 Trotsky, 소비에트 러시아 Soviet Russia, 평화공포 Decree on Peace, 브레스트리토프스크 Brest-Litovsk, 민주주의 외교 Democratic Diplomacy

I 서론

러시아혁명과 민주주의 문제는 그 혁명사 연구에서 가장 뜨거운 논란을 야기했던 주제다. 여러 쟁점 중에서도 핵심적인 문제는 10월 봉기 이후 혁명 러시아에 형식적 의미의 민주주의 틀과 원칙이 퇴조하고 볼셰비키 당 독재가 관철되는 과정을 어떻게 이해할 것인가와 관련되었다. 과거 소련의 '공식' 해석에 따르면, 볼셰비키의 권력 장악과 공고화는 나름의 민주주의 실현 과정이었다(Acton 1997, 5-7). 그것은 민중으로부터의 절대적인 지지에 기초한 것임으로 민주주의의 요소를 충분히 갖춘 정치적 행동이라는 것이다. 또한 그것은 혁명 이후의 여러 결과들, 즉 프롤레타리아 권력의 확립, 사회경제적 '착취' 구조의 일소, 노동자와 농민의 공적 권리 실현, 노동 대중 출신의 활발한 사회 진출 등에서도 증명된다는 것이다. 한편, 서방과 소련 해체 이후 러시아의 여러 학자들의 평가는 이보다 훨씬 부정적이었다. 냉전 초기 수많은 반공주의 학자들은 이 과정을 2월 혁명 시기, 아니 그 이전의 1905년 혁명부터 분출된 러시아의 민주주의 열망에 대한 압살로 바라보았다(Fainsod 1953; Schapiro 1955; Daniels 1960).[1] 10월 봉기의 사회적 맥락을 생생히 드러내며 10월 봉기의 민주주의적 성격을 강조했다는 점에서 반공주의자들과 큰 차별성을 가졌던 1970-80년대의 사회사가들 역시 봉기 이후의 정치 변동에 대해서는 부정적인 시각을 내비쳤다. 이는 아래로부터의 직접 민주주의가 중앙권력에 의해 무너지는 과정

1 이런 반공주의 해석은 페레스트로이카 및 소련 해체와 함께 부활했다(Pipes 1990; Figes 1996; McMeekin 2017).

이었으며, 결과적으로 볼셰비키는 민중의 열망에 부응하는 데 실패했다는 것이다(Rosenberg and Young 1982; Smith 1983; Sirianni 1987; Farber 1990). 최근 러시아의 연구자들 역시, 일부 '관제' 학자들을 예외로 한다면, 대체로 볼셰비키 정권의 비민주주의 행태와 폭력에 보다 큰 관심을 보였다(Протасов 1997; Булдаков 2010).

10월 봉기 이후 민주주의 문제를 논구하는 데 핵심을 이루었던 주제들은 압도적으로 국내의 정치 및 사회 변동과 관련된 것들이었다. 사회주의 연정의 실패, 제헌의회 해산, 체카 등을 이용한 정치 폭력 자행, 산업 현장에서의 엘리트주의 또는 권위주의 복원, 혹독한 농업 정책 등이 그 주제들이었다. 하지만 우리는 혁명 직후 볼셰비키가 자신들을 단지 일국의 정책입안자로 자리매김하지 않았다는 사실을 우선적으로 되뇌일 필요가 있다. 당시 볼셰비키의 사고가 일국의 차원에서 이루어지지 않았다는 점은 잘 알려져 있는 듯이 보이지만 학계의 논의에서는 자주 망각되곤 한다. 볼셰비키 지도부 중 이 혁명이 러시아만의 사건으로 그칠 것이라 생각한 이는 거의 없었으며, 그들은 앞으로 벌어질 연쇄적 국제혁명과 그들 정권의 운명을 함께 사고했다. 따라서 10월 봉기 이후 볼셰비키가 펼쳤던 정책들을 일국 단위에서 바라보는 것은 근본적인 한계를 가질 수밖에 없다. 특히 많은 서방과 최근의 러시아의 '자유주의' 학자들처럼 이를 일국 내 형식민주주의의 관철 여부를 두고 평가하는 것은 큰 설득력이 없다.

러시아혁명과 민주주의 관계를 논구하기 위해 가장 중요한 작업은 훗날의 역사에 투영된 일국적 시각의 틀을 벗어나는 일이다. 본고는 이런 작업의 첫걸음으로서, 당시 볼셰비키 지도부가 펼쳤던 '대외' 정책에 먼저 주목한다. 위에서 언급한 국내 정책들과 마찬가지로, 혁명 직후 그들은 외교 문제 역시 소비에트 러시아 국가의 일국적 차원에서 사고하지 않았다. 그들에게 러시아혁명은 더 넓은 '유럽 내전'의 한 부분이었으며 따라서 그들의 대외 정책도 영토국가 대 영토국가의 관계라는 근대 외교의 틀 속에서 정립될 수 없었다. 이를 대신해 그들이 펼쳤던 대외 정책은 17세기 이후 굳어진 근대 외교의 절차와 관행에 반대되는 민주주의적 성격을 띠었다. 이는 외교 협상을 국가 고위 관료끼리의 비밀 대화의 공간으로 인식하지 않고 이를 민중에 투명하게 공개함으로써 민중의 여론을 통해 그 협상을 이끌어가고 궁극적으로 정책을 결정한다는 새로운 관념이었다. 필자는 이 같은 투명성/개방성과 민중 지향성이라는 점에서 혁명 직후 볼셰비키의 이런 방식을 '민주주의 외교'라 칭하고, 이를 당시 공산주의 국제정치 사상의 발현으로 보려 한다. 본고는 10월 봉기 직후 발표된 평화포고에서부터 1918년 봄 브레스트리토프스크 조약의 최종 확정에 이르는 시기까지, 외교 영역에서 볼셰비키 정부의 '민주주의 외교' 실현 노력과 그 후퇴 과정을 분석하는 시도다. 아래에서 본고는 탈국가적이고 민중지향적인 성격을 띠었던 볼셰비키 정권의 초기 외교는 당시의 혹독한 국제 정세의 현실, 특히 독일 군사력의 압박과 제1차 세계대전 연합국들의 냉엄한 무관심 속에서 보다 전통적인 외교 관행과 기존 국제정치 전략의 코드에 자리를 내주게 되었다고 주장할 것이다. 기존 연구에서는 그다지 주목받지 못했던[2] 이 전환은 소비에트 러시아라는 '국가'의 생존을 위한 볼셰비키 지도부의 현실적 선택의 결과였지만, 결국 그들의 국제정치 사상, 즉 국제주의적 관점을 제한하고 일국 중심의 사고를 발전시키게 만드는 결정적인 계기였다.

II 본론

1. 평화포고에서 휴전 협정까지

10월 봉기 후 볼셰비키 정부가 펼친 첫 번째 대외 정책은 이른바 평화포고(декрет о мире)의 대내외 공표였다. 봉기가 성공한 바로 다음날인 10월 26일(신력으로 11월 8일: 이하 신력 사용), 제2차 전국 소비에트 대회는 레닌이 기초한 것으로 알려진 볼셰비키판 평화포고를 채택했다. 이 포고는 우선 볼셰비키가 1917년 내내 러시아 민중과 약속했던 정전을 실행에 옮긴다는 데에 일차적 의미가 있었다. 이는 당시 교전 당사국인 독일을 비롯한 동맹국들에게 보내는 정전 제안을 넘어, 임시정부가 끝까지 연합을 유지했던 협상국들까지 이에 응할 것을 촉구하는 전반적 평화론, 즉 당시에 쓰이던 용어로 '민주주의 평화'론을 주창했다. 흥미롭게도 이 문건에는 계급투쟁이나 국제혁명과 같은 담론은 포함되지 않았으며, 대신 '무병합'과 '무배상' 그리고 모든 민족의 민족자결 원칙이 핵심어 자리를 차지했다. 일견 평화포고의 골자는 1917년 봄 임시정부 시절 체리첼리의 평화 제안과 두드러진 차이가 없어 보였다. 그리고 심

2 유일한 예외가 카였다. 하지만 그도 이 전환으로 인해 생긴 이전과 이후 시기의 차이를 명확히 드러내지는 못했다(Carr 1953, 3-108).

지어 이는 비판적 부르주아를 포함한 모든 반전 세력이 찬동할 수 있는 초계급적 성격의 문건으로 보일 여지도 있었다(Ленин 1974, 13-18). 실제로 미국 대통령 윌슨의 유명한 14개조는 이에 영향을 받은 것이었다(Carr 1953, 10, 13).

하지만 평화포고에는 부르주아 진영의 그것이라면 존재하지 않을 법한, 즉 세계 최초의 사회주의 국가의 선언임을 드러내는 내용도 들어 있었다. 포고의 첫 번째 부분의 마지막 문장에서 레닌은 '평화를 위한 노력'과 '노동과 피착취 대중을 해방시키는 과업'을 나란히 병치하는 전략을 사용했다. 나아가 포고는 이 병치된 두 과업의 완수를 위해서 각국 노동자들의 도움, 특히 '인류의 가장 선진적인 국가들이자 참전국 중 가장 큰 나라들'인 영국, 프랑스, 독일과 소비에트 러시아 노동자들과의 국제적 연대를 강조했다. 포고의 특이성은 그것이 민중 지향성을 드러내는 지점에서 더 확고히 목격되었다. 문건은 그것이 목표로 하는 주요 독자가 각국의 정부를 넘어 일반 민중이라는 점을 명확히 한 것이다. 레닌이 포고의 첫 문장에 의식적으로 민중을 그들의 정부 앞에 배치시켰던 것은 분명한 의도를 가지고 있었다.[3] 다시 말해, 볼셰비키판 평화포고는 협상국과 동맹국 정부에 보내는 정책 제안이기도 했지만, 그들의 민중에게 보내는 프로파간다이기도 했다. 이로써 신생 볼셰비키 정부는 그들의 대외 정책의 대상이 개별 정부 당국들에만 국한

3 "10월 24-25일의 혁명으로 탄생하고, 노동자, 병사 그리고 농민 대표 소비에트들에 기초하고 있는 우리 노동자와 농민의 정부는 전쟁 중에 있는 민중들과 그들의 정부들에게 공정하고 민주적인 평화를 위한 즉각적 협상을 시작할 것을 촉구하는 바이다"(Ленин 1974, 13).

되지 않을 것임을 이미 분명히 한 셈이었다. 그리고 이는 궁극적으로 민중의 의사와 압력이 협상국 및 동맹국 정부의 정책 방향을 결정할 수 있으리라는 그들의 민주주의관을 반영했다. 즉, 그들은 아래로부터의 민주주의를 통해 외교 관행과 정책 결정 과정을 변혁할 뜻을 내비친 것이었다. 평화포고는 이런 그들의 의도를 전 세계에 알리는 역할을 할 것이었다.

평화포고는 민중의 뜻에 의한 정책 결정이라는 민중 민주주의의 원칙에 더해, 보다 형식적 의미에서의 민주주의 원칙, 즉 정책 결정 과정상의 투명성의 원칙 역시 함께 주창했다. 포고는 과거 외교의 비밀 협약을 폐기하고 비밀주의 관행을 없앨 것이라 천명했다(Ленин 1974, 15). 이 같은 볼셰비키의 주장은 대체로 17세기 베스트팔렌 체제 즈음에 성립한 근대 외교의 관행, 그리고 특히 19세기 말 이른바 세력 균형과 제국주의 외교의 시대 동안 더 공고화된 열강의 비밀 외교 협상에 대한 거부를 의미했다. 그리고 이는 근대 초 귀족이 독점했으며 19세기에는 부르주아 출신의 진출이 활발했던 외교관 집단의 엘리트주의 문화에 대한 민중 입장에서의 비판이기도 했다. 소비에트 러시아의 파격은 과거 차르 정부와 제국주의 국가들 사이의 비밀 협약 내용을 출간하는 것에서 곧 더 구체화되었다. 평화포고가 공표된 지 약 한 달 후부터, 볼셰비키 정부지 『이즈베스치아』는 1914년부터 1917년까지 차르 정부가 외국 정부들과 맺은 비밀 협약들을 공개하기 시작했다. 그 후 더 많은 비밀 문건들이 다양한 형식으로 출판되고, 곧 영어 등의 '외국어'로 번역되면서 전 세계 언론을 통해 널리 퍼졌다(Carr 1953, 12-13).

이런 작업과 발맞추어, 레닌과 당시 소비에트 러시아의 외무 인민위원부 책임자 트로츠키[4]를 비롯한 볼셰비키 지도부는 차후 열릴 국제 회담의 모든 내용은 전신의 형태로 '전체 민중 앞에 완전히 공개될 것'임을 알렸다(Ленин 1974, 15). 국가 간 정책 결정은 몇몇 엘리트들 간의 밀실 회담의 결과로 이루어질 수 없으며, 그 과정은 민중에게 즉시 투명하게 알려져서 여론에 영향을 받아야 한다는 논리였다. 볼셰비키의 이 같은 행동은 구래의 개별 정부 단위의 외교 협상의 틀을 넘어선 새로운 민주주의 외교의 상을 제시하는 것이었다. 그것은 첫째, 비밀 외교 회담 내용의 공개를 통해 정책 결정의 투명성이라는 원칙을 외교 정책 결정에 적용시킨다는 점에서 민주주의적이었다. 그것은 또한, 민중에게 그 공개된 정보를 전달하고 이를 바탕으로 정책 결정에 압력이 되는 여론을 형성할 기회, 즉 아래로부터의 민중의 의사를 관철시킬 수 있는 기회를 부여한다는 점에서 민주주의적이었다. 트로츠키는 이를 다음과 같이 요약했다. "러시아 민중, 그리고 유럽과 전 세계의 민중은 은행가들과 산업가들이 국회의원 및 외교관들과 작당해서 비밀리에 만든 계획들에 대한 진실을 알아야 한다… 비밀 외교의 폐지는 존엄스럽고 민중적인, 그리고 진정 민주적인 외교 정책을 위한 가장 중요한 조건이다"(Троцкий 1925, 164-165).

볼셰비키는 이 같은 민주주의 외교의 관념을 바탕에 두고, 과거 외교의 여타 전통적 관행들 역시 폐기하려 했다. 트로츠키의 잘 알려진 회고에 의하면, 소비에트 러시아의 외무 인민위원부는 "몇몇 혁명적 선언들을 전 세계의 민중들에 발표하는 것으로 족하

4 트로츠키가 1917년 혁명 이전에 펼쳤던 평화론에 대해서는 정성진의 논문을 참고하라(정성진 2014).

고 그 후에는 문을 닫으면 된다"(Trotsky 1930, 268). 볼셰비키 지도부는 외교관들의 자질구레한 일지 작성이나 비밀 전신 보고 등을 중시하지도 않았으며 이들은 곧 사라질 것이라고까지 생각했다(Debo 1979, 52). 그 믿음은 국가 간의 정책 협상 과정이 전면 공개되어야 한다는 그들의 민주주의적 신념에 근거한 것이었다. 협상에서 중요한 것은 이제 더 이상 외교관들이 얻어내는 비밀스런 정보가 아니다. 그것은 여론, 즉 민중의 압력이 될 것이며, 따라서 민중에 더 많은 정보를 투명하게 알리는 것, 보다 구체적으로는 더 많은 프로파간다 작업을 민중에게 행하는 것이 외교부서의 주 업무가 되어야 한다.

혁명 직후 외무 인민위원부의 가장 핵심적인 과업이 프로파간다가 되었던 것은 이런 볼셰비키 지도부의 믿음으로 볼 때 너무도 당연했다. 대외 프로파간다 작업을 위해 외무 인민위원부 산하에 국제 프로파간다국이 설치되었으며, 당시 유럽의 가장 저명한 마르크스주의 지식인이자 활동가 중 하나였던 카를 라덱이 그 책임을 맡게 되었다. 초기 이 부서에서 발행하는 일간지는 주로 러시아 군에 사로잡혀 있는 외국군 포로, 즉 독일, 오스트리아-헝가리, 루마니아, 체코인들 등에 대한 선전 활동을 목적으로 한 것이었으나, 곧 그 범위를 훨씬 넘어서는 프로파간다 기능을 담당하게 되었다. 이 활동의 가장 즉시적 성과는 1917년 12월 이 포로들이 서명한 "오스트리아-헝가리와 독일 제국의 프롤레타리아에게 호소한다"라는 문건의 출간으로 드러났다(Carr 1953, 18-19).

새로이 임명된 볼셰비키 정부의 해외 대사들의 작업 역시 자연히 공적 영역에서의 활동, 즉 공개 활동이 주를 이루게 되었다.

일례로, 런던 주재 대사로 임명된 리트비노프는 1918년 1월 "영국 노동자에게 고한다"라는 글을 영국의 한 잡지에 발표하면서 업무의 시작을 알렸다. 그 달 말 노팅엄에서 열린 영국 노동당 회의에 모습을 비춘 그는 앞서 볼셰비키 정부가 발표한 평화포고에 준하는 내용을 중심으로 공개 연설을 행하기도 했다. 더해서 그의 주된 임무에는 위에서 언급한 국제 프로파간다국이 발행한 여러 선전선동 문건들을 영국 내에 배포하고 유통시키는 것도 포함되었다(Carr 1953, 19-20).

하지만 소비에트 러시아의 이러한 파격적 외교 행보에 대한 협상국 및 동맹국 정부의 반응은 매우 부정적이었다. 일례로, 영국 정부는 리트비노프의 '불온한' 프로파간다 활동에 대해 격렬한 항의 표시를 했다. 볼셰비키 지도부 입장에서는 더욱 실망스럽게도, 참전국 정부들은 평화포고에 대해 모두들 무반응으로 일관했다. 포고에 대한 응답이, 특히 협상국 측으로부터 한 달여가 넘게 들려오지 않았을 때, 볼셰비키 정부는 독일과의 개별 휴전 협상에 나설 수밖에 없었다(Craig Nation 1992, 8-9). 독일이 당시 소비에트 러시아의 사실상 유일한 교전 당사자였다는 사실은 볼셰비키에게 선택의 여지를 주지 않았던 것이다. 독일과 단독으로 외교 테이블에 앉는 것은 결코 볼셰비키 정부가 원했던 그림은 아니었다. 혁명 직후 볼셰비키 정부가 평화포고를 통해 추구했던 것은 단순히 현재 교전국인 독일과의 정전만은 아니었기 때문이다. 앞서 언급했듯이, 그들이 원했던 '민주주의 평화'는 동맹국을 넘어 협상국까지 모두 참여하는 이른바 전반적 평화였다. 실제로 트로츠키와 볼셰비키 정부는 이 협상에 협상국들이 참여할 가능성에 대해 비관적이지만은 않았다. 평화포고의 메시지가 아직 협상국의 민중들을 움직이는 데에는 시간이 부족했을지 몰라도, 협상국 정부들 역시 독일과 소비에트 러시아 단둘이 테이블에 앉아 있는 모습은 보기가 싫을 것이라는 예상은 가능했다. 만약 소비에트 러시아가 독일과의 단독 협상을 통해 정전에 이른다면, 영국과 프랑스는 동부 전선에 투입되었던 독일군까지 한꺼번에 상대해야 할지도 모르는 노릇이기 때문이었다(Троцкий 1925, 175-176). 볼셰비키 정부는 수차례에 걸쳐 휴전 협상 참여 요구를 협상국들의 페트로그라드 주재 외교관들, 즉 정식 외교 채널을 통해 전달한 바 있었다. 아울러 그들의 민주주의 원칙에 부합하게, 이 요구를 라디오 선을 통해 협상국과 동맹국 전체 민중에게도 알리기도 했다. 하지만 이에 대한 반응 역시 들려오지 않았다.

평화포고 동참과 휴전 협정 참여 요구 모두가 협상국 측으로부터 묵살된 후, 볼셰비키 지도부는 보다 냉정하게 현실을 직시하고, 교전국 독일과의 휴전을 위한 '정규' 협상에 임했다. 하지만 1917년 12월 2일부터 벨라루스의 끝자락 브레스트리토프스크에서 열린 이 협상 과정 중에서도, 볼셰비키 정부는 구래의 외교 관행을 그대로 답습하지 않고 이에 민주주의적 색깔을 입히려 노력했다. 소비에트 러시아 측 협상 대표단에 요페, 카메네프 그리고 소콜니코프 등 볼셰비키 지도부 외에, 몇몇 군사 전문가들이 끼어 있었던 것은 파격이라 할 수 없었지만, 이에 일반 노동자와 농민, 일반 사병, 수병까지 각각 포함되어 있었던 것은 상징하는 바가 컸다(Craig Nation 1992, 9). 또한 대표단의 협상에 임하는 자세 역시 과거 외교관들의 모습과는 사뭇 달랐다. 카메네프의 보고에 따르면, 대표단은 독일과 군사 협상을 위해 브레스트리토프스크에 온 것이 아니라, 소비에트 러시아의 입장, 즉 평화포고의 메시지가 전 세계에 더 잘 전달되게 하려는 목적에게 온 것이었다(Carr 1953, 28). 독일과의 단독 휴전 협상은 전 세계 언론에 노출될 것이고, 이를 통해 소비에트 러시아는 다시 한 번 자신들의 평화안을 알리는 기회를 잡을 수 있을 것이었다. 전 세계 민중을 향한 트로츠키의 프로파간다도 이 점을 명확히 했다. "현재 자본주의 정부들이 민주적 평화를 이루어낼 수 없다는 사실은 명확해졌다… 우리는 어쩔 수 없이 현재 존재하는 그런 정부들과 협상을 이어나가야 한다… [하지만 우리는] 우리에게 주어진 모든 수단을 동원해서 모든 나라의 노동계급들이 민주적 평화 및 유럽과 모든 인류의 사회주의적 변혁을 위해 자본의 지배를 뒤엎고 국가 권력을 장악할 수 있도록 조력할 것이다"(Троцкий 1925, 206-207). 물론 이 같은 선전 활동과 더불어, 소비에트 외무 인민위원부는 다시금 협상국 정부들에 협상 참여를 독려하는 메시지도 계속해서 발송했다(Троцкий 1925, 175-176).

하지만 소비에트 러시아의 통첩에도 불구하고 협상국 측으로부터 온 회답은 독일과의 개별 휴전 협상은 1914년 9월에 맺어진 연합국 협약에 대한 위반이라는 원칙적 메시지뿐이었다. 이 같은 무반응 속에서 결국 1917년 12월 15일 소비에트 러시아는 독일과 휴전에 합의했다. 이는 본격적 강화 조약의 체결 시까지 현재의 군사 분계선을 유지한 상태에서 양국의 총을 거둔다는 의미였다. 그리고 휴전 상태는 28일의 기간 내에 평화 협상이 마무리되지 못하면 파기될 수 있었다. 일견 전통적인 외교 협상의 결과 같았던 이 휴전 협정에는 사실 소비에트 러시아가 주도했던 파격이 다시 한 번 포함되어 있었다. 휴전 협정 조항 중 하나에 '양국 민중의 선린 관계를 발전시키고 강화'하기 위해서 양국 군대끼리의 교류를 한정적으로 인정한다는 내용이 포함된 것이다(Wheeler-Bennett 1938, 380-381). 이 사뭇 이례적으로 들리는 조항은 그들 간 신문, 서간, 그리고 여타 일상품의 상호 교환을 공식적으로 허용한다는 의미였다. 사실 이는 소비에트 측의 프로파간다 공세에 미리 대비한 독일의 현실적 선택의 결과이기도 했다. 어차피 다량으로 유통될 가능성이 있는 '평화' 그리고 어쩌면 세계 혁명의 내용을 담은 프로파간다 문건을 독일 입장에서는 한정된 공간과 시간 속에서 제한하고 감시할 수 있다는 '장점'이 있었다. 반면, 소비에트 러시아가 보기에, 이 조항은 대외 프로파간다 활동 자체를 외교 협정에서 공식적으로 인정받았다는 것을 의미했다. 민중에 정보를 최대한 공개하는 방식으로 외교 회담을 이끌어가겠다는 볼셰비키 정부의 관점에서 볼 때, 이는 민주주의 외교를 향한 큰 성과였다.

실제로 볼셰비키 정부는 이 휴전 협상을 '승리'로 자평했다(Carr 1953, 29). 물론 전통적인 기준에 입각해서 보자면, 러시아 영토 내에 들어와 있는 적의 군대를 그대로 놔두었다는 점에서 이 협상은 긍정적인 평가를 받을 수 없을 것이다. 하지만 외교적 파격의 볼셰비키 정부 입장에서는 다른 평가를 내릴 수 있었던 것이다. 소비에트 러시아는 협상국을 '전반적 평화'로 초대했다는 대의를 유지하면서, 이들의 불참을 제국주의적 관행의 유지로 규정해서 선전할 수 있게 되었다. 그리고 비록 연합국에서 떨어져 나와 단독으로 휴전 협상에 임한 것이었지만, 독일로부터 '동부' 전선의 군대를 '서부' 전선, 즉 프랑스 국경 쪽으로 이동시키지 않는다는 약속을 받아냄으로써 유럽과 전 세계의 민중들에게 소비에트 러시아가 과거 연합국을 배신한 것은 아니라는 인상도 함께 심어줄 수 있었다(Wheeler-Bennett 1938, 379). 가장 중요했던 것은 러시아혁명의 이념과 국제정치 사상, 그리고 평화의 메시지를 선전할 수 있는 프로파간다의 기회를 공식적으로 인정받았다는 점이었으며, 이는 과거 부르주아 시대의 외교 관행에 대한 도전 하나를 성공적으로 이루어 낸 것이라 볼 수 있었다.

2. 강화 회담의 시작

1917년 12월 22일, 휴전 협정으로부터 28일의 기한을 받았던 강화 협상이 브레스트리토프스크에서 시작되었다. 회담 개시와 함께 소비에트 러시아 측은 그들의 민주주의 원칙에 충실하게 회담 내용의 공개 문제를 들고나왔다. 또한 평화포고에서 명기되었던 민족자결 원칙을 미리 전제할 것을 주장한 소비에트 러시아 대표단 덕에 회담은 시작부터 삐걱거렸다. 전통적인 강화 회담 관례에 따라 영토 협상부터 시작하자는 독일 측의 요구에 맞서, 소비에트 러시아 대표단은 다시금 연합국을 포함한 여타 참전국들의 회담 참여를 주장하며 회담 정회를 신청했고 이를 관철시키는 데 성공했다. 일견 전형적인 외교 회담에서의 시간 끌기 작전처럼 보였던 이런 모습은 볼셰비키에게는 앞서 언급한 프로파간다 효과를 확대할 수 있는 기회를 넓힌다는 의미였다. 다시 얻어낸 열흘이라는 기간 동안 소비에트 러시아는 세계 언론을 통해 민주주의 평화안을 협상국의 민중들에 더 많이 전달할 수 있을 것으로 기대했다. 그리고 그 기간 동안 여타 유럽과 세계의 민중은 영국과 프랑스의 의도, 즉 그들의 평화 의지를 주시할 것이며 만약 양국이 평화안을 거부한다면 이들의 제국주의적 본색을 다시 느끼게 될 것이다(Debo 1979, 99-100).

이 열흘 동안의 시간 동안 소비에트 러시아의 새로운 외교 전략이 유럽과 세계의 민중들의 마음에 어떤 변화를 가져왔는지 분명히 확인할 수는 없다. 윌슨의 14개조, 즉 평화포고로부터 명시적으로 영향을 받은 것처럼 보이는 성명의 발표가 그 기간에 있었다는 점은 분명 시사하는 바가 적지 않지만 말이다. 하지만 더 분명했던 것은 연합국 측으로부터 어떠한 화답도 없었으며, 아직까지 유럽과 세계 민중의 가시적인 움직임은 느껴지지 않았다는 현실이었다. 1918년 1월 8일 강화 협상은 재개되었다. 하지만 회담이 재개되자마자 다시금 소비에트 러시아 측은 무선전신(radiotelegram)과 공표를 통해 회담 내용 알리기에 열심이었다. 그들의 의도는 확실해 보였다. 회담 내용을 방송을 통해 보고 들을 수 있는 민중들이 소비에트 러시아와 독일 회담의 판사가 되고 최종적으로 이를 '민주적'으로 결정해 달라는 것이었다(Debo 1979, 109-111). 회담 초기 독일이 이 부분을 문제 삼으면서 협상은 순조롭게 진행될 수 없었다. 하지만 18일 독일은 소비에트 러시아가 예상했던 것보다 훨씬 더 가혹한 요구 조건을 내걸음으로써 볼셰비키의 프로파간다 전략을 정면으로 돌파했다. 이에 따르면, 러시아 군대의 전면적 동원 해제 전까지, 독일군은 폴란드, 리투아니아 그리고 벨라루스 전체에서 퇴각하지 않을 것이다. 또한 독일은 소비에트 러시아를 더 압박한다는 차원에서, 구러시아 제국 영토의 남부 쪽에 대해서는 소비에트가 아니라 우크라이나 정부와 개별 협상을 벌일 것이라는 의사를 밝혔다. 트로츠키는 이 같은 독일 측의 '도를 넘는' 요구에 다시금 열흘간의 정회를 신청했다. 그 기간 다시금 세계 민중에 직접 호소해 외교 문제를 풀어나가 보려는 의도였다(Фельштинский 1992, 88-89).

민주주의적 '외교관' 트로츠키와 소비에트 러시아 대표단이 강화 협상의 정회 후 페트로그라드로 돌아온 날은 아이러니하게도 제헌의회가 볼셰비키의 '테러' 기구 체카(Чека)에 의해 강제로 해산된 1918년 1월 20일이었다. 국내에서의 민주주의의 '후퇴'와는 별도로, 당시 볼셰비키 지도부 다수는 적어도 국제관계의 영역에서는 물러설 생각이 없어 보였다. 즉, 독일의 과도한 요구에도, 그리고 과거 열강들의 외교 관행에도 순응할 분위기는 느껴지지 않았다. 그들은 지난 두 달간의 프로파간다의 효과가 곧 나타나리라 믿었으며, 그 전까지의 독일의 군사적 위협은 이른바 혁명전쟁을 통해 대응할 수 있으리라 생각했다. 따라서 볼셰비키 지도부의 입장은 크게 두 가지, 즉 최대한 시간을 더 끌어보자는 것과, 그 시간 끌기가 여의치 않을 경우 전쟁 재개를 각오하자는 입장으로 양분되었다(Фельштинский 1992, 115-117). 이 두 입장 모두 소비에트 러시아의 민주주의적 외교 전략의 효과에 대한 낙관론에 근거하고 있었음은 자명했다. 볼셰비키 지도부 중 온건파로 알려졌던 카메네프마저 낙관적 분위기에 싸여 있었다. 그에 의하면, 독일이 평화 협정 과정에서 제시한 그 무리한 요구의 결과는 폴란드를 비롯한 그들이 소비에트 러시아로부터 떼어놓으려는 지역 및 독일 내부에서의 혁명을 유발할 것이다. 따라서 독일은 섣불리 그 요구 사항 관철을 위해 군사 행동을 강행할 수 없을 것이며, 결과적으로 소비에트 러시아는 현재 독일의 요구에 응할 필요가 없다는 것이었다 (Carr 1953, 33; Фельштинский 1992, 75).

하지만 이 같은 지배적인 낙관론과는 전혀 다르게 비관론을 제시한 인물이 볼셰비키 지도부에 있었다. 그 사람은 다름 아닌 레닌이었다. 레닌의 비관론은 많은 이들의 예상 밖의 것이었다. 여태까지 레닌이 여타 볼셰비키 지도부에게 주었던 이미지는 혁명에 대한 도전과 결연함이었지, 신중함과 온건함과는 거리가 있었기 때문이다. 더군다나 레닌의 비관론은 불과 이십여 일 전 그가 했던 언사, 즉 독일이 요구하는 '병합주의적'이고 '경제적으로 매우 가혹한' 강화 조건을 '즉각적'으로 받아들일 바에는 혁명전쟁을 위해 최대한 노력을 다해야 한다고 시사했던 것과 매우 모순적으로 보였다(Ленин 1974, 180). 하지만 레닌은 1월 중순의 시점에서 급격히 입장을 바꾸어 즉각적 강화를 주장했다. 본격적인 지도부 회의에 앞서 공개되었던 그의 테제, 즉 '단독 및 병합주의 강화의 즉각적 체결 문제'에 의하면, 소비에트 러시아의 대외 정책 결정의 기준은 이미 진행되고 있는 사회주의 건설 상황, 다시 말해 소비에트 러시아의 내부 상태가 되어야 한다. 외부 상황, 이를테면 유럽 혁명, 구체적으로는 독일 혁명의 발생 가능성은 현재 시점에서 그 기준이 될 수 없다. 그것은 단순히 예측 가능하지 않기 때문이며, 당장에 그것을 기대하며 대외 정책을 짜는 것은 '무모한 도박'이다. 현재 소비에트 러시아의 내부 조건은 구 지배계급이 촉발한 내전과 사보타주, 수많은 소부르주아의 잔존, 프롤레타리아의 낮은 문화적 수준, 그리고 미약한 군사력 등으로 대별된다. 이런 상황은 러시아에서의 사회주의 혁명의 승리까지 최소한 수개월 이상의 시간을 요함을 의미하며, 따라서 그 기간 동안 독일에 혁명전쟁을 통해 맞서는 것은 러시아 사회주의 혁명의 이해에 부합하지 않는다는 것이다(Ленин 1974, 243-245).

이 같은 논거를 통해 혁명전쟁 주창자들을 비판하고 강화의 즉각적 필요성을 주장하면서 레닌은 사실상 그간의 민주주의 외교 전략의 수명이 다했음을 암시했다. "우리는 비밀 협약들을 폐기했고, 모든 민족들에게 공정한 평화안을 제시했으며, 전 세계 민중들에게 우리와 함께할 기회를 주기 위해 수차례에 걸쳐 독일과의 협상에 시간을 끄는 데 최선을 다한 바 있다." 하지만 지금 어떤 대외 정책을 펼칠 것이냐는 절대적으로 러시아가 처한 '물적 조건'과 '이미 진행 중인 러시아에서의 사회주의 혁명의 이해관계'에 입각해서 결정되어야 한다. 이런 논리는 '일국 내에서의 사회주의 혁명의 유지'를 위해서 그간의 민주주의 외교, 그리고 이에 준하는 혁명전쟁을 멈춘다는 의미로 받아들여질 수 있었다(Ленин 1974, 247-248).

실제로, 레닌이 제시한 일국의 이해관계라는 틀은 그로 하여금 당시 국제관계를 더 현실적으로 분석할 수 있도록 해주었다. 러시아에서의 사회주의 혁명의 유지, 더 정확히 표현하자면 볼셰비키 정권의 유지를 위해서는 자본주의 열강의 공조, 즉 반(反)소비에트 연합의 결성을 우선적으로 막아야 한다. 레닌이 보기에 독일과의 혁명전쟁 지속은 영국과 프랑스 제국주의에 이득을 가져다줌으로써 결과적으로 그들에 대한 독일의 양보를 가능케 하며 그만큼 반

소비에트 연합 형성 가능성을 높인다. 반대로, 즉각적 강화는 협상국과 독일 간의 적대감과 전쟁을 지속시키는 효과가 있을 것이다. 국제정치의 시각에서 볼 때, 단독 강화는 제국주의와 타협하는 것이거나 그들의 대행자가 되는 것이 아니라 제국주의 열강 상호 간의 갈등을 이용하는 것이다. 그들 간의 갈등은 러시아에서의 사회주의 혁명이 발전하고 공고화되는 데 시간을 벌어줄 것이다(Ленин 1974, 250-251). 레닌의 이 같은 분석은 여타 볼셰비키 지도부에 비해 훨씬 빨랐던 국제관계의 생리에 대한 깨달음에서 나오는 것이었으며, 또한 매우 현실적이며 적실한 것이기도 했다. 하지만 우리는 그 분석이 민주주의 외교의 시각이 아니라 구래의 국제관계의 틀을 기초로 이루어졌다는 점에도 주목해야 한다. 이는 트로츠키를 비롯한 볼셰비키 지도부가 민주주의 외교를 실행하는 과정에서 전제했던 탈국가적이고 민중 지향적 접근법과는 매우 큰 거리가 있는 것이었다. 제국주의 열강의 분열을 이용해 그 기간 동안 소비에트 러시아 국가의 생존을 도모하는 것으로 요약될 수 있는 레닌의 제안은 국가 이해관계에 입각한 영토국가들의 책략적 외교로 특징지어지는 19세기 식 전통적 외교술과 궤를 같이하는 것이었다. 이는 향후 소비에트 러시아 대외 정책의 기본 틀이 되었으며, 스탈린의 일국사회주의론으로 자연스럽게 연결될 수 있었다.

레닌의 이와 같은 입장이 그간 민주주의 외교 노선을 지지해왔던 당 지도부의 반발에 부딪혔으리라는 것은 쉽게 예상할 수 있다. 1918년 1월 21일 당 지도부 회의는 레닌의 주장에 신랄한 비판을 가했다. 당시 참석했던 63명의 볼셰비키 지도부 중, 레닌에 동조했던 이들은 십여 명에 불과했다. 과반을 넘는 다수가 독일의 부당한 요구에 대해 혁명전쟁까지 감수해야 한다는 주장을 펼쳤다. 그리고 역시 민주주의 외교 노선 아래에 있던 트로츠키의 프로파간다 지속 및 시간 끌기 전략에 대한 십여 명의 지지를 이에 합친다면 압도적 다수가 레닌 의견에 찬동하지 않은 셈이었다(Ленин 1974, 478). 3일 후 열린 중앙위원회 회의는 이보다 복잡한 양상으로 전개되었다. 우선 이 회의는 3일 전과는 달리 세 가지의 의견에 대한 찬반을 묻는 형식을 따르지 않았고, 대신에 표결에 부칠 질문을 크게 두 가지로 정했다. 첫째는 혁명전쟁의 즉각적 돌입에 대한 찬반 투표, 그리고 다음으로는 즉각적 돌입을 찬성하지 않을 경우, 시간 끌기 전략을 계속할 것이냐에 대한 찬반 투표가 이루어진 것이다. 즉각적인 혁명전쟁 돌입에 대해서는 레닌의 열렬한 설득 끝에 이전 회의에서 그를 비판했던 스탈린을 비롯한 다수가 반대 의사를 표명하며 레닌의 손을 들어 주었다. 한편, 그 다음 표결에서 트로츠키의 시간 끌기 전략 역시 다수의 지지를 얻었다(Протоколы 1958, 199-207; Ленин 1974, 478-479). 따라서 레닌은 혁명전쟁의 반대 입장을 다수파로 이끌어냈다는 점에서, 트로츠키는 계속적인 시간 끌기를 통한 프로파간다 지속이라는 자신이 입장이 통과되었다는 점에서, 둘 모두 이 회의 결과에 만족할 수 있었다. 특히 트로츠키는 그의 의견이 당시 열리고 있던 제3차 전국 소비에트 대회에서 열렬한 성원을 받았다는 사실에 더 고무될 수 있었다(Deutscher 1954, 375).

표결 결과, 트로츠키는 여전히 즉각적 강화가 아니라 민주주의 외교의 접근법을 염두에 두며 다시 브레스트리토프스크의 협상장으로 떠났다. 그가 벌어들였던 지난 열흘 동안 유럽의 정세는 더 복잡하게 진행되는 듯했다. 일견 오스트리아-헝가리에서의 파업 물결이 잠잠해졌던 것은 그간 소비에트 러시아의 프로파간다 효과에 대한 의구심을 불러일으켰던 반면, 베를린에서 대대적인 파업 운동이 발생하고 이것이 빠른 속도로 독일의 주요 도시로 확산되었다는 소식은 소비에트 러시아 대표단에게 매우 고무적으로 들렸다. 핀란드에서도 좌파 봉기가 발생하고, 우크라이나 동부에서 소비에트가 성공을 거두며 라다(Рада) 주도의 분리 움직임이 주춤해진 것 역시 좋은 소식이었다. 1월 30일 협상이 재개되었을 때, 다시금 소비에트 러시아 대표단은 그들 평화포고의 무병합 무배상 원칙과 민족자결 원칙을 테이블에 올릴 자신이 있었다. 대표단의 일원이었던 라덱의 유명한 표현, "〔나는〕 폴란드의 사회민주주의 대표로 이곳에 왔다"는 볼셰비키 시도부가 이 협상에서 목표로 했던 것을 집약적으로 보여주었다(Carr 1953, 37).

하지만 독일은 동부 전선에서의 우월한 군세를 근거로 소비에트 러시아 대표단을 계속 압박할 수 있었다. 그 압박은 회담 진행 도중 독일의 파업 운동이 가라앉는 분위기라는 소식이 전해지며 트로츠키와 대표단에게 더 강하게 느껴졌다. 독일은 2월 9일 우크라이나 라다와 매우 전통적인 외교 협상의 형식을 통해 강화 조약에 조인함으로써 소비에트 러시아 대표단을 압박할 수 있었다(Wheeler-Bennett 1938, 392-402). 그리고 이틀 뒤 독일 측의 최후통첩이 들려왔다. 이에 대한 항의로 트로츠키는 그 유명한 "평화도 없고 전쟁도 없다"는 메시지를 남기며 다시 회담장을 떠났다. 이 모순 어법은 실상 그간 소비에트 러시아 대표단이 견지했던 민주주의 외교의 관점에서 보자면 전혀 모순적일 것이 없었다. 이는 외교 회담을 민중에 대한 선전의 장으로 규정하는 이들에게는 매우 합당한 '외교' 전술이었기 때문이다. 반면 독일은 전통적인 외교 회담 관례에 따라, 협상 결렬을 정전 상태의 중지로 받아들일 뿐이었다. 독일군 수뇌부는 이로부터 7일 후인 2월 18일 독일의 군사 행동이 러시아 땅에서 재개될 것임을 공지했다.

3. 브레스트리토프스크 조약의 조인과 그 이후

독일의 군사 행동이 실제로 재개된 그날부터 볼셰비키 당 중앙위원회 회의는 계속되었다. 이 회의들은 한 서방 학자의 표현을 빌리면, '볼셰비키 당 내부가 역대 가장 깊게 분열'했던 순간이었다 (Smith 2017, 157). 다만, 독일의 군사 행동을 코앞에 마주한 상태에서 열린 회의였기에, 당장에 혁명전쟁을 수행하자는 의견은 잠시 수면 아래로 가라앉았다. 대신 이번에는 레닌과 트로츠키가 낸 각각의 안, 즉 즉각적으로 독일의 제안을 받아들이고 협상을 시작하느냐, 아니면 시간을 더 끌면서 독일 민중의 동향에 기대하며 버티느냐가 근본적인 대립 지점을 형성했다. 일련의 회의들에서 치열한 논쟁이 벌어지며 표결 상황 역시 계속 뒤바뀌었으나, 결국에는 트로츠키가 레닌의 주장 쪽으로 마음을 돌리면서 즉각적 강화 안이 관철되었다(Протоколы 1958, 228-239; Ленин 1974, 486-487). 마지막까지 흔들렸던 트로츠키가 레닌의 의견에 동의하게 되었던 결정적 배경은 예상보다 훨씬 빨랐던 독일군의 진군 속도였다. 군사 행동이 재개된 후 채 이틀이 되지 않아, 독일은 라트비아 지역의 다우가프필스를 차지하고 우크라이나로 밀려 들어왔던 것이다(Trotsky 1930, 305). 당일 볼셰비키 정부는 브레스트리토프스크에 남아 있던 대표단에게 독일의 제안을 받아들이고 세부 협상을 계속할 것을 지시했다.

하지만 무려 4일이 넘게 지나서 온 독일의 답변은 가격을 올리는 것이었다. 독일은 우크라이나에서 소비에트 러시아 군대의 완전 철수와 에스토니아 영토 전체 등을 이전 요구 사항에 더해 올려놓았다. 이 높아진 가격을 두고 페트로그라드의 볼셰비키 지도부에서는 다시금 격렬한 논쟁이 재개되었다. 이제 그간 레닌의 입장에 비교적 충실했던 스탈린마저 반대로 넘어갔으며, 트로츠키 역시 지난주의 결정을 거두고 다시금 원래의 입장으로 돌아갔다. 부하린 등 좌파의 반대 언사 수위는 더욱 높아졌다. 하지만 레닌이 사임 의사를 표명하며 최후통첩을 하자 스탈린 등은 다시 레닌 쪽으로 기울었다. 2월 23일 당 중앙위원회 회의에서 이 안건이 투표에 부쳐졌을 때 레닌의 의견이 찬성 7 대 반대 4로 통과되었다. 트로츠키와 요페를 비롯한 4명은 기권했고, 표결 후 부하린 등 좌파는 당과 소비에트 직에서 사퇴하겠다고 선언했다(Протоколы 1958, 247-252; Ленин 1974, 489-490). 그날 새벽 3시에 이루어진 전 러시아 중앙 집행 위원회의 표결 결과는 찬성 116 대 반대 85였다(Ленин 1974, 491).

이 결과는 3월 3일 브레스트리토프스크 조약 조인으로 이어졌다. 흔히 기존 연구들은 조약 내용의 불평등성, 즉 소비에트 러시아가 '평화'를 대가로 감내해야 했던 엄청난 영토 및 자원 손실을 강조하곤 한다.[5] 그리고 그 전술의 적절성 여부를 놓고도 여전히 논쟁 중이다.[6] 실제로, 브레스트리토프스크의 막바지 회의에서는 앞서 언급했던 것처럼 올라간 가격에다, 독일과 동맹국 중 하나였던 터키의 요구까지 최종적으로 더해지게 되었다. 터키는 과거 러시아 제국에 빼앗겼던 트랜스코카시아 서부이자 동부 아나톨리아 지역 일부를 소비에트 러시아에 요구했던 것이다. 하지만 그 과정에서 이런 국제관계상의 손실 못지않게 주목해야 할 할 점은 변화된 소비에트 러시아 대표단의 태도였다. 물론 소콜니코프의 항의 성명 발표가 기존 소비에트 러시아가 유지하던 민주주의 외교의 명맥을 이어가기는 했지만, 그 이전의 협상 과정과는 사뭇 다르게 소비에트 대표단은 두드러진 프로파간다 행위의 시도 없이 전통적 외교 회담 관례를 충실히 따랐던 것이다(Debo 1979, 141-157).

특히, 조약의 제2항은 지난 12월 정전 협상의 내용과는 매우 대조적인 내용을 담고 있었다. 그것은 "상대방 국가의 정부 그리고 국가 또는 군사 기관에 대한 모든 선동과 선전 행위를 금지한다"는 것이었다(Wheeler-Bennett 1938, 405). 물론 소비에트 러시아가 이 조항을 충실히 이행하며 이후 모든 선전선동 활동을 중지하려 했던 것은 전혀 아니었다. 하지만 국제 회담을 프로파간다의 공간으로 인식하고 그 내용을 민중에게 공개한다는 원칙을 가지고 있던 볼셰비키 지도부에게는 이런 조항을 명시화했다는 사실 자체가 엄청난 후퇴를 의미했다. 이는 그들이 외교 공간에서의 민주주의 원칙 실현 노력을 접기 시작했음을 뜻했다. 소콜니코프는 회담 현장

5 영국 역사가 모즐리는 이를 "절단과 거세(dismemberment and emasculation)"로 표현하기도 했다(Mawdsley 2005, 33).

6 가장 비판적인 평가 중 하나로 영국 역사가 스와인의 것이 있다(Swain 2017, 204-205).

에서 이를 두고 '국제 프롤레타리아 혁명에 대한 제국주의와 군국주의의 승리'라고 표현했다. 물론 그는 그 승리가 잠시뿐일 것이라는 기대 역시 함께 피력했지만 말이다(Carr 1953, 71-72).

그 내용 면에서는 근대 외교 역사상 유래가 없을 만큼 특별하게 가혹한 것이었지만 그 형식 면에서는 외교 회담의 전통을 답습했던 브레스트리토프스크 조약의 최종 비준은 다가올 제7차 당 대회와 제4차 전국 소비에트 대회를 기다려야 했다. 두 거대한 정치 회합 모두에서 거센 언사가 오고가긴 했지만 레닌의 즉각적 타협안이 관철되었다(Trotsky 1930, 383). 3월 6일 제7차 당 대회 핵심 연설인 정치 보고에서 레닌은 한 달 반 전 그가 펼쳤던 논리를 따라 현실론을 주장했다. 혁명 직후의 영광스런 전진의 시기는 끝이 났으며, 지금은 혹독한 현실에 냉정히 직면해야 한다는 것이었다. 그 현실 중 하나는 복잡하게 얽혀 있는 당대의 국제관계라는 것이다. 이 상황에서 소비에트 러시아는 책략적으로 행동(маневрировать)해야 하며 '가장 추악한 타협'도 받아들일 수 있어야 한다(Ленин 1969, 33-34). 레닌의 이 같은 언사는 반소비에트 국제 연합의 성립 가능성 속에서 소비에트 러시아의 생존을 위한 필사적 몸부림의 표현이었다. 이 같은 전술은 레닌의 냉정한 상황 인식에 기초한 것이며 실제로 그 생존에 결정적인 역할을 했다고도 주장할 수 있다. 하지만 이는 전통적 외교술의 본질과 형식을 그대로 따랐던 것, 즉 소비에트 러시아라는 개별 국가의 이해관계라는 틀로 국제관계를 분석한 결과로 나온 것이었다.

위와 같은 현실론에 기초한 국제정치 전략의 대두와 함께, 소비에트 러시아의 민주주의 외교는 자연스럽게 무대 뒤로 퇴장하게 되었다. 그것은 향후 소비에트 러시아의 대외 정책 수립과 외교 수행 과정에서 탈국가적 사고와 민중 지향성이 사라질 것임을 예고하는 것이었다. 국제관계라는 정글 속에서의 소비에트 러시아라는 국익 지키기 노력, 이를 위한 전통적 외교 행보, 그 행보의 비공개, 그리고 외교 정책 결정 과정의 국가 엘리트 독점 등은 모두 브레스트리토프스크 조약의 마지막 회담에서부터 볼셰비키 지도부의 일반적 원칙이 되었으며, 그 이후의 소련 외교 역시 규정하게 될 것이었다. 레닌은 다른 의미로 썼던 것이지만, '그 가혹한 강화'는 '러시아혁명의 발전 과정뿐만 아니라 국제혁명의 그것에서도 전환점'이 되었다(Ленин 1969, 92).

외교를 민주주의 원칙에 따라 수행하려 했던 볼셰비키 정부의 시도가 브레스트리토프스크 이후 막을 내렸다는 점은 그 직후 외무 인민위원부 수장이 바뀌었다는 사실에 우선적으로 반영되었다. 대부분의 볼셰비키 지도부가 민주주의 외교의 주창자였지만 그 중 트로츠키가 가장 대표적 인물이었다는 점에 대해서는 부정할 이가 없을 것이다. 이제 외교의 책임자 자리는 치체린이 맡게 되었다. 치체린은 과거 러시아 제국 시절 외무성에서 근무한 경험이 있는, 구래의 외교 관행에 매우 익숙한 인물이었다(Debo 1994, 21-22). 물론 치체린 취임 이후, 대사와 여타 외교관의 칭호와 직위를 없애고 이를 '전권 대표'라는 보다 민주주의적으로 들리는 이름으로 대체한 것, 그리고 과거 차르 시대 출신 외교관들을 대대적으로 교체한 것 등은 중요한 변화라 할 것이었다(Kocho-Williams 2012, 52-54). 하지만 이러한 외관 변화와 인물 교체는 새로이 소비에트 러시아의 '외교관'이 된 이들이 구래의 외교 원칙과 관행을 답습하게 되었다는 사실만큼의 중요성을 가지지는 못했다. 카의 표현을 빌리면, 치체린 시대는 '정규 소비에트 외교 서비스의 조직의 시작'을 알렸다(Carr 1953, 69). 1922년 베르사유 회담의 경제판 국제회의였던 제노바 회의에서 소비에트 대표단이 정장모자, 실크 장갑, 모닝코트를 착용하고 외교 파티에 참석했던 것은 이의 논리적 귀결이었다(Craig Nation 1992, 40).

과거 외교 관행과 원칙에 익숙한 인물답게 치체린은 앞서 언급한 브레스트리토프스크 조약의 제2항에 대해서도 소비에트 국가가 성실히 임해야 할 것이라 언명했다. 그는 "우리 공식 기관 중이 조항을 어기는 경우에는 소비에트 정부가 나서서 이에 대처할 것이다"라고 경고했다(Carr 1953, 72). 치체린의 말처럼, 볼셰비키 정부는 이제 대외 프로파간다, 즉 외교 현안과 협의 내용을 세계의 민중에 알리는 일을 국가의 공식 정책으로 삼을 수 없었다. 하지만 국제혁명을 그들 정권의 생존에 전제 조건으로 여기던 이들이 이를 궁극적으로 포기할 수도 없는 일이었다. 따라서 볼셰비키 지도부가 찾아낸 방법은 프로파간다를 국가의 공식 외교로부터 떼어내는 대신, 이를 당이나 다른 비국가 기관의 영역으로 옮겨놓은 것이었다. 제7차 당 대회에서의 스베르드로프의 언사는 이 점을 요약적으로 보여주었다. "〔브레스트리토프스크 조약의〕 결과로 우리는 더 이상 우리가 지금껏 해왔던 폭넓은 국제적 선동을 계속할 수가 없게 되었다. 그러나 이는 그러한 선동 작업을 우리가 아예 하지 못한다는 의미는 아니다. 이제 우리는 이 선동 작업을 국가 인민위원평의회의 이름이 아니라, 우리 당 중앙위원회의 이름으로 수행할 것이다"(Седьмой 1962, 195). 스베르드로프의 이 같은 표현은 단순한 술책이 아니었다. 그것은 소비에트 러시아의 대외 정책이 정상 외교와 혁명 프로파간다로 완전히 양분되고 있음을 시사하는 중대한 발언이었다. 더욱이 그 분리가 제도적 기초를 가진 채 이루어질 것이라는 점, 즉 이 이중적인 과업을 국가와 당이라는 각각의 영역에서 분리해서 수행할 것이라는 점을 표현한 것이었다.

민주주의 외교가 소비에트 러시아 국가 기관에서 이탈하게 된 것은 앞서 언급했던 외무 인민위원부 산하 국제 프로파간다국의 운명에서 명시적으로 드러난다. 이제 국가 프로파간다국은 국가 기관으로는 더 이상 존속할 수 없었기에 공식 해체된 후, 스베르드로프의 말처럼, 당 중앙위원회 소속으로 이관되었다. 그리고 향후 이 조직은 제3차 인터내셔널, 즉 코민테른의 중요한 모체 역할을 할 것이었다(Carr 1953, 72-73). 이렇게 볼 때, 프로파간다 과업은 국가에서 당으로, 그리고 곧 당에서 코민테른이라는 새로운 기관의 영역으로 옮겨가게 된 셈이다. 그리고 훗날 소련의 외교사가 말해주듯, 코민테른도 소련이라는 국가의 이해관계를 넘어설 수 없을 것이었다. 자연스럽게 프로파간다는 민주주의 외교를 통한 국제혁명의 도모라는 원래의 목적에서 멀어져 갔다.

소비에트 러시아의 사실상의 국제혁명 선동 포기와 정상 외교 영역으로의 진입은 독일과의 국가 대 국가 외교 관계의 심화로 나타나기도 했다. 이에는 1918년 봄 내전의 본격적 촉발 이후, 협상국 국가들의 적극적인 반볼셰비키 세력 지원과 직접 참전이 중요한 배경을 이루었다. 영국, 프랑스, 일본 등의 군사 개입을 목도하며, 소비에트 러시아 '국가'의 외교 전략은 세계 민중을 향한 프로파간다 전파가 아니라 이들과 적대 관계였던 또 다른 국가에게로의 접근, 또는 제국주의 열강들 사이의 간극을 이용한다는 지극히 국제정치의 문법에 어울리는 행동으로 표현되었다. 협상국을 견제하고 소비에트 국가를 살리기 위해, 1918년 5월 볼셰비키 정부는 독일과 정상적 경제 교류를 위한 협상을 시작했다(Carr 1953, 81). 이 두 '국가' 간의 밀월 관계는 같은 시기 모스크바에서 일어난 좌파 사회혁명당원들의 독일 대사 암살 사건에도 불구하고 계속되었다(Фельштинский 1992, 228-246). 양국 관계는 1918년 8월 브레스트리토프스크 조약에 대한 추가 합의들이 최종적으로 이루어지면서 그 정점에 이르렀다. 그 추가 합의의 핵심에는 소비에트 러시아는 가능한 모든 수단을 동원해 러시아에 진주한 협상국 군대를 몰아내고 이들과 다시 연합하지 않는다는 약속이 들어 있었다. 이는 소비에트 러시아 입장에서는 반볼셰비키 군을 지원하는 외세를 몰아낸다는 자명한 목적에서 응한 것이었지만, 독일 측의 입장에서도 이들과 러시아 군이 다시 과거 협상국과 연합 상태로 되돌아가 독일을 협공할 수 있는 가능성을 배제시킨다는 실질적 의미를 가지고 있었다. 의미심장하게도, 이 합의에는 당시에는 공개되지 않았던 비밀 외교 합의 사항이 포함되어 있었다. 소비에트 러시아는 만약 협상국을 몰아내는 데 실패할 경우 독일의 군사 개입을 용인한다는 데에 비밀리에 합의했다. 볼셰비키 정권은 이를 적대적 행위로 간주하지 않을 것이며, 심지어는 이 개입에 핀란드 군대의 참여까지도 허용할 것이라 명시했다(Wheeler-Bennett 1938, 436). 양국에 모두 이득이 될 수 있으면서 매우 현실적으로 보였던 이 같은 협약 내용의 적절성이나 유효성을 논하는 것은 본고의 주제와는 거리가 멀다. 하지만 이 협약이 1917년 12월의 휴전 협상 과정,

즉 외교 회담 내용을 민중에게 공개하고 개별 국가의 정책 결정 과정을 사실상 민중의 의사와 힘에 맡긴다는 민주주의 외교의 원칙과 정반대에 있음은 분명하다. 이 비밀 조항을 통해 소비에트 러시아 국가는 '정상' 외교의 영역에 들어왔음을 확실히 보여주었다. 그것은 그들 국가의 생존을 위한 현실적 선택이었으나, 혁명 세력으로서 그들이 1917-18년 겨울에 추구하고 실행했던 외교 영역에서의 민주주의와는 공통점이 없었다.

III 결론

10월 혁명 직후 볼셰비키 정권은 그들의 공산주의 국제정치 사상에 입각한 새로운 민주주의 외교를 시도했다. 그것은 영토국가 대 영토국가의 관계라는 대체로 17세기 베스트팔렌 체제 즈음에 성립한 근대 국제관계의 원칙과 관행과는 대조되는, 탈국가 및 민중 지향적 성격을 띠었다. 이 새로운 외교의 실현을 위한 방법으로 그들은 민주주의 원칙 중 하나인 정보의 투명성과 공개성을 들고나왔다. 즉, 외교 회담 및 협약의 내용과 결과를 민중에게 전면 공개하면서, 외교 관련 정책의 결정을 사실상 민중의 여론에 맡겨 놓는다는 것이었다. 따라서 혁명 직후 볼셰비키 정부는 밀실 회담장 내부 국가 엘리트끼리의 협상보다는 민중을 향한 프로파간다를 그들 외교 업무의 주안점으로 삼았다.

하지만 이 같은 민주주의 외교는 교전국 독일의 군사적 압박과 협상국들의 무관심, 그리고 이 두 세력 간의 반소비에트 연합

결성 가능성이라는 국제관계의 현실의 무게 앞에서 더 이상 추구될 수 없었다. 브레스트리토프스크 강화 회담 당시의 국제관계 지평을 누구보다 빨리 알아차린 레닌은 민주주의 외교의 주창자에서 이의 폐기자로 빠르게 변신했다. 그 판단의 최우선 기준에는 볼셰비키 정권의 생존, 다시 말해 소비에트 러시아의 국익이 위치했다. 이런 국익 추구의 논리는 소비에트 러시아를 구래의 국제관계의 틀, 관행, 전략 등에 묶어두는 결과를 가져왔다. 레닌 스스로의 표현처럼, 소비에트 러시아는 '어떻게 방향을 틀어도 제국주의 집단이 만든 틀에서 완전히 벗어날 수' 없게 되었다(Ленин 1974, 247). 결국 이는 향후 스탈린의 일국사회주의론으로 계승될 것이었다.

볼셰비키 지도부가 외교 영역에서의 민주주의를 포기했던 것은 러시아 국내에서 그들이 혁명 이전 약속했던 민주주의 원칙들을 하나둘씩 어겨 갔던 과정과 쌍을 이루며 진행되었다. 그간 수많은 학자들이 이런 국내에서의 '후퇴'의 원인을 레닌과 볼셰비키의 사상에서 찾으려 노력한 바 있었다. 본고가 위에서 보였듯이, 적어도 국제정치의 영역에서만큼은 그 전환이 그들의 이데올로기와 관련이 있는 것 같지는 않다. 이에 대한 보다 직접적인 원인은 신생 사회주의 정권의 새로운 실험들을 방해하고 왜곡했던 외적 현실, 즉 자본주의 강대국들이 조성한 적대적 국제 환경이었다.

참고문헌

1. 사료

1958. Протоколы ЦК РСДРП(б) (август 1917 – февраль 1918). Москва.

1962. Седьмой екстренный съезд РКП(б). Москва.

Ленин, В. 1974. Полное собрание сочинений, том 35. Москва.

Ленин, В. 1969. Полное собрание сочинений, том 36. Москва.

Троцкий, Л. 1925. Сочинения. Том 3, часть 2. Москва-Ленинград.

Trotsky, L. 1930. *My Life*. New York: Charles Schribner's Sons.

Wheeler-Bennett, J. 1938. *Brest-Litovsk: the Forgotten Peace*. London: Macmillan.

2. 연구 문헌

정성진. 2014. "제1차 세계대전과 트로츠키의 대안: 평화강령과 유럽합중국 슬로건을 중심으로." 『마르크스주의 연구』 11(3): 70-102.

Булдаков В.П. 2010. Красная смута. Природа и последствия революционного насилия Издательство, 2-е издание, РОССПЭН.

Фельштинский. Ю. 1992. Крушение мировой революции. Брестский мир. Октябрь 1917-ноябрь 1918. ТЕРРА.

Протасов Л.Г. 1997. Всероссийское учредительное собрание. История рождения и гибели. РОССПЭН.

Acton, E. ed. 1997. *Critical Companion to the Russian Revolution, 1914-1921*. Bloomington: Indiana University Press.

Craig Nation, R. 1992. *Black Earth, Red Star: A History of Soviet Security Policy, 1917-1991*. Ithaca: Cornell University Press.

Carr, E. H. 1953. *The Bolshevik Revolution 1917-1923*, Volume 3. New York: Penguin.

Daniels, R. 1960. *The Conscience of the Revolution: Communist Opposition in Soviet Russia*. Cambridge: Harvard University Press.

Debo, R. 1979. *Revolution and Survival: The Foreign Policy of Soviet Russia, 1917-18*. Toronto: University of Toronto Press.

______. 1994. "G. V. Chicherin: A Historical Perspective." in Gabriel Gorodetsky ed., *Soviet Foreign Policy, 1917-1991: A Retrospective*. London: Frank Cass.

Deutscher, I. 1954. *The Prophet Armed: Trotsky, 1879-1921*. Oxford: Oxford University Press.

Fainsod, M. 1953. *How Russia Is Ruled*. Cambridge: Harvard University Press.

Farber, S. 1990. *Before Stalinism: The Rise and Fall of Soviet Democracy*. Oxford: Polity.

Figes, O. 1996. *A People's Tragedy: The Russian Revolution, 1891-1924*. New York: Viking.

Kocho-Williams, Alastair. 2012. *Russian and Soviet Diplomacy, 1900-39*. New York: Palgrave.

Mawdsley, E. 2005. *The Russian Civil War*. New York: Pegasus.

McMeekin, S. 2017. *The Russian Revolution: A New History*. New York: Basic Books.

Pipes, R. 1990. *The Russian Revolution*. New York: Vintage.

Rosenberg, W. and M. Young. 1982. *Transforming Russia and China: Revolutionary Struggle in the Twentieth Century*. Oxford: Oxford University Press.

Schapiro, L. 1955. *The Origins of the Communist Autocracy*. London: G. Bell and Sons.

Sirianni, C. 1987. *Workers' Control and Socialist Democracy: The Soviet Experience*. London: Verso.

Smith, S. 1985. *Red Petrograd: Revolution in the Factories, 1917-1918*. Cambridge: Cambridge University Press.

______. 2017. *Russia in Revolution: An Empire in Crisis, 1890-1928*. Oxford: Oxford University Press.

Swain, G. 2017. *A Short History of the Russian Revolution*. London: I.B.Tauris.

필자 소개

노경덕 Roh, Kyung Deok

서울대학교 역사학부 부교수
미국 시카고대학 역사학 박사

논저 *Stalin's Economic Advisors*, "제 1차 세계대전 말 유럽의 국제정치와 민족자결주의", "스탈린 외교를 바라보는 한 시각, 1927~1953", "얄타 회담 다시 보기", "냉전사와 소련 연구"

이메일 kdroh@snu.ac.kr

1권 주권과 국제관계

국가 주권의 재성찰 · 전재성 | 탈냉전기 세계질서와 국가주권 · 김명섭 | 근대한국의 주권개념의 수용과 적용 · 정용화 | 현대한국과 국가주권 · 마상윤 | 근대 주권 개념의 발전과정 · 박상섭 | 주권과 국제관계이론 · 이혜정

2권 개념도입사

변화하는 세계와 개념사 · 하영선 | 근대 한국의 주권 개념 · 신욱희 | 근대 한국의 부국강병 개념 · 김영호 | 근대 한국의 세력 균형 개념 · 장인성 | 근대 한국의 민주주의 개념 · 김용직 | 근대 한국의 경제 개념 · 손열

3권 세계정치와 제국

왜 지금 제국인가 · 박지향 | 네그리와 하트의 제국론 · 안병진 | 미국헤게모니의 쇠퇴와 제국 · 백승욱 | 제국의 관점에서 바라본 미국의 군사안보 전략과 21세기 국제정치 · 이수형 | 정보화시대의 제국 · 김상배 | 제국에서 근대국가로 · 최갑수 | 로마 제국 · 김경현

4권 세계정치와 동아시아 공간

한국의 동아시아론과 동아시아 정체성 · 장인성 | 동북아 지역혁신체제 · 배영자 | 동아시아 냉전체제하 냉전국가의 탄생과 변형 · 남기정 | 동아시아 공간 인식에 있어 해양과 대륙 · 이철호 | 대동아공영권 구상에서의 '지역'과 '세계' · 임성모 | 청(淸)의 무(武)전통과 근대 동아시아 안보공간 강동국 | 동북아시아의 국가형성과 문화적 변수 · 홍성민

5권 세계정치와 동아시아 안보구상

탈냉전시대의 안보개념 확대 · 민병원 | 동아시아 인간안보와 글로벌 거버넌스 · 이신화 | 세계정치와 동북아 안보 · 박인휘 | 문화상대주의, 주권원칙과 북한 인권 · 김수암 | 안보 패러다임의 변화와 한미동맹 재조정 · 김영호

6권 자유무역협정의 정치경제

자유무역협정 · 윤영관 | 자유주의의 새로운 흐름 · 문돈 | 자유무역협정의 국내정치경제 · 김석우 | 한국의 FTA 추진의 국제정치경제 · 손열 | 한국의 FTA 정책과 이익집단 정치 · 최태욱 | 협상이론 측면에서 본 한국의 FTA 협상 분석 · 양기웅 | 한미 FTA의 정치경제 · 이근

7권 문화와 국제정치

국제관계를 문화로 본다 · 히라노 겐이치로 | 문화와 권력 · 최정운 | 소프트 파워의 세계정치 · 박의경 | 세계화와 문화 · 박길성 | 동아시아 지역주의와 문화 · 김봉진 | 민족주의와 문화 · 신범식 | 한류의 매력과 동아시아 문화네트워크 · 김상배

8권 이승만과 제1공화국

홍보, 선전, 독재자의 이미지관리 · 정용욱 | 현실주의 시각에서 본 이승만의 반공노선 · 홍용표 | 부산정치파동과 국가보안법파동에 대한 미국의 개입 비교 · 이철순 | 한국 정권교체의 국제정치 · 이완범 | 이승만 정부의 산업정책과 렌트추구 그리고 경제발전 · 김일영 | 한국전쟁 이후 이승만 정부의 경제부흥전략 · 박태균

9권 지식네트워크의 세계정치

지식네트워크의 세계정치 · 김상배 | 기술지식 네트워크의 세계정치 · 김웅

희 | 지식과 지구 생산 네트워크 · 이승주 | 정책지식 네트워크의 세계정치 · 박인휘 | 정부 네트워크와 지식네트워크 · 조동준 | 글로벌 시민지식 네트워크 · 정연정 | 지구환경정치와 지식네트워크 · 신상범

10권 국제사회론과 동아시아

동아시아 국제사회론을 찾아서 · 장인성 | 영국학파의 국제사회론 · 마상윤 | 동아시아 국제이론의 모색 · 신욱희 | 구한말 한국 지식인의 '국제사회' 인식의 유형과 특성 · 김현철 | 한일회담시기 한일 양국의 국제사회 인식 · 남기정 | 동아시아의 경합하는 국제사회 구상 · 손열

11권 안보위협과 중소국의 선택

안보위협에 대처하는 중소국의 선택 · 조동준 | 멕시코의 자주외교정책 · 강경희 | 양차대전 시기 체코슬로바키아의 안보전략과 외교정책 · 김신규 | 핀란드의 편승적 중립정책 · 김진호 | 양극 세력 균형 체제(냉전)하에서 중소국의 외교적 선택 · 김철민 | 태국의 외교정책 · 이동윤

12권 동아시아 전통지역질서

동아시아 전통질서 연구의 현황과 과제 · 전재성 | 동아시아 국제관계와 화이유교규범의 변화 · 신봉수 | 원명교체, 명청교체와 한반도 · 한명기 | 홍대용 연행록의 대외관 · 김봉진 | 조선통신사의 역사적 상징성 검토 · 손승철 | 1884년 '의제 개혁'에 대한 정치적 독해 · 강상규

13권 탈사회주의 체제전환 20년

탈공산체제 이행과 민주주의 공고화 · 김연규 | 탈사회주의 체제전환의 정치경제와 비교정치 · 한병진 | 탈사회주의 권위주의 정권의 개혁저항 · 김태환 | 탈공산주의 체제전환기 국가와 시민사회 · 박수헌 | 탈사회주의 체제전

환기 동유럽 선거민주주의와 정당정치 · 진승권 | 탈사회주의 시장경제 건설 · 김영진

14권 데탕트와 박정희

박정희 정부 시기 한국 주도의 동아시아 지역 집단 안전보장 체제 구상과 좌절 · 박태균 | 데탕트와 박정희의 전략적 대응 · 신욱희 | 미국의 대한정책 1974-1975 · 박원곤 | 데탕트의 위험과 기회 · 마상윤 | 박정희의 중화학공업과 방위산업 정책 · 류상영 | 일본 모델에서 한국적 혁신으로 · 니시노 준야

15권 글로벌 금융위기와 동아시아

글로벌 금융위기와 동아시아의 대응 · 이승주 | 글로벌 금융위기 이후 동아시아 금융통화협력 · 이왕휘 | 글로벌 금융위기와 동아시아 금융협력 · 이용욱 | 글로벌 금융위기와 동아시아 무역체제 · 문돈 | 동북아의 내수중시경제로의 전환 · 최태욱 | 글로벌 금융위기와 개발협력 · 강선주

16권 남북한 관계와 국제정치 이론

국제정치의 복합조직원리론으로 분석하는 남북 관계 · 전재성 | 남북 관계와 바라봄의 정치 · 정영철 |남북한 관계의 국제정치학 · 황지환 | 세력전이와 남북 관계의 변화에 대한 고찰 · 우승지 | 남북한 한반도 정치와 강대국 동맹정치 간의 연계성 분석 · 이수형 | 국내정치와 남북한 관계 · 임수호 | 분쟁 후 인간안보와 남북 관계 · 서보혁

17권 동아시아에서 정책의 이전과 확산

정책의 혁신과 확산, 그리고 변형 · 유은하 | 중국에서의 환경정책 도입 및 확산의 실패와 한계 · 조정원 |동아시아 이동통신 기술표준의 확산 · 김웅희 | 분권화 개혁론의 일본적 변용 · 이정환 | 지방자치시대의 정책혁신의 확산 ·

김대진, 안빛 | 한국 복지국가 형성에서 정책이전의 역할 · 최영준, 곽숙영

18권 커뮤니케이션 세계정치

냉전과 인터넷 커뮤니케이션의 구조 · 최인호 | ICT 교역의 글로벌 거버넌스 · 강하연 | 전자정부와 정부개혁 · 정종필, 손붕 | 문화 간 커뮤니케이션과 세계정치 · 김범수 | 국제정치경제의 변화와 미디어 지구화론 · 문상현 | 중국과 한국의 사이버민족주의 비교연구 서언 · 서이종, 탕레이 | 커뮤니케이션, 초국가적 공론장, 그리고 초국가적 연대 · 신기영

19권 젠더와 세계정치

페미니즘 안보연구의 기원, 주장 그리고 분석 · 황영주 | 여성, 평화, 안보의 국제규범 형성과 확산 · 강윤희 | 국제 여성인권운동과 여성인권의 지역적 실천 · 허민숙 | 개발협력과 젠더 · 임은미 | 다문화주의와 여성 · 문경희 | 국제이주와 여성 · 이지영 | 베트남과 필리핀의 결혼이주 관련 정책 연구 · 위선주

20권 국제정치학 방법론의 다원성

이론, 방법 그리고 방법론 · 이왕휘 | 탈실증주의 국제정치학 인식론의 모색 · 전재성 | '국제안보연구' 방법론 고찰 · 박재적 | 외교정책 설명과 방법론 · 은용수 | 세력 균형에서 협조 체제로 · 안두환 | 구성주의 국제정치경제 · 이용욱

21권 동아시아의 보편성과 특수성

아시아 패러독스? · 정성철 | 동아시아 지역무역협정 체결의 발전과 특징 · 유웅조 | 글로벌 셰일혁명과 동아시아 에너지시장/지정학 변화 · 김연규 | 한경정책 통일화의 시너성: 동아시아를 중심으로 · 임시정 | 동아시아 인권의 보편성과 상대성 · 송영훈 | 동아시아 역내문제 해결방식의 특수성 · 조동준

22권 글로벌 냉전의 지역적 특성

유럽 냉전의 개요 · 이동기 | 글로벌 냉전과 동북아시아 · 마상윤 | 냉전의 동남아시아적 전개 · 조양현 | 중동 냉전의 역사와 지역적 특성 · 김강석 | 지역적 맥락에서의 아프리카 냉전 사례 · 변웅 | 라틴아메리카의 '뜨거운 냉전' · 박구병

23권 에너지 국제정치의 변환과 동북아시아

셰일혁명과 신국제 에너지 질서 · 김연규 | 중동 에너지 수출국들의 셰일혁명에 대한 대응 전략 · 이성규 · 윤익중 | 북미 셰일혁명과 동북아시아의 대응 · 이재승 | 중국의 에너지 전략과 국제정치 · 이태환 | 러시아의 에너지 동방정책과 동북아 국가들의 대응 · 신범식 | 동북아 에너지 안보의 지형 변화와 한국의 에너지 외교 · 김성진

24권 개발협력의 세계정치

글로벌 분배적 정의의 관점에서 본 해외원조의 윤리적 토대 · 박성우 | 국제개발협력의 기원과 구조적 변화 · 윤익중 | 국제개발협력 레짐 변천사 · 김지영 | 국제개발협력 거대담론으로부터의 탈출 · 김부열 | 일본 정부개발원조의 보편주의적 이상과 특수주의적 현실 · 이정환| 중국식 개발원조의 등장 · 여유경

25권 국제정치사상 다원적 접근과 보편적 교훈

플라톤의 〈국가〉에 나타난 국제정치사상 · 박성우 | 위기의 국제정치사상 · 김준석 | 스피노자에게 국제정치사상이 있을까? · 공진성 | 홉스를 넘어서 홉스로 · 안두환 | 영원한 평화와 국제법의 집행 · 송지우 | 국제정치이론으로서 헤겔의 인정이론 · 김동하

26권 복잡성과 복합성의 세계정치

체제, 관계, 복잡성/복합성, 삼각관계 · 신욱희 | 국제정치와 시스템이론 · 민병원 |

동북아의 불완전한 주권국가들과 복합적 무정부상태 · 전재성 | "상시적 망각"과 "적극적 기억"의 국제정치학 · 은용수 | 국제안보 개념의 21세기적 변용 · 조은정 | 신체 없는 종(種)의 등장과 국제정치학 · 도종윤

27권 중국의 부상과 국내정치적 취약성

중국의 경제체제 · 왕윤종 | 중국의 대외협력 · 백우열 | 중국의 군사안보 · 이영학 | 중국의 정책과정 · 정주연 · 증 명 | 중국의 정보혁명 · 김진용 | 중국의 자원무기화 · 박선령

28권 4차 산업혁명론의 국제정치학 주요국의 담론과 전략, 제도

4차 산업혁명의 국제정치학 · 김상배 | 4차 산업혁명과 독일의 담론, 전략 그리고 제도 · 김주희 | 미국의 4차 산업혁명 담론과 전략, 제도 · 유인태 | 4차 산업혁명과 일본의 국가전략 · 이승주 | 중국의 4차 산업혁명 담론과 전략, 제도 · 차정미 | 4차 산업혁명의 한국적 담론과 대응전략 진단 · 윤정현

29권 감정의 세계, 정치

국제정치와 인간 본성 · 민병원 | 공감과 공동체적 삶 · 소병일 | 감정, 삶, 사회 · 하홍규 | 국제정치학 감정연구의 쟁점, 함의, 그리고 향배 · 은용수 · 용채영 | 감정으로 정치 보기 · 민희 | 한미동맹과 감정 · 이중구 | 북한 정치체제와 마음의 습속 · 김성경

30권 러시아와 세계정치

러-터 관계가 오스만제국의 정책 방향에 미친 영향 · 이은정 | '내년에는 예루살렘에서' · 최아영 | 아르메니아 민족국가 형성과 러시아, 1828-1991 · 강윤희 | 소비에트 정권의 중앙아시아 이슬람 정책의 변천과 그 영향 · 김태연 | 벨라루스 국가 정체성과 러시아와의 관계 · 김효섭 | 러시아와 이란의 조심스러운 동행 · 이주영

31권 기후변화와 세계정치

지구적 기후변화와 민주주의의 비선형성 · 이재현 | 기후소송의 국제 동향과 시사점 · 이혜경 | 한국 배출권 거래제도의 현황과 동북아 탄소시장의 통합 가능성 · 신상범 | 기후변화와 북한 · 한희진 | 파리협정 체결 이후 중국의 기후변화 외교와 대외협력 · 조정원 | 국가 전력시스템의 기후변화 적응역량 강화를 위한 정책방향 · 김성진 | 기후변화 취약성에 대한 인식과 도시 기후 적응 어젠다 · 이태동

32권 미국 국내정치와 외교정책

미국 국내정치와 외교정책 상관성 · 서정건 | 트럼프에 대한 또 다른 평가 · 김준석 | 부시 행정부의 '테러와의 전쟁' 외교정책 결정 연구 · 이수훈 | 미 의회의 양극화와 정당정치가 미국 군사·안보 정책에 미치는 영향 · 김주리 | 공화당 분파 간 세력 균형 변화가 트럼프 행정부의 대북 정책에 미치는 영향 · 권보람 | 트럼프 시대 미국인들의 외교정책 인식 · 하상응 | 예외주의의 종언? · 차태서

33권 규범의 국제정치

국제개발 규범의 형성과 확산 과정에 관한 연구 · 손혁상 | 반부패 규범의 내재화 주기 · 김유경 | 대인지뢰금지 규범의 생애주기 · 조동준 | 양심적 병역거부권 인정의 국제규범화 · 유영수 | 이주노동자 규범의 발전 과정 · 이병하 | 여성 연대와 열린 해석 · 황영주 | 이행기정의 규범의 생애주기 · 김현준

34권 김정은의 전략과 북한

전략적 선택과 북한 사회주의 미래 · 정영철 | 김정은 시대 통치 이데올로기(2012-2021) · 강혜석 · 안경모 | 사회주의 문명국으로의 길, 전망과 과제 · 전영선 | 김정은 시대 북한군의 변화 · 장철운 | 김정은 시대 북한 경제, "사회주의기업책임관리제" 실시 이후 '재생산과정'과 '화폐회전' 분석 · 김기헌 | 김정은 시대 북한의 경제제도 변화 · 최은주 | 김정은 시대 북한 과학기술 중시 정책의 현황

과 전망 · 변학문 | 북한 지방정부 재정유인의 명과 암 · 이경수

35권 지경학의 기원과 21세기 전환

지경학의 시대 · 신욱희 | 세계경제의 네트워크화와 미중 전략 경쟁 · 이승주 | 한국의 FTA 전략과 지경학적 상상으로서의 '경제영토' · 이승욱 | 중국 지경학의 기원 · 이왕휘 | 중국 일대일로, 지경학과 지정학의 상호작용의 딜레마 · 이동률 | 일본의 지경학 전략 · 이기태

36권 삼각관계로 바라보는 국제정치

삼각관계 국제정치의 이론화 모색 · 정성철 | 삼각관계 체계이론으로 본 근대 한·중·일 관계의 전개(1871-1907) · 김종학 | 인도-파키스탄 숙적관계(rivalry)와 파키스탄-미국의 불안정한 동맹 · 김태형 | 중국-베트남-소련 삼각관계의 형성과 와해 · 최규빈 | 냉전의 종식과 핵보유국의 태동 · 김보미 | 인도·태평양 지역 미국 주도 삼자 안보협력과 삼각관계 · 박재적 | 역사적 기억과 한·미·일 삼각관계의 변화 · 천자현

37권 글로벌 구조변동과 한일관계

동아시아의 진영 경쟁과 한일관계 · 윤대엽 | 지역 안보질서와 한일관계 · 조은일 | 글로벌 무역구조와 한일 무역관계의 진화 · 이창민 | 한일 반도체산업 경제안보정책에 관한 연구 · 송정현 | 일반국제정치학으로 보는 일본군'위안부' 문제의 리드레스 운동 · 이민정 | 일본 역사수정주의의 세계보편성 획득 시도와 한일관계 · 이정환

38권 중국사와 국제정치

동아시아 세계체제에 대한 문명사적 탐색 · 이삼만 | 송대 동아시아질서의 재해석 · 이왕휘 | 20세기 이래 중국의 대외관계 인식과 중국근대사 서사 · 이동욱 |

'종번관계'론의 시원 · 손성욱 | 청조(淸朝)의 제국 통치와 신해혁명, 그리고 중국의 통일적 다민족국가론 · 최진백 | 미중 전략경쟁과 중국의 역사적 비유 · 차정미 | 21세기 중국 역사교과서의 국정화와 서술 변화 · 우성민